권별주삶 

요한계시록

KB273305

● 주삶의 정신 1

『주삶』은 에티오피아 내시에게
말씀을 해석해 준 빌립 집사의 역할을 하기 원합니다.

말씀을 올바르게 깨닫기 위해서는 빌립과 같은 신령한 조력자가 필요합니다.
이제 『주삶』은 '객관적이고 정확한 절별 해설'을 통해
그리스도인의 매일 말씀묵상을 돕고자 합니다.

● 주삶의 정신 2

'묵상'은 하루 중 가장 방해받지 않는
귀중한 시간에 하는 것입니다.
그리고 깨달은 말씀을 종일 생각하는 것입니다.

진정한 그리스도인이 되기 위해서는 묵상한 말씀을 늘 되새겨야 합니다.
그것이 주야로 묵상하는 삶이며 '주삶의 정신'입니다.

● 주삶의 정신 3

'오늘 말씀묵상을 하지 않으면 밥을 먹지 않겠다.'
참된 성도는 굳은 결심의 소유자여야 합니다.

매일 말씀묵상을 하지 않으면 영혼이 병들고 성장하지 않기 때문입니다.
일주일에 한두 끼만 먹는 사람이
건강한 삶을 살 수 없는 것과 마찬가지 이치입니다.

Contents

● **해설 집필자** 소개

김일승 _ 요한계시록

· 서울대학교 졸업(B.A)
· 총신대학교 신학대학원 졸업(M.Div)
· 미국 Gordon–Conwell Theological Seminary 졸업(성경신학 Th.M)
· 미국 Southwestern Baptist Theological Seminary(목회학 D.Min)
· 하늘사랑교회 담임목사
· 칼빈대학교 신학과 조교수

GBS 및 해설서_ 김건일, 황재욱

권별주삶

아가페

주삶

• 주 야 로 묵 상 하 는 삶 •

요한계시록

AGAPE

[주]아가페출판사

「권별주삶」의 특징

- 「**권별주삶**」은 가족, 교회 소그룹, 직장 신우회 등 각종 성경공부 모임에 활용하면 좋습니다.

- 「**권별주삶**」은 날짜에 구애받지 않는 7일 동안의 개인 묵상과 1일의 주간성경공부(GBS)로 구성되어 있습니다.

「권별주삶」의 단체 활용법

▶ 매일 개인적으로 묵상하고, 1주일에 1회씩 모여 GBS 모임을 가지면 좋습니다.

- 개인묵상 시간을 통해 말씀을 묵상합니다.
- 7일째 주간성경공부 모임에서 한 주 동안 묵상한 말씀을 삶에 적용하고 체험과 깨달음을 서로 공유합니다.

▶ 「**권별주삶**」은 각종 성경공부 모임의 계획에 맞춰 차별화된 스케줄 구성이 가능합니다.

아가페 「주삶」 개인 활용법

「권별주삶」의 특징

- 「권별주삶」은 날짜가 특정되지 않아 순차적으로 깊이 있는 말씀묵상이 가능합니다.

- 「권별주삶」은 개인별 맞춤 스케줄에 따라 시간을 활용함으로써, 하나님의 말씀을 거듭 상고하고 깊이 체험할 수 있게 도와줍니다.

「권별주삶」의 개인 활용법

▶ 아래 「권별주삶」의 개인 활용법을 따라 꾸준히 묵상하면서 하나님과 동행하세요.

- 먼저 묵상을 시작하는 날짜를 기록합니다. 개인 스케줄에 맞춰 날짜와 관계없이 성경을 이어서 빠짐없이 묵상할 수 있습니다.

- 개인묵상 시간을 통해 말씀을 묵상합니다.

- 7일째 주간성경공부 모임에서 한 주 동안 묵상한 말씀을 삶에 적용하고 체험과 깨달음을 서로 공유합니다.

- 교훈과 묵상한 것을 메모합니다. 묵상과 적용이 「권별주삶」의 깊이 있는 해설과 곁들여져 말씀을 더욱 쉽게 이해하는 나만의 묵상노트가 됩니다.

- 「권별 주삶」 시리즈를 권별로 모아 두세요. 성경의 문맥을 살려 그 자체로 말씀을 쉽게 이해하게 해 주는 훌륭한 성경해설서로 활용할 수 있습니다.

* 「권별주삶」을

나만의 묵상노트이자 성경해설서로 만든다는 목표를 가지고 꾸준히 하면,
하나님과의 친밀한 교제 안에서 변화된 자신을 체험할 수 있습니다.

개인 말씀묵상 활용법

1 날짜 기록

묵상한 날짜를
기록합니다.

2 찬양과 기도

먼저 찬양한 후, 성령님의
도우심을 구하는 기도를
드립니다.

3 본문요약

'본문요약'을 읽고
흐름을 파악합니다.

4 개역개정성경 읽기

성경 본문을 정독합니다.

☐ 묵상 체크 　　　　　　　　　　　　　　　　　　　　　　묵상 체크 ☐

01

월　일

예수 그리스도의 계시

요한계시록 1:1-8 · 새찬송 188장 | 통일 180장

• 말씀묵상 전에 성령님의 인도하심을 구하는 기도를 드리십시오.

본문요약 ㅣ 요한은 일곱 교회에 편지를 보내며 문안 인사를 한다. 그는 예언의 말씀을 전하며 하나님이 자신을 통해 앞으로 반드시 일어날 일을 교회들에게 알려 주신다고 말한다. 요한은 예수님이 다시 오실 것을 이야기하며 영광을 돌리고 능력을 찬송한다.

1 예수 그리스도의 계시라 이는 하나님이 그에게 주사 반드시 속히 일어날 일들을 그 종들에게 보이시려고 그의 천사를 그 종 요한에게 보내어 알게 하신 것이라
2 요한은 하나님의 말씀과 예수 그리스도의 증거 곧 자기가 본 것을 다 증언하였느니라
3 이 예언의 말씀을 읽는 자와 듣는 자와 그 가운데에 기록한 것을 지키는 자는 복이 있나니 때가 가까움이라
4 요한은 아시아에 있는 일곱 교회에 편지하노니 이제도 계시고 전에도 계셨고 장차 오실 이와 그의 보좌 앞에 있는 일곱 영과
5 또 충성된 증인으로 죽은 자들 가운데에서 먼저 나시고 땅의 임금들의 머리가 되신 예수 그리스도로 말미암아 은혜와 평강이 너희에게 있기를 원하노라 우리를 사랑하사 그의 피로 [1]우리 죄에서 우리를 해방하시고
6 그의 아버지 하나님을 위하여 우리를 나라와 제사장으로 삼으신 그에게 영광과 능력이 세세토록 있기를 원하노라 아멘
7 볼지어다 그가 구름을 타고 오시리라 각 사람의 눈이 그를 보겠고 그를 찌른 자들도 볼 것이요 땅에 있는 모든 족속이 그로 말미암아 애곡하리니 그러하리라 아멘
8 주 하나님이 이르시되 나는 알파와 오메가라 이제도 있고 전에도 있었고 장차 올 자요 전능한 자라 하시더라

[1] 어떤 사본에, 우리 죄를 씻으시고

12

1. 오늘 하나님께서 나에게 주신 깨달음은 무엇입니까?

2. 말씀을 어떻게 내 삶에 구체적으로 적용해야 합니까?

---

7 묵상과 적용

'묵상과 적용' 질문을 통해 깨달은 말씀과
적용한 내용을 적습니다.

'말씀묵상'은

말씀과 기도를 통해 날마다 하나님의 음성에 귀 기울이고 그 음성을 따라 살아가고자 하는 그리스도인을 위한 경건의 시간입니다. '말씀묵상'은 하루 중 가장 귀중한 시간에 아무도 방해하지 않는 곳에서 해야 합니다. 그리고 깨달은 말씀을 주야로 묵상하는 것입니다.

절별 해설

1 계시 감추어진 진리를 드러낸다는 의미이다. 하나님은 그리스도를 통해 요한에게 천사를 보내어 앞으로 일어날 일을 알려 주신다.
속히 종말론적인 구원과 심판의 긴급성을 보여준다(눅 18:8).

2 자기가 본 것 하나님의 계시가 요한에게 환상의 형태로 주어졌음을 의미한다. 요한은 성령으로 말미암은 특별한 은혜로 교회와 세상에 대한 영적 비밀을 볼 수 있었다.

3 예언의 말씀 미래에 벌어질 일을 미리 알게 되는 것이 예언이라고 생각하는 경우가 많다. 그러나 성경에서 예언은 예수님으로 말미암아 완성될 하나님 나라에 관한 선포라는 의미로 사용된다. 본서는 미래의 특별한 시기에 일어날 일을 미리 알려주는 내용이 아니다. 예수님의 초림부터 재림까지의 교회 시대에 벌어지는 하나님 나라의 완성에 관한 말씀이다.

4 일곱 교회 계시록에 나오는 숫자는 특별한 상징적 의미를 가진다. 일곱은 완전수로 '모든' 혹은 '완전'을 의미한다. 따라서 '일곱 교회'는 구체적인 소아시아의 일곱 교회 이외에도 세상의 모든 교회를 의미한다.
이제도 계시고 전에도 계셨고 장차 오실 이 본서에 반복적으로 나오는 이 표현은 특별히 구약의 이사야서를 배경으로 한다(사 43:10; 44:6). 하나님이 창조주이실 뿐 아니라 주관자이시며, 앞으로 세상을 마무리하실 하는 표현이다.
일곱 영 여기의 일곱 또한 '완전'의 뜻으 을 의미한다(슥 4:2).

5 충성된 증인 예수님의 선지자직(proph 것으로 예수님이 하나님의 말씀을 신실하 을 보여준다.
땅의 임금들의 머리 본서에서 예수님은 왕 의 주로 세상의 모든 통치자들의 주권자로 상의 권세가 아무리 강해도 그것 역시 예 음을 보여주고자 하는 것이다.

6 나라와 제사장 성도들 자신이 성령으로 통치를 확장하는 하나님 나라가 되었다. 하 장과 같은 성도들의 자기희생과 섬김으로

7 구름을 타고 오시리라 원문의 '구름과 함 '구름'은 구약성경에서 하나님의 영광스러 (출 16:10; 대하 5:14). 즉 예수님이 구약의 러운 하나님으로 이 땅에 다시 오실 것을

쉬운성경

1 이것은 예수 그리스도의 계시입니다. 하나님께서는 반드시 속히 될 일들을 자기 종들에게 보이시려고, 예수 그리스도께 이 계시를 주셨습니다. 그래서 그리스도는 요한에게 천사를 보내어 이 일을 알게 하셨습니다.

2 요한은 자기가 본 것을 다 증언하였습니다. 그것은 예수 그리스도께서 하신 진리의 말씀, 즉 하나님의 계시입니다.

3 이 계시의 말씀을 읽는 자는 복 있는 사람입니다. 또한 이것을 듣고 그 가운데 기록된 것을 지키는 자들 역시 복 있는 사람입니다. 그것은 이 모든 말씀이 이루어질 날이 점점 다가오고 있기 때문입니다.

4 요한은 아시아에 있는 일곱 교회에 편지합니다. 지금도 계시고, 전에도 계셨으며, 앞으로 오실 한 분 하나님과 보좌 앞에 계신 일곱 영과

5 예수 그리스도께서 여러분에게 은혜와 평화를 내려 주시기를 빕니다. 예수님은 신실한 증인이십니다. 또한 죽은 자 가운

---

8 알파와 오메가 헬라어의 첫 번째와 마지막 문자로서 '처음과 나중', '시작과 끝'이라는 의미이다. 하나님이 역사의 시작과 끝을 주관하는 분이심을 보여준다.

저자의 묵상

요한의 편지를 받은 성도들은 로마의 박해로 인해 신앙이 흔들리고 있었다. 본서는 이러한 상황 속에서 역사의 주관자가 하나님이시므로 세상 속에서 두려워하지 말고 믿음을 가지라고 격려하기 위해 기록되었다.

이 시대를 살아가는 성도들도 세상의 위협 속에서 두려워하며 믿음이 흔들리는 경우가 자주 있다. 세상에서는 돈, 권력, 성공이 왕인 것처럼 행세하며 성도들을 위협한다. 지금은 어떤 때보다 돈의 위력이 위협적으로 느껴지는 때이다. 성도들도 돈의 위력 앞에 쉽게 굴복하며 성공하지 못하면 어떻게 될까 두려워하며 살아간다. 세상의 힘은 그것을 의지하며 따르는 자에게 무서운 폭군이 된다. 돈을 의존할수록 더 많이 소유하고 싶은 욕망이 커지며 동시에 돈을 잃어버릴 것에 대한 두려움도 커진다. 결국 의존하는 만큼 더 깊은 영적 노예가 된다. 성도 또한 돈의 위협에서 벗어나기 위해서는 하나님만을 유일한 의존의 대상이자 통치자로 삼아야 한다.

무릎 기도 하나님, 세상 속에서 자주 하나님의 주권을 잊어버리고 다른 것을 의존하고 두려워합니다. 믿음 없음을 불쌍히 여기시고 하나님의 통치를 확실하게 믿는 믿음을 주소서.

---

5 쉬운성경 읽기 — 쉬운성경을 정독하며 본문을 대조합니다.

6 절별 해설 — '절별 해설'을 참고하며 읽습니다.

8 저자의 묵상 — 절별 해설 집필자가 묵상 후 전하는 메시지입니다.

9 무릎 기도 — '무릎 기도'로 기도합니다.

10 — 한글과 영어 본문(ESV) 대조를 통해 본문의 바른 뜻을 파악할 수 있습니다.

ESV - Revelation 1

1 The revelation of Jesus Christ, which God gave him to show to his servants* the things that must soon take place. He made it known by sending his angel to his servant John,

2 who bore witness to the word of God and to the testimony of Jesus Christ, even to all that he saw.

3 Blessed is the one who reads aloud the words of this prophecy, and blessed are those who hear, and who keep what is written in it, for the time is near.

4 John to the seven churches that are in Asia: Grace to you and peace from him who is and who was and who is to come, and from the seven spirits who are before his throne,

5 and from Jesus Christ the faithful witness, the firstborn of the dead, and the ruler of kings on earth. To him who loves us and has freed us from our sins by his blood

6 and made us a kingdom, priests to his God and Father, to him be glory and dominion forever and ever. Amen.

7 Behold, he is coming with the clouds, and every eye will see him, even those who pierced him, and all tribes of the earth will wail* on account of him. Even so. Amen.

8 "I am the Alpha and the Omega," says the Lord God, "who is and who was and who is to come, the Almighty."

*1:1 For the contextual rendering of the Greek word *doulos*, see Preface; likewise for *servant* later in this verse
*1:7 Or *mourn*

1 revelation 계시 servant 종 take place 일어나다 2 bear witness 증언을 하다 testimony 증거 3 prophecy 예언 4 throne 보좌 5 faithful 충직한 firstborn 장자 ruler 통치자 6 priest 제사장 dominion 통치권 7 behold 보다 pierce 찌르다 tribe 족속 wail 통곡하다 on account of …때문에 8 almighty 전능하신

단체 활용법 – 소그룹·구역예배

1

주중에 전 구성원이 개인적으로 매일 말씀을 묵상하고, 1주일에 1회씩 모여 GBS 교재 부분을 가지고 나눕니다.

2

GBS를 시작할 때 지난 한 주간 개인 묵상을 통해 깨달은 것이나 삶에 적용한 일이 있으면 한 사람씩 돌아가며 나눕니다.

구역예배, 청년부 성경공부, 직장 신우회 등 각종 성경공부 모임에 활용하면 좋습니다.

주간 그룹성경공부 · GBS

1주차 (1회~7회)

반드시 그리고 속히 이루어집니다

요한계시록 1:1-8 | 새찬송 208장 · 통일 246장

주간 말씀묵상 나눔

지난 한 주간 말씀을 묵상한 것이나 삶에 적용한 것이 있으면 돌아가며 간단히 나누어 봅시다.

• 오늘의 성경공부 목표

마지막 날이 가까이 왔음을 깨닫고 그때 성도는 무엇을 해야 하는지 배워 봅시다.

1 예수 그리스도의 계시라 이는 하나님이 그에게 주사 반드시 속히 일어날 일들을 그 종들에게 보이시려고 그의 천사를 그 종 요한에게 보내어 알게 하신 것이라
2 요한은 하나님의 말씀과 예수 그리스도의 증거 곧 자기가 본 것을 다 증언하였느니라
3 이 예언의 말씀을 읽는 자와 듣는 자와 그 가운데에 기록한 것을 지키는 자는 복이 있나니 때가 가까움이라
4 요한은 아시아에 있는 일곱 교회에 편지하노니 이제도 계시고 전에도 계셨고 장차 오실 이와 그의 보좌 앞에 있는 일곱 영과
5 또 충성된 증인으로 죽은 자들 가운데에서 먼저 나시고 땅의 임금들의 머리가 되신 예수 그리스도로 말미암아 은혜와 평강이 너희에게 있기를 원하노라 우리를 사랑하사 그의 피로 우리 죄에서 우리를 해방하시고
6 그의 아버지 하나님을 위하여 우리를 나라와 제사장으로 삼으신 그에게 영광과 능력이 세세토록 있기를 원하노라 아멘
7 볼지어다 그가 구름을 타고 오시리라 각 사람의 눈이 그를 보겠고 그를 찌른 자들도 볼 것이요 땅에 있는 모든 족속이 그로 말미암아 애곡하리니 그러하리라 아멘
8 주 하나님이 이르시되 나는 알파와 오메가라 이제도 있고 전에도 있었고 장차 올 자요 전능한 자라 하시더라

195

'말씀묵상'은

말씀과 기도를 통해 날마다 하나님의 음성에 귀 기울이고 그 음성을 따라 살아가고자 하는 그리스도인을 위한 경건의 시간입니다. '말씀묵상'은 하루 중 가장 귀중한 시간에 아무도 방해하지 않는 곳에서 해야 합니다. 그리고 깨달은 말씀을 주야로 묵상하는 것입니다.

도입 질문

1 다른 사람에게 어떤 사실을 믿도록 설득할 때 가장 효과적인 방법은 무엇이라고 생각합니까?

3

GBS 순서에 따라 리더가 진행하며, 각자 묵상을 통해 느낀 것과 깨달은 것을 나눕니다.

함께 나누기

2 계시의 마지막 수신자는 누구입니까?

3 요한은 무엇을 증언합니까? 2절

4 무엇을 하는 자가 복이 있다고 말합니까? 3절

5 최근에 읽거나 들었던 말씀 중에서 구체적으로 실천할 수 있는 것들을 적어 보고 삶에서 적용해 봅시다.

6 요한은 누구에게 편지합니까? 4절

7 예수 그리스도는 우리를 죄에서 해방시킨 후 궁극적으로 무엇이 되게 하십니까? 6절

8 '증거', '증언', '증인'은 이 땅에서의 그리스도의 삶이자 그리스도인의 정체성이기도 합니다. 우리는 어떻게 증인의 삶을 살아가고 있습니까?

9 오늘 성경공부를 통해서 나누고 싶거나 깨달은 것이 있으면 서로 이야기해 봅시다.

“복 있는 사람은
악인들의 꾀를 따르지 아니하며
죄인들의 길에 서지 아니하며
오만한 자들의 자리에 앉지 아니하고
오직 여호와의 율법을 즐거워하여
그의 율법을 주야로 묵상하는도다”

- 시편 1:1-2 -

저자 및 기록 시기

요한계시록의 저자는 예수님의 열두 제자 중 한 명인 요한이며, 본서는 로마의 도미티안 황제의 통치 시기(AD 90-100년)에 기록된 것으로 추정된다.

저술 목적

도미티안 황제 시대에 황제 숭배를 거부하는 성도들은 큰 박해를 받았다. 강력한 로마 제국의 힘에 유혹을 받아 믿음이 흔들리는 성도들도 많았다. 요한은 눈에 보이는 세상 나라보다 강력한 하나님의 통치를 성도들에게 확신시키기 위해 계시록을 집필한다. 그는 세상 나라는 반드시 멸망할 것이지만 예수님이 통치하시는 하나님의 나라는 결국 승리할 것임을 가르친다. 또한 성도들을 박해하던 세상과 마귀의 모든 세력은 반드시 심판을 당할 것이며 성도들은 하나님 나라의 안식과 풍요를 맞게 될 것을 이야기하고자 한다.

주요 메시지

하나님은 요한에게 앞으로 벌어질 일들에 대해 말씀하고 보여주신다. 요한은 자신이 보고 들은 것을 소아시아의 교회들에 전함으로 그들이 환난과 유혹 가운데 하나님의 통치를 믿도록 격려한다. 로마의 황제가 아무리 강력해 보여도 온 세상을 다스리시는 하나님과 예수님의 통치가 더욱 강력함을 설파한다. 하나님은 세상에 다양한 심판을 행하실 것이고 그것을 통해 세상 나라는 무너지고 하나님의 나라가 견고하게 서게 될 것이다. 마귀는 교회를 핍박하기 위해 다양한 도구로 성도를 공격하지만 성도들은 영적으로 하나님의 보호 안에 있기 때문에 어떤 핍박과 환난 가운데도 안전하다. 하나님을 대적하는 마귀의 세력은 연합하여 싸우지만 예수님의 마지막 심판에 무너지고 전부 영원한 심판을 받는다. 세상에서의 환난을 통해 아름다운 그리스도의 신부로 준비된 교회는 하나님의 성전이 되어 영원히 하나님과 함께하게 된다.

특징

요한계시록은 성경의 다른 책들과는 다른 독특성을 가지고 있다.

첫 번째로 요한계시록은 묵시 문학이다. 묵시 문학은 BC 3년-AD 2년 유대인들 사이에 유행했던 문학 형태로 다양한 상징을 통해 영적 세계와 현실을 묘사한다. 묵시 문학의 특징은 초월성이다. 시간과 공간을 초월한 세계를 현실과 함께 묘사함으로 영적이면서 종말론적인 세계가 현실과 밀접한 관계를 맺고 있음을 보여준다.

두 번째로 요한계시록은 다른 어떤 책보다 구약성경의 인용이 많다. 구약의 단어나 절을 직접 인용한 것이 300절이 넘고, 간접 인용한 구절 또한 1,000절이 넘는다. 구약의 의미가 반영된 절까지 합하면 2,000절이 넘는 등 구약성경과의 연관성을 가지고 있으므로 본서를 해석할 때 구약의 의미와 문맥을 철저하게 고려해야 한다.

세 번째로 요한계시록은 예언의 말씀이다. 성경적 예언은 하나님 나라의 성취를 선포한다. 요한계시록은 미래에 일어날 어떤 사건을 미리 알리기 위해 기록된 것이 아니다. 눈에 보이지 않는 하나님 나라가 눈에 보이는 세상의 나라를 뛰어넘어 완성될 것을 알리기 위해 기록되었다. 따라서 본서를 미래에 일어날 것으로 예측되는 사건들과 결부시키는 해석은 독자를 오도한다. 요한계시록은 예수님의 초림부터 재림까지 종말의 시간 가운데 성취되고 있는 하나님 나라를 설명하는 예언서이다.

구조

1. 서언(1:1–8)
2. 서론: 일곱 교회에 보내는 편지(1:9–3:22)
3. 본론: 세상 나라의 심판(4:1–16:21)
   1) 하늘 성전의 환상(4:1–5:14)
   2) 일곱 인의 심판(6:1–8:5)
   3) 일곱 나팔의 심판(8:6–11:19)
   4) 교회와 사탄의 우주적 갈등(12:1–14:20)
   5) 일곱 대접의 심판(15:1–16:21)
4. 결론: 하나님 나라의 완성(17:1–22:5)
   1) 음녀 바벨론의 멸망(17:1–19:5)
   2) 최후의 승리(19:6–20:15)
   3) 새 하늘과 새 땅(21:1–22:5)
5. 결어(22:6–21)

01
월   일

예수 그리스도의 계시

요한계시록 1:1-8 • 새찬송 188장 | 통일 180장

• 말씀묵상 전에 성령님의 인도하심을 구하는 기도를 드리십시오.

본문요약 | 요한은 일곱 교회에 편지를 보내며 문안 인사를 한다. 그는 예언의 말씀을 전하며 하나님이 자신을 통해 앞으로 반드시 일어날 일을 교회들에게 알려 주신다고 말한다. 요한은 예수님이 다시 오실 것을 이야기하며 영광을 돌리고 능력을 찬송한다.

1 예수 그리스도의 계시라 이는 하나님이 그에게 주사 반드시 속히 일어날 일들을 그 종들에게 보이시려고 그의 천사를 그 종 요한에게 보내어 알게 하신 것이라

2 요한은 하나님의 말씀과 예수 그리스도의 증거 곧 자기가 본 것을 다 증언하였느니라

3 이 예언의 말씀을 읽는 자와 듣는 자와 그 가운데에 기록한 것을 지키는 자는 복이 있나니 때가 가까움이라

4 요한은 아시아에 있는 일곱 교회에 편지하노니 이제도 계시고 전에도 계셨고 장차 오실 이와 그의 보좌 앞에 있는 일곱 영과

5 또 충성된 증인으로 죽은 자들 가운데에서 먼저 나시고 땅의 임금들의 머리가 되신 예수 그리스도로 말미암아 은혜와 평강이 너희에게 있기를 원하노라 우리를 사랑하사 그의 피로 1)우리 죄에서 우리를 해방하시고

6 그의 아버지 하나님을 위하여 우리를 나라와 제사장으로 삼으신 그에게 영광과 능력이 세세토록 있기를 원하노라 아멘

7 볼지어다 그가 구름을 타고 오시리라 각 사람의 눈이 그를 보겠고 그를 찌른 자들도 볼 것이요 땅에 있는 모든 족속이 그로 말미암아 애곡하리니 그러하리라 아멘

8 주 하나님이 이르시되 나는 알파와 오메가라 이제도 있고 전에도 있었고 장차 올 자요 전능한 자라 하시더라

1) 어떤 사본에, 우리 죄를 씻으시고

1. 오늘 하나님께서 나에게 주신 깨달음은 무엇입니까?

2. 말씀을 어떻게 내 삶에 구체적으로 적용해야 합니까?

절별 해설

1 계시 감추어진 진리를 드러낸다는 의미이다. 하나님은 그리스도를 통해 요한에게 천사를 보내어 앞으로 일어날 일을 알려 주신다.

속히 종말론적인 구원과 심판의 긴급성을 보여준다(눅 18:8).

2 자기가 본 것 하나님의 계시가 요한에게 환상의 형태로 주어졌음을 의미한다. 요한은 성령으로 말미암은 특별한 은혜로 교회와 세상에 대한 영적 비밀을 볼 수 있었다.

3 예언의 말씀 미래에 벌어질 일을 미리 알게 되는 것이 예언이라고 생각하는 경우가 많다. 그러나 성경에서 예언은 예수님으로 말미암아 완성될 하나님 나라에 관한 선포라는 의미로 사용된다. 본서는 미래의 특별한 시기에 일어날 일을 미리 알려 주는 내용이 아니다. 예수님의 초림부터 재림까지의 교회 시대에 벌어지는 하나님 나라의 완성에 관한 말씀이다.

4 일곱 교회 계시록에 나오는 숫자는 특별한 상징적 의미를 가진다. 일곱은 완전수로 '모든' 혹은 '완전'을 의미한다. 따라서 '일곱 교회'는 구체적인 소아시아의 일곱 교회 이외에도 세상의 모든 교회를 의미한다.

이제도 계시고 전에도 계셨고 장차 오실 이 본서에 반복적으로 나오는 이 표현은 특별히 구약의 이사야서를 배경으로 한다(사 43:10; 44:6). 하나님이 창조주이실 뿐 아니라 역사의 주관자이시며, 앞으로 세상을 마무리하실 주권자이심을 강조하는 표현이다.

일곱 영 여기의 일곱 또한 '완전'의 뜻으로 완전하신 성령님을 의미한다(슥 4:2).

5 충성된 증인 예수님의 선지자직(prophethood)을 의미하는 것으로 예수님이 하나님의 말씀을 신실하게 선포하는 분이심을 보여준다.

땅의 임금들의 머리 본서에서 예수님은 왕 중의 왕이요, 만주의 주로 세상의 모든 통치자들의 주권자로 묘사된다(19:16). 세상의 권세가 아무리 강해도 그것 역시 예수님의 권세 아래 있음을 보여주고자 하는 것이다.

6 나라와 제사장 성도들 자신이 성령으로 말미암아 하나님의 통치를 확장하는 하나님 나라가 되었다. 하나님의 나라는 제사장과 같은 성도들의 자기희생과 섬김으로 확장된다.

7 구름을 타고 오시리라 원문의 '구름과 함께'를 번역한 것으로 '구름'은 구약성경에서 하나님의 영광스러운 임재를 상징한다(출 16:10; 대하 5:14). 즉 예수님이 구약의 하나님처럼 영광스러운 하나님으로 이 땅에 다시 오실 것을 의미한다.

1 이것은 예수 그리스도의 계시입니다. 하나님께서는 반드시 속히 될 일들을 자기 종들에게 보이시려고, 예수 그리스도께 이 계시를 주셨습니다. 그래서 그리스도는 요한에게 천사를 보내어 이 일을 알게 하셨습니다.

2 요한은 자기가 본 것을 다 증언하였습니다. 그것은 예수 그리스도께서 하신 진리의 말씀, 즉 하나님의 계시입니다.

3 이 계시의 말씀을 읽는 자는 복 있는 사람입니다. 또한 이것을 듣고 그 가운데 기록된 것을 지키는 자들 역시 복 있는 사람입니다. 그것은 이 모든 말씀이 이루어질 날이 점점 다가오고 있기 때문입니다.

4 요한은 아시아에 있는 일곱 교회에 편지합니다. 지금도 계시고, 전에도 계셨으며, 앞으로 오실 한 분 하나님과 보좌 앞에 계신 일곱 영과

5 예수 그리스도께서 여러분에게 은혜와 평화를 내려 주시기를 빕니다. 예수님은 신실한 증인이십니다. 또한 죽은 자 가운데서 제일 먼저 부활한 분이시며, 이 세상 왕들을 다스리는 분이십니다. 그분은 우리를 사랑하시며, 그의 보혈로 모든 죄에서 우리를 자유케 하셨습니다.

6 또한 우리를 아버지 하나님을 섬기는 나라와 제사장이 되게 하셨습니다. 예수 그리스도께 영광과 능력이 영원히 함께 하시기를 바랍니다. 아멘!

7 보십시오. 예수님은 구름을 타고 오실 것입니다. 모든 사람이 그분을 보게 될 것이며, 그분을 창으로 찌른 자들도 보게 될 것입니다. 이 땅의 모든 민족들이 그분 때문에 크게 울 것입니다. 분명히 이 일은 일어날 것입니다! 아멘.

8 주 하나님께서 말씀하십니다. "나는 처음이며, 또한 마지막이다. 나는 지금도 있고, 전에도 있었으며, 앞으로도 올 것이다. 나는 모든 것을 할 수 있는 전능자이다."

8 알파와 오메가 헬라어의 첫 번째와 마지막 문자로서 '처음과 나중', '시작과 끝'이라는 의미이다. 하나님이 역사의 시작과 끝을 주관하는 분이심을 보여준다.

저자의 **묵상**

요한의 편지를 받은 성도들은 로마의 박해로 인해 신앙이 흔들리고 있었다. 본서는 이러한 상황 속에서 역사의 주관자가 하나님이시므로 세상 속에서 두려워하지 말고 믿음을 가지라고 격려하기 위해 기록되었다.

이 시대를 살아가는 성도들도 세상의 위협 속에서 두려워하며 믿음이 흔들리는 경우가 자주 있다. 세상에서는 돈, 권력, 성공이 왕인 것처럼 행세하며 성도들을 위협한다. 지금은 어떤 때보다 돈의 위력이 위협적으로 느껴지는 때이다. 성도들도 돈의 위력 앞에 쉽게 굴복하며 성공하지 못하면 어떻게 될까 두려워하며 살아간다. 세상의 힘은 그것을 의지하며 따르는 자에게 무서운 폭군이 된다. 돈을 의존할수록 더 많이 소유하고 싶은 욕망이 커지며 동시에 돈을 잃어버릴 것에 대한 두려움도 커진다. 결국 의존하는 만큼 더 깊은 영적 노예가 된다. 성도 또한 돈의 위협에서 벗어나기 위해서는 하나님만을 유일한 의존의 대상이자 통치자로 삼아야 한다.

> **무릎기도** 하나님, 세상 속에서 자주 하나님의 주권을 잊어버리고 다른 것을 의존하고 두려워합니다. 믿음 없음을 불쌍히 여기시고 하나님의 통치를 확실하게 믿는 믿음을 주소서.

ESV - Revelation 1

1 The revelation of Jesus Christ, which God gave him to show to his servants* the things that must soon take place. He made it known by sending his angel to his servant John,

2 who bore witness to the word of God and to the testimony of Jesus Christ, even to all that he saw.

3 Blessed is the one who reads aloud the words of this prophecy, and blessed are those who hear, and who keep what is written in it, for the time is near.

4 John to the seven churches that are in Asia: Grace to you and peace from him who is and who was and who is to come, and from the seven spirits who are before his throne,

5 and from Jesus Christ the faithful witness, the firstborn of the dead, and the ruler of kings on earth. To him who loves us and has freed us from our sins by his blood

6 and made us a kingdom, priests to his God and Father, to him be glory and dominion forever and ever. Amen.

7 Behold, he is coming with the clouds, and every eye will see him, even those who pierced him, and all tribes of the earth will wail* on account of him. Even so. Amen.

8 "I am the Alpha and the Omega," says the Lord God, "who is and who was and who is to come, the Almighty."

* 1:1 For the contextual rendering of the Greek word *doulos*, see Preface; likewise for *servant* later in this verse
* 1:7 Or *mourn*

1 revelation 계시　servant 종　take place 일어나다　2 bear witness 증언을 하다　testimony 증거　3 prophecy 예언　4 throne 보좌　5 faithful 충직한　firstborn 장자　ruler 통치자　6 priest 제사장　dominion 통치권　7 behold 보다　pierce 찌르다　tribe 족속　wail 통곡하다　on account of …때문에　8 almighty 전능하신

02

심판주로 임하실 예수님에 대한 환상

요한계시록 1:9-16 · 새찬송 83장 | 통일 83장

• 말씀묵상 전에 성령님의 인도하심을 구하는 기도를 드리십시오.

> **본문요약 l** 요한은 예수님을 증언하여 환난을 당함으로 밧모라는 섬에 있다고 말한다. 그는 그가 보는 것을 써서 소아시아의 일곱 교회에 보내라는 예수님의 말씀을 듣는다. 요한에게 말씀하신 예수님은 강력한 심판주의 모습으로 나타나신다.

9 나 요한은 너희 형제요 예수의 환난과 나라와 참음에 동참하는 자라 하나님의 말씀과 예수를 증언하였음으로 말미암아 밧모라 하는 섬에 있었더니

10 주의 날에 내가 성령에 감동되어 내 뒤에서 나는 나팔 소리 같은 큰 음성을 들으니

11 이르되 네가 보는 것을 두루마리에 써서 에베소, 서머나, 버가모, 두아디라, 사데, 빌라델비아, 라오디게아 등 일곱 교회에 보내라 하시기로

12 몸을 돌이켜 나에게 말한 음성을 알아 보려고 돌이킬 때에 일곱 금 촛대를 보았는데

13 촛대 사이에 인자 같은 이가 발에 끌리는 옷을 입고 가슴에 금띠를 띠고

14 그의 머리와 털의 희기가 흰 양털 같고 눈 같으며 그의 눈은 불꽃 같고

15 그의 발은 풀무불에 단련한 빛난 주석 같고 그의 음성은 많은 물 소리와 같으며

16 그의 오른손에 일곱 별이 있고 그의 입에서 좌우에 날선 검이 나오고 그 얼굴은 해가 힘있게 비치는 것 같더라

1. 오늘 하나님께서 나에게 주신 깨달음은 무엇입니까?

2. 말씀을 어떻게 내 삶에 구체적으로 적용해야 합니까?

9 환난과 나라와 참음 이 단어들은 본서의 중심 주제인 하나님의 통치를 설명한다. '환난'은 하나님 나라가 확장될 때 수반되는 세상의 박해로 인한 고통이다. '참음'은 하나님 나라를 소망하기에 환난을 견뎌 낼 수 있는 힘을 의미한다. 즉 성도는 외적으로 당하는 환난에도 불구하고 내적으로 하나님의 나라가 완성될 것을 소망하며 견뎌야 한다.

밧모라 하는 섬 로마의 귀양지로 사용되던 소아시아의 작은 바위섬으로 채석장이 있었다.

10 내가 성령에 감동되어 환상을 보며 하나님의 말씀을 받았던 구약 시대의 선지자들과 같은 상태를 경험했음을 의미한다 (겔 3:14).

나팔 소리 구약에서 새로운 왕의 통치(삼하 15:10), 축제의 시작 (느 12:35), 전쟁의 시작(삿 6:34)을 알리기 위해 사용되었다. 신약에서는 예수님의 재림을 알리는 소리로 사용된다(고전 15:52).

11 일곱 교회 소아시아에서 당시 로마의 우편로를 따라 위치한 도시에 있던 교회들을 의미한다. 그러나 이 교회들은 지리와 역사를 초월해 존재하는 모든 지상 교회를 대표한다.

12 일곱 금 촛대 구약에서는 이스라엘을 상징했고(슥 4:2) 여기서는 지상 교회를 상징한다.

13 인자 같은 이 메시아적 왕권을 가지신 예수님의 인성(人性)을 강조한 표현이다(단 7:13-14).

발에 끌리는 옷 구약 시대 제사장이 입은 에봇과 같은 옷 (출 28:4)으로 예수님의 제사장적 왕권을 보여주는 의복이다.

가슴에 금띠 왕이나 통치자의 상징이다(단 10:5).

14 흰 양털 같고 구약 시대 흰 머리털은 존경과 영광을 상징한다(레 19:32; 단 7:9).

눈은 불꽃 같고 심판자가 되시는 예수님의 준엄한 눈을 불꽃으로 표현한 것이다(단 10:6).

15 빛난 주석 '주석'은 청동을 합금하여 강하게 만든 금속으로 예수님이 권능으로 적들을 심판하시는 능력이 있음을 보여준다(단 10:6).

많은 물 소리 경외감을 불러일으키는 장엄하고 위엄 있는 음성을 말한다(겔 43:2).

16 그의 오른손에 일곱 별 모든 교회가 예수님의 권세와 능력 아래 보호받고 있음을 말한다.

좌우에 날선 검 '검'은 로마의 기마병이 사용하던 커다란 칼을 의미하며 예수님의 심판하시는 능력을 상징한다(사 11:4).

9 이 글을 쓰고 있는 나는 그리스도 안에서 형제 된 요한입니다. 우리는 예수님 안에서 하나가 되었으며, 고난과 나라와 인내도 함께 소유한 자들입니다. 나는 하나님의 말씀과 예수님에 대한 진리를 전했다는 이유로 밧모섬에 갇혀 있는 중입니다.

10 내가 주님의 날에 기도하는 중, 주님의 성령이 내게 임하며 내 뒤에서 나팔 소리 같은 큰 음성이 들려왔습니다.

11 그것은 "지금부터 네가 보는 것을 기록하여, 에베소, 서머나, 버가모, 두아디라, 사데, 빌라델비아, 라오디게아 일곱 교회에 보내어라"는 말씀이었습니다.

12 누가 내게 말하고 있는지 보려고 뒤돌아보았을 때, 일곱 금촛대가 눈에 보였습니다.

13 그 촛대들 사이에 '인자' 같은 분이서 계셨습니다. 그분은 발끝까지 내려오는 긴 옷을 입고, 가슴에 금띠를 두르고 계셨습니다.

14 그분의 머리와 머리털은 양털처럼, 또한 눈처럼 희고, 두 눈은 불꽃처럼 빛났습니다.

15 그분의 발은 용광로에서 제련된 청동 같았고, 음성은 큰 물소리와도 같았습니다.

16 그분은 오른손에 일곱 별을 쥐고 계셨으며, 양쪽으로 날이 선 날카로운 칼이 그분의 입에서 나와 있었습니다. 나는 마치 강렬히 타오르는 태양을 보는 듯하였습니다.

해가 힘있게 비치는 것 변화산의 사건처럼 예수님의 신성과 영광을 의미한다(마 17:2).

저자의 묵상

밧모섬의 요한에게 나타나신 예수님은 그가 생전에 알던 모습이 아니었다. 불꽃같은 눈, 주석 같은 발, 엄청난 위엄의 목소리 등은 예수님이 강력한 권세를 가진 심판자이심을 보여준다. 예수님이 이 모습으로 자신을 계시하신 이유는 당시 요한과 성도들이 강력한 세상 권세로부터 심한 핍박을 받고 있었기 때문이다. 그들은 로마 황제의 실제적인 권력 앞에서 두려워 떨어야 했고, 세상의 핍박으로 인해 고통을 겪었다. 이런 상황에서 성도들은 예수님이 아무런 힘과 영향력이 없는 무력한 분이라고 생각할 수 있었을 것이다. 그러나 예수님은 강력한 권세자의 모습으로 자신을 드러내신다. 이 세상 권세가 아무것도 아니며, 결국 예수님이 이 땅을 심판하실 참된 주권자임을 보여주고자 하신 것이다. 우리도 성령으로 믿음의 눈을 열어 세상의 참된 심판자이며 주권자이신 예수님을 바라보아야 한다.

> **무릎기도** 하나님, 세상의 힘과 권세가 너무 강력해서 예수님의 주권과 통치를 쉽게 잊어버립니다. 영적인 눈을 열어주셔서 예수님의 통치를 온전히 신뢰하게 하소서.

ESV - Revelation 1

9 I, John, your brother and partner in the tribulation and the kingdom and the patient endurance that are in Jesus, was on the island called Patmos on account of the word of God and the testimony of Jesus.

10 I was in the Spirit on the Lord's day, and I heard behind me a loud voice like a trumpet

11 saying, "Write what you see in a book and send it to the seven churches, to Ephesus and to Smyrna and to Pergamum and to Thyatira and to Sardis and to Philadelphia and to Laodicea."

12 Then I turned to see the voice that was speaking to me, and on turning I saw seven golden lampstands,

13 and in the midst of the lampstands one like a son of man, clothed with a long robe and with a golden sash around his chest.

14 The hairs of his head were white, like white wool, like snow. His eyes were like a flame of fire,

15 his feet were like burnished bronze, refined in a furnace, and his voice was like the roar of many waters.

16 In his right hand he held seven stars, from his mouth came a sharp two-edged sword, and his face was like the sun shining in full strength.

9 tribulation 고난 patient 참을성 있는 endurance 인내 on account of …때문에 testimony 증언 13 in the midst of …의 한가운데에 clothe 옷을 입히다 robe 옷 sash 띠 chest 가슴 14 flame 불꽃 15 burnished 광택이 있는 refined 정제된 furnace 용광로 roar 굉음 16 two-edged 양날의 sword 칼

03

역사의 주관자 되시는 예수님

요한계시록 1:17-20 • 새찬송 59장 | 통일 68장

• 말씀묵상 전에 성령님의 인도하심을 구하는 기도를 드리십시오.

본문요약 | 요한은 권세 있는 심판자의 모습으로 나타나신 예수님을 목격하고 죽은 자처럼 된다. 예수님은 두려워하지 말라고 말씀하시며 자신이 세상과 역사의 주관자이며, 또한 죽음의 통치자이심을 알려 주신다. 그리고 요한이 본 일곱 교회에 관한 비밀을 기록하라고 명령하신다.

17 내가 볼 때에 그의 발 앞에 엎드러져 죽은 자 같이 되매 그가 오른손을 내게 얹고 이르시되 두려워하지 말라 나는 처음이요 마지막이니

18 곧 살아 있는 자라 내가 전에 죽었었노라 볼지어다 이제 세세토록 살아 있어 사망과 음부의 열쇠를 가졌노니

19 그러므로 네가 본 것과 지금 있는 일과 장차 될 일을 기록하라

20 네가 본 것은 내 오른손의 일곱 별의 비밀과 또 일곱 금 촛대라 일곱 별은 일곱 교회의 사자요 일곱 촛대는 일곱 교회니라

1. 오늘 하나님께서 나에게 주신 깨달음은 무엇입니까?

2. 말씀을 어떻게 내 삶에 구체적으로 적용해야 합니까?

절별 해설 ________________________

17 엎드러져 죽은 자 같이 되매 구약에서도 하나님의 임재를 경험한 사람들은 요한과 비슷한 반응을 보였다(수 5:14; 겔 1:28). 이 장면은 다니엘이 두려움으로 쓰러지고, 신적 존재에 의해 회복된 뒤에 다시 계시를 받는 모습과 유사하다(단 8:17). 영광스러운 하나님의 임재 앞에서 죄인들이 큰 두려움에 사로잡히는 것은 자연스러운 반응이다.

오른손을 내게 얹고 성경에서 오른손은 보호와 능력을 상징한다(출 15:6). 예수님은 두려움으로 쓰러져 마비된 요한을 회복시키며 권능으로 붙드시기 위해 그에게 오른손을 얹으신다.

두려워하지 말라 예수님이 지상에 계실 때 제자들을 향해 여러 번 '두려워하지 말라'고 말씀하셨다(마 14:27; 17:7). 제자들은 기대하지 않았던 예수님의 신적 권능과 영광을 경험했을 때 크게 놀라 두려워했고 예수님은 말씀으로 그들을 안심시키셨다. 요한은 전과 똑같이 말씀하시는 예수님의 음성을 들으며 안심했을 것이다.

처음이요 마지막이니 본서에서는 하나님과 예수님의 호칭으로 이와 유사한 표현이 반복된다(1:8; 21:6). 이것은 하나님과 예수님이 창조와 역사의 주관자이심을 보여주는 대표적인 표현이다. 또한 예수님이 완전한 하나님이심을 보여주는 증거이기도 하다.

18 곧 살아 있는 자라 구약에서 '살아 있는 하나님'이라는 표현은 세상에 아무 영향을 미치지 못하는 죽은 우상과 대조적으로, 하나님의 현재적 권능을 보여주기 위해 자주 사용되었다(수 3:10; 시 42:2). 또한 예수님은 지금도 살아계셔서 세상을 주관하신다.

죽었었노라 예수님이 십자가에서 죽으셨던 것은 역사적으로 일어난 일회적 사건이지만 또한 현재는 살아계심을 드러내는 대조적 의미를 나타낸다.

사망과 음부의 열쇠 '음부'는 구약에서는 '스올'로 번역되는데 죽은 자들이 가는 곳(삼상 2:6)을 가리킨다. '열쇠'는 어떤 대상에 대한 권세를 의미한다(마 16:19). 예수님은 죽음도 다스리는 권세를 가지고 계심을 보여준다.

19 네가 본 것 요한이 성령의 임재 안에서 목격한 환상을 의미한다. 요한이 환상 가운데 본 내용은 '지금 있는 일'과 '장차 될 일'이다. '지금 있는 일'은 당시의 교회들에게 주어진 예수님의 칭찬과 책망의 말씀이며, '장차 될 일'은 교회 시대 내내 일어날 세상과 하나님 나라에 관한 일을 의미한다.

20 비밀 영어의 미스테리(mystery)의 어원이 되는 헬라어를 번역한 것으로 하나님이 감추어 두셨기에 계시를 통해서만 알 수 있는 숨겨진 영적 신비이다(골 1:26).

일곱 교회의 사자요 '사자'는 교회를 보호할 책임을 맡은 천사를 의미하며, 지상의 모든 교회가 하나님의 보호 아래 있음을 보여준다.

17 그분을 보는 순간, 나는 죽은 사람처럼 그분의 발 앞에 쓰러졌습니다. 그러자 그분은 내게 오른손을 얹으시며 말씀하셨습니다. "두려워하지 마라! 나는 처음과 마지막이다.

18 나는 살아 있는 자이다. 내가 전에 죽었으나, 이제는 영원히 살아 있으며, 죽음과 지옥의 열쇠를 가지고 있다.

19 그러므로 지금 네가 본 것과 현재 일어나고 있는 일들과 또 앞으로 일어날 일들을 기록하여라.

20 네가 본 일곱 금촛대와 지금 내 오른손에 있는 일곱 별의 비밀은 이것이다. 일곱 금촛대는 일곱 교회이며, 일곱 별은 일곱 교회의 천사들이다."

세상의 역사는 하나님과 관계없이 흘러가는 것처럼 보인다. 악인이 심판을 받지 않고 교회가 핍박을 당해도 하나님은 개입하지 않으시는 것처럼 보인다. 이런 상황이 가장 극심했던 때가 바로 요한이 이 환상을 보고 말씀을 들었을 때이다. 어려운 시기일수록 그 상황 속에 감추어진 하나님 나라의 신비를 계시를 통해 깨닫지 못하면 믿음이 흔들리고 낙심하기 쉽다. 예수님이 영광스러운 모습으로 나타나셔서 요한에게 반복적으로 보여주고 말씀하신 내용은 예수님이 역사의 주관자라는 사실이다. 우리의 눈에 예수님은 방관자이신 것 같지만 영적으로는 그렇지 않다. 악인들이 판을 치고, 성도들이 환난을 당하는 가운데 하나님 나라가 강력하게 확장되기 때문이다. 성도는 눈에 보이는 현실을 기반으로 살아가는 자들이 아니다. 성도는 눈에 보이는 현실을 뛰어넘는 하나님의 통치와 능력을 신뢰하는 자들이다. 이런 사람들은 세상이 감당할 수 없는 믿음으로 고난을 이기기도 하고, 역사를 바꾸는 주역이 된다.

> **무릎기도** 하나님, 예수님이 역사의 주관자가 되심을 믿는 믿음을 주소서. 그리하여 믿음으로 현실에 유혹받지 않으며 세상의 압박에 두려워하지 않고 살아가게 하소서.

ESV - Revelation 1

17 When I saw him, I fell at his feet as though dead. But he laid his right hand on me, saying, "Fear not, I am the first and the last,

18 and the living one. I died, and behold I am alive forevermore, and I have the keys of Death and Hades.

19 Write therefore the things that you have seen, those that are and those that are to take place after this.

20 As for the mystery of the seven stars that you saw in my right hand, and the seven golden lampstands, the seven stars are the angels of the seven churches, and the seven lampstands are the seven churches.

18 behold 보다 alive 살아 있는 forevermore 금후 영원히   19 therefore 그러므로 take place 일어나다

04

월　　일

에베소 교회에 보내는 편지

요한계시록 2:1-7 · 새찬송 42장 | 통일 11장

• 말씀묵상 전에 성령님의 인도하심을 구하는 기도를 드리십시오.

본문요약 ㅣ 예수님은 에베소 교회에 그들이 행한 행위와 수고와 인내와 거짓 사도들을 드러낸 것을 안다고 말씀하신다. 그러나 그들이 처음 사랑을 버렸음을 책망하시면서 회개하라고 촉구하신다. 또한 에베소 교회가 이기게 될 때 생명나무 열매를 주실 것을 약속하신다.

1 에베소 교회의 사자에게 편지하라 오른손에 있는 일곱 별을 붙잡고 일곱 금 촛대 사이를 거니시는 이가 이르시되

2 내가 네 행위와 수고와 네 인내를 알고 또 악한 자들을 용납하지 아니한 것과 자칭 사도라 하되 아닌 자들을 시험하여 그의 거짓된 것을 네가 드러낸 것과

3 또 네가 참고 내 이름을 위하여 견디고 게으르지 아니한 것을 아노라

4 그러나 너를 책망할 것이 있나니 너의 처음 사랑을 버렸느니라

5 그러므로 어디서 떨어졌는지를 생각하고 회개하여 처음 행위를 가지라 만일 그리하지 아니하고 회개하지 아니하면 내가 네게 가서 네 촛대를 그 자리에서 옮기리라

6 오직 네게 이것이 있으니 네가 니골라 당의 행위를 미워하는도다 나도 이것을 미워하노라

7 귀 있는 자는 성령이 교회들에게 하시는 말씀을 들을지어다 이기는 그에게는 내가 하나님의 낙원에 있는 생명나무의 열매를 주어 먹게 하리라

1. 오늘 하나님께서 나에게 주신 깨달음은 무엇입니까?

2. 말씀을 어떻게 내 삶에 구체적으로 적용해야 합니까?

절별 해설

1 에베소 교회 에베소는 당시 소아시아에서 가장 큰 도시로 소아시아의 관문 역할을 하는 큰 항구가 있었다. 로마 황제를 위한 신전들이 있었고, 아르테미스 신전은 고대 동방의 일곱 가지 신비로운 건축물에 포함될 정도로 엄청난 규모와 아름다움을 자랑했다. 바울은 AD 53년부터 2년여 간 두란노 서원에서 말씀을 전함으로 에베소에 큰 영적 변화를 가져왔다.
일곱 별을 붙잡고 에베소 교회에 소개되는 예수님은 교회를 다스리며 보호하시는 모습으로 묘사된다.

2 네 행위와 수고와 네 인내 '행위'는 에베소 교회가 사역을 잘하던 교회임을 보여준다. '수고'는 고통스러운 일까지도 기꺼이 감당하는 열정을 의미한다. '인내'는 소망으로 기다리는 태도로 에베소 교회가 어려운 상황에서도 쉽게 낙심하지 않았음을 의미한다.
사도라 하되 아닌 자들 에베소 교회가 가지고 있던 탁월한 영적 분별력을 보여준다. 이들은 6절에 나오는 니골라 당의 교훈을 전파하던 거짓 교사들이었을 가능성이 높다.

3 아노라 성도들은 우상 숭배가 만연하고 상업이 발달한 에베소에서 많은 핍박과 불이익을 당했을 것이다. 예수님은 이들이 당한 어려움뿐 아니라 그들의 열심을 전부 알고 계셨다.

4 처음 사랑을 버렸느니라 에베소 교회는 외적으로는 예수님의 칭찬을 받을 만한 좋은 면이 있었지만 내적으로는 처음 사랑이 없어 책망을 받는다. 여기서 '처음 사랑'은 감정적으로 뜨거운 반응을 의미하지 않는다. 에베소는 우상 숭배가 만연했지만 바울이 매일 전한 말씀으로 변화되었다. 에베소 교인들은 생계 수단이었던 마술 책을 불태우며 예수님께 자신들의 삶을 드림으로 처음 사랑을 보였다(행 19장). 그러나 시간이 지나면서 이들의 신앙생활은 말씀에 대한 적극적인 순종이 아니라 형식화되고 습관화된다.

5 촛대를 그 자리에서 옮기리라 '촛대'는 어두운 세상에 복음의 빛을 비추는 교회의 역할을 의미한다. 즉 에베소 교회가 회개하지 않으면 교회의 가장 중요한 역할을 감당하지 못하여 심판을 받게 될 것이라는 말씀이다.

6 니골라 당 '니골라'는 백성을 파멸시키는 자라는 뜻으로 '발람'과 같은 뜻이다. 발람은 출애굽한 이스라엘 백성들이 모압 여인들과 음행하도록 모압 왕 발락에게 조언함으로 하나님의 진노를 유발했던 자이다(민 25:1-3). 즉 니골라 당은 성도들을 우상 숭배에 빠지게 만드는 교훈을 가르치는 무리를 의미한다.

7 생명나무의 열매 하나님의 영적 생명을 얻게 됨을 나무의 열매로 비유한 것이다(22:2).

1 "에베소 교회 지도자에게 이렇게 써서 보내어라. '오른손에 일곱 별을 쥐고, 일곱 금촛대 사이를 걸어 다니시는 분의 말씀이다.

2 나는 네 행위를 알고 있다. 그 수고와 인내, 또 네가 악한 자들을 그대로 두지 않고, 스스로 사도인 척하는 자들을 시험하여 그들이 가짜인 것을 밝혀낸 일도 잘 알고 있다.

3 너는 나를 위해 고난을 참고, 낙심하지 않으며, 잘 견뎌 주었다.

4 그러나 너를 책망할 일이 한 가지 있다. 그것은 네가 나를 처음만큼 사랑하지 않고 있다는 사실이다.

5 이전에 네가 나를 어떻게 사랑했는지 그때를 돌이켜 보아라. 어디서 잘못되었는지 생각하고, 회개하여, 예전처럼 행하도록 하여라. 만일 네가 회개하지 않으면, 내가 가서 네 촛대를 그 자리에서 치워 버릴 것이다.

6 그러나 니골라파가 하는 짓을 미워한 것은 잘한 일이다. 나도 그것을 미워한다.

7 귀 있는 자는 성령께서 교회에게 하시는 말씀을 잘 들어라. 승리하는 자에게 하나님의 동산에 있는 생명나무의 열매를 먹게 하겠다.'"

저자의 **묵상**

'처음 사랑'이라는 단어에 대부분의 사람들은 연애 초기에 느끼는 감정적인 사랑을 떠올린다. 물론 신앙생활 초기에 감정적으로 예수님에 대한 뜨거운 사랑을 느낄 수도 있다. 그러나 이는 예수님이 에베소 교회에 회복하라고 명하신 처음 사랑의 전부가 아니다. 성도가 회복해야 하는 처음 사랑은 하나님의 말씀을 믿고 그 말씀대로 적극적으로 순종하는 모습이다. 에베소 교인 중에는 그 도시에 유행하던 마술을 직업으로 삼던 사람들이 많았다. 그런데 그들은 바울이 전한 하나님의 말씀을 듣고 자신들의 생계 수단이자 아주 비싼 값어치를 가진 마술 책들을 불태워 버렸다. 사도행전 19장은 이들이 불태운 마술 책의 값어치가 은 오만이었다고 하는데 이것은 현재의 화폐로 환산하면 약 50억 원에 해당하는 금액이다. 말씀을 통해 자라난 예수님에 대한 사랑이 돈에 대한 사랑과 생계에 대한 두려움에서 벗어나게 만들었던 것이다. 바로 이것이 신앙인이 회복해야 하는 처음 사랑이다.

> **무릎 기도** 하나님, 돈에 대한 사랑 때문에 예수님을 온전하게 사랑하지 못하는 것을 회개합니다. 말씀에 더욱 집중하여 돈에 대한 사랑에서 벗어나게 하소서.

ESV - Revelation 2

1 "To the angel of the church in Ephesus write: 'The words of him who holds the seven stars in his right hand, who walks among the seven golden lampstands.

2 "'I know your works, your toil and your patient endurance, and how you cannot bear with those who are evil, but have tested those who call themselves apostles and are not, and found them to be false.

3 I know you are enduring patiently and bearing up for my name's sake, and you have not grown weary.

4 But I have this against you, that you have abandoned the love you had at first.

5 Remember therefore from where you have fallen; repent, and do the works you did at first. If not, I will come to you and remove your lampstand from its place, unless you repent.

6 Yet this you have: you hate the works of the Nicolaitans, which I also hate.

7 He who has an ear, let him hear what the Spirit says to the churches. To the one who conquers I will grant to eat of the tree of life, which is in the paradise of God.'

---

2 toil 수고 patient 참을성 있는 endurance 인내 bear with …을 참다 apostle 사도 false 거짓된 3 bear up 견디다 for one's sake …을 위해서 weary 지친 4 abandon 버리다 5 repent 회개하다 remove 치우다 7 conquer 이기다 grant 허락하다

05
월   일

서머나 교회에 보내는 편지

요한계시록 2:8-11 · 새찬송 39장 | 통일 39장

• 말씀묵상 전에 성령님의 인도하심을 구하는 기도를 드리십시오.

> **본문요약 ㅣ** 예수님은 서머나 교회의 환난과 궁핍을 아시지만 그들이 실제로는 부요하다고 말씀하신다. 또한 자칭 유대인이라 하는 자들이 비방하는 것도 알고 계신다. 예수님은 서머나 교회에 장차 옥에 갇히는 고난을 당할 것을 두려워하지 말고 계속해서 충성하라고 당부하신다.

8 서머나 교회의 사자에게 편지하라 처음이며 마지막이요 죽었다가 살아나신 이가 이르시되

9 내가 네 환난과 궁핍을 알거니와 실상은 네가 부요한 자니라 자칭 유대인이라 하는 자들의 비방도 알거니와 실상은 유대인이 아니요 사탄의 회당이라

10 너는 장차 받을 고난을 두려워하지 말라 볼지어다 마귀가 장차 너희 가운데에서 몇 사람을 옥에 던져 시험을 받게 하리니 너희가 십 일 동안 환난을 받으리라 네가 죽도록 충성하라 그리하면 내가 생명의 관을 네게 주리라

11 귀 있는 자는 성령이 교회들에게 하시는 말씀을 들을지어다 이기는 자는 둘째 사망의 해를 받지 아니하리라

1. 오늘 하나님께서 나에게 주신 깨달음은 무엇입니까?

2. 말씀을 어떻게 내 삶에 구체적으로 적용해야 합니까?

절별 해설

8 서머나 교회 서머나는 에베소에서 북쪽으로 약 60km 떨어진 곳에 위치한 아름다운 항구 도시였다. 이곳에는 아시아에서 처음으로 로마를 위해 지은 신전이 있었고 티베리우스 황제를 위한 신전을 건축할 정도로 황제 숭배가 강했다. 서머나에 살고 있던 유대인들은 기독교인들이 로마의 평화를 위협하며 황제 숭배를 거부하는 자들이라고 고소했고 이것은 박해로 이어졌다. 서머나의 유명한 순교자 가운데는 요한의 제자이며 서머나의 초대 감독이었던 폴리갑이 있다.

처음이며 마지막이요 예수님이 만물의 창조주이며 역사의 주관자라는 의미이다.

죽었다가 살아나신 이 예수님이 죽음까지도 다스리는 생명의 주관자가 되신다는 의미이다.

9 환난 유대인들의 비방과 고소로 인한 핍박을 말한다.

궁핍 황제 숭배를 거부했던 기독교인들은 상업 길드에 참여할 수 없어서 경제 활동에 어려움이 많았고, 재산은 폭도나 관리들에게 강제로 빼앗기는 경우가 많았다.

부요한 자니라 서머나 교회는 경제적으로 궁핍했지만 영적으로는 부요했다. 영적 지혜는 물질적 가치를 뛰어넘는 영적이고 영원한 가치를 바라보게 한다(약 1:5-11). 이런 관점에서 서머나 교회는 환난이 빼앗아 갈 수 없는 영원한 부요를 소유한 교회였다.

자칭 유대인 신약 시대에는 더 이상 혈통이 중요한 것이 아니라 예수님을 믿는 성도들이 영적 유대인으로 간주됨을 보여준다. 혈통적으로 유대인이라 하더라도 성도들을 핍박한다면 이들은 사탄의 자식들과 같다.

10 십 일 동안 환난을 받으리라 '십 일'은 신실함이 증명될 수 있는 정해진 날을 의미한다(단 1:12-15). 서머나 교회 성도들이 예수님에 대한 신실한 믿음을 가진 자들인지 마귀가 시험하는 과정을 통해 드러나게 될 것이 예언된다.

생명의 관 하나님 나라에서 주어질 영원한 생명이 면류관과 같이 영광스러울 것임을 보여준다.

11 이기는 자 서머나 교인들에게 있어 이긴다는 것은 황제 숭배가 당연시되는 분위기 가운데 신앙을 지키는 것이다. 유대인들의 고소로 옥에 갇히고 순교를 당하는 상황에서도 죽음을 두려워하지 않고 예수님을 신실하게 믿는 믿음을 지키는 것을 의미한다.

둘째 사망 첫째 사망은 육적인 죽음을 의미하며, 둘째 사망은 영적으로 하나님으로부터 영원히 분리되어 지옥에 들어가는 것을 의미한다(20:6).

---

8 "서머나 교회 지도자에게 이렇게 써서 보내어라. '처음과 마지막이며, 죽었다가 다시 살아나신 분의 말씀이다.

9 네가 당하는 고난과 가난한 사정을 내가 알고 있다. 하지만 사실 네가 참 부자이다! 너를 욕하고 비난하는 자들이 있다는 사실도 안다. 그들은 자기들 스스로를 유대인이라고 하지만 사실은 사탄에게 속한 자들이다.

10 그러니 앞으로 일어날 일들을 두려워하지 마라. 악마가 너희들을 시험하려 너희 중 몇몇을 감옥에 가두고 십 일 동안, 고난을 겪게 할 것이다. 그러나 죽는 그 순간까지 신실하게 믿음을 지키라. 그러면 생명의 면류관을 네게 줄 것이다.

11 귀 있는 자는 성령께서 교회에게 하시는 말씀을 잘 들어라. 승리하는 자는 두 번째 죽음으로 말미암아 해를 당하지 않을 것이다.'"

서머나 교인들은 황제 숭배를 거부함으로 가난하게 되었고, 유대인들의 고소와 고발로 옥에 갇히거나 심지어 죽임을 당했다. 예수님은 이들의 상황을 다 알고 계셨지만 오히려 더 큰 환난이 임할 것이라고 말씀하신다.

성도들에게도 이런 상황이 벌어지는 경우가 있다. 이미 다른 사람보다 많은 환난을 겪고 있는데 더 큰 환난이 임하는 경우다. 이것은 믿음의 가지치기로 예수님이 포도나무의 비유 가운데 말씀하신 적이 있다. "무릇 열매를 맺는 가지는 더 열매를 맺게 하려 하여 그것을 깨끗하게 하시느니라"(요 15:2). 다른 교회들과 달리 서머나 교회가 책망받지 않은 이유는 이들이 환난을 통해 다른 교회보다 더 정결한 믿음을 얻었기 때문이다. 세상에서 부요하고 평안한 것은 오히려 영적으로는 가난하고 나약한 믿음을 가지게 되기가 쉽다. 그렇기 때문에 환난은 성도를 온전하게 만드는 특별한 선물이다.

무릎 기도	하나님, 세상에서 부요와 평안만을 추구하는 나약한 신앙에서 벗어나 환난 가운데도 영적 부요와 온전한 믿음을 가질 수 있는 성숙한 신앙을 허락하소서.

ESV - Revelation 2

8 "And to the angel of the church in Smyrna write: 'The words of the first and the last, who died and came to life.

9 "'I know your tribulation and your poverty (but you are rich) and the slander* of those who say that they are Jews and are not, but are a synagogue of Satan.

10 Do not fear what you are about to suffer. Behold, the devil is about to throw some of you into prison, that you may be tested, and for ten days you will have tribulation. Be faithful unto death, and I will give you the crown of life.

11 He who has an ear, let him hear what the Spirit says to the churches. The one who conquers will not be hurt by the second death.'

* 2:9 Greek *blasphemy*

9 tribulation 고난 poverty 빈곤 slander 비방 synagogue 회당   10 suffer 겪다 behold 보다 throw··· into prison 옥에 가두다 faithful 충직한   11 conquer 이기다 hurt 상하게 하다

06
월   일

버가모 교회에 보내는 편지

요한계시록 2:12-17 · 새찬송 322장 | 통일 357장

• 말씀묵상 전에 성령님의 인도하심을 구하는 기도를 드리십시오.

본문요약 ㅣ 버가모 교회는 사탄의 영향력이 강력한 곳이었다. 안디바라는 순교자가 나오기도 했지만 교회 내에 발람의 교훈을 섬기는 니골라 당이 있었다. 예수님은 이들을 향해 회개할 것을 촉구하시며 이기는 자들에게는 만나와 흰 돌을 주실 것을 약속하신다.

12 버가모 교회의 사자에게 편지하라 좌우에 날선 검을 가지신 이가 이르시되

13 네가 어디에 사는지를 내가 아노니 거기는 사탄의 권좌가 있는 데라 네가 내 이름을 굳게 잡아서 내 충성된 증인 안디바가 너희 가운데 곧 사탄이 사는 곳에서 죽임을 당할 때에도 나를 믿는 믿음을 저버리지 아니하였도다

14 그러나 네게 두어 가지 책망할 것이 있나니 거기 네게 발람의 교훈을 지키는 자들이 있도다 발람이 발락을 가르쳐 이스라엘 자손 앞에 걸림돌을 놓아 우상의 제물을 먹게 하였고 또 행음하게 하였느니라

15 이와 같이 네게도 니골라 당의 교훈을 지키는 자들이 있도다

16 그러므로 회개하라 그리하지 아니하면 내가 네게 속히 가서 내 입의 검으로 그들과 싸우리라

17 귀 있는 자는 성령이 교회들에게 하시는 말씀을 들을지어다 이기는 그에게는 내가 감추었던 만나를 주고 또 흰 돌을 줄 터인데 그 돌 위에 새 이름을 기록한 것이 있나니 받는 자 밖에는 그 이름을 알 사람이 없느니라

1. 오늘 하나님께서 나에게 주신 깨달음은 무엇입니까?

2. 말씀을 어떻게 내 삶에 구체적으로 적용해야 합니까?

12 버가모 교회 '성채'라는 뜻의 버가모는 높은 언덕에 지어진 군사 요새였다. 이곳에는 20만 권의 책을 보유한 도서관이 있었고 따라서 책을 만드는 양피지 생산이 활발한 고대 지식의 중심지였다. 버가모는 로마의 식민 도시 가운데 살아 있는 황제였던 아우구스투스를 위한 신전을 최초로 만든 도시로, 소아시아에서 로마 황제 숭배의 중심지였다. 의학이 발달한 도시답게 의술의 신 아스클레피오스를 숭배했고 술의 신 디오니소스 숭배도 유행했다.

좌우에 날선 검 심판자로서의 예수님의 모습을 보여주는 상징이다(1:16).

13 사탄의 권좌 언덕 위에 제우스 신전을 중심으로 여러 신들을 섬기는 신전이 지어졌던 상황이 마치 사탄이 그 도시를 지배하는 것과 같은 영향력을 미쳤음을 의미한다.

내 충성된 증인 안디바 안디바는 황제 숭배를 거부하다 순교한 버가모 교회의 성도로 보인다. 예수님은 사탄의 강력한 영향력 가운데서도 믿음을 위해 순교한 안디바를 귀하게 여기시며 그것이 버가모 교회의 칭찬받을 모습이라고 언급하신다.

14 발람의 교훈 발람은 모압 왕 발락에게 이스라엘 백성을 우상 숭배와 음행으로 타락시킬 방법을 알려 주었다. 그 결과 이스라엘의 지도자들이 모압의 신전 여사제들과 음행을 하고 우상 숭배에 참여함으로 하나님의 진노를 사게 되었다(민 25:1-3).

15 니골라 당의 교훈 니골라는 '백성을 파멸시키다'라는 뜻으로 '발람'과 같은 뜻이다. 니골라 당의 교훈은 성도가 세상 쾌락과 부요를 추구하는 것이 영적으로 전혀 문제가 되지 않는다고 유혹하여 결국 하나님을 떠나고 우상을 숭배하게 만든다.

16 내 입의 검 예수님의 입의 검은 심판하시는 그분의 말씀을 의미한다(히 4:12). 회개하지 않고 니골라 당의 세속주의 유혹에 빠져 우상 숭배하는 자들을 예수님이 심판하실 것이다.

17 이기는 그 버가모 교인들에게 있어서 이기는 것은 세속적 쾌락과 부요로 유혹하는 마귀의 거짓을 잘 분별하여 싸우는 것을 의미한다.

감추었던 만나 만나는 광야에서 이스라엘 백성의 생명을 위해 하나님이 주신 일용할 양식이었다. 이것은 예수님을 통해 주어질 영적 생명의 모형으로 이제 성도가 받을 만나는 하늘의 양식인 영적 생명이다(요 6:51).

흰 돌 이름이 쓰여 있는 돌은 고대의 경기장이나 연회에 참여할 수 있는 입장권이었다. 성도에게 하나님 나라의 잔치에 참여할 수 있는 자격이 주어진다는 의미이다.

12 "버가모 교회 지도자에게 이렇게 써서 보내어라. '양쪽에 날이 선 날카로운 칼을 가진 분의 말씀이다.

13 나는 네가 살고 있는 곳이 어떤 곳인지 알고 있다. 사탄이 권세를 쥐고 있는 그런 도시에서, 너는 나를 향한 믿음을 굳게 지키고 있다. 나의 신실한 증인 안디바가 그곳에서 순교할 때도, 너는 나를 믿는 믿음을 저버리지 않았다.

14 하지만 몇 가지 네게 책망할 일이 있다. 너희 가운데 발람의 가르침을 따르는 무리들을 왜 그대로 보고만 있느냐? 발람은 발락을 시켜, 이스라엘 백성들이 죄를 짓도록 부추겼다. 이스라엘 백성들이 우상에게 바친 제물을 먹고, 음란한 죄를 지었던 것을 알고 있지 않느냐?

15 또 니골라파의 가르침을 따르는 자들도 너희 가운데 보인다.

16 회개하고 태도를 고쳐라! 그렇지 않으면, 내가 속히 가서 내가 갖고 있는 칼로 그들을 칠 것이다.

17 귀 있는 자는 성령께서 교회에 하시는 말씀을 잘 들어라. 승리하는 자에게는 숨겨진 만나와 흰 돌을 줄 것이다. 그 돌 위에는 그것을 받는 사람 이외에는 알 수 없는 새 이름이 새겨져 있다.'"

저자의 **묵상**

구약 시대 발람의 교훈과 신약 시대 니골라 당의 교훈은 지금도 여전히 영향을 미치고 있다. 성도 중 많은 사람들이 참된 기독교 신앙과 기복주의, 세속주의적인 신앙을 구분하지 못한다. 이들은 많은 경우 예수님을 믿고 받는 복을 부자가 되거나 병이 낫고 자녀가 좋은 학교에 들어가는 것 정도로 생각한다. 이런 복만 받기 위해 예배를 드리고 헌금하는 사람들은 예수님을 믿는 것이 아니라 자기의 쾌락과 성공을 위해 니골라 당의 교훈을 따르고 있는 것이다. 마귀는 성도가 갑자기 신앙을 버리고 부처를 믿거나 이슬람교로 개종하도록 하지 않는다. 오히려 하나님을 믿는다고 하면서 세상의 쾌락과 성공을 좇게 한다. 이런 우상 숭배가 마치 하나님의 복인 것처럼 성도들을 속이는 것이다. 마귀의 속임수에 속아 넘어간 사람들에게 신앙생활은 욕망의 충족을 위한 것이 되어 버린다. 참된 성도는 발람의 교훈을 잘 분별하고 바른 신앙을 가져야 할 것이다.

> **무릎 기도** | 하나님, 세상의 쾌락과 부요에 눈이 멀어 하나님 대신 우상을 섬기지 않게 하소서. 유혹에 넘어가지 않고 끝까지 신실하게 예수님을 믿게 하소서.

ESV - Revelation 2

12 "And to the angel of the church in Pergamum write: 'The words of him who has the sharp two-edged sword.

13 "'I know where you dwell, where Satan's throne is. Yet you hold fast my name, and you did not deny my faith* even in the days of Antipas my faithful witness, who was killed among you, where Satan dwells.

14 But I have a few things against you: you have some there who hold the teaching of Balaam, who taught Balak to put a stumbling block before the sons of Israel, so that they might eat food sacrificed to idols and practice sexual immorality.

15 So also you have some who hold the teaching of the Nicolaitans.

16 Therefore repent. If not, I will come to you soon and war against them with the sword of my mouth.

17 He who has an ear, let him hear what the Spirit says to the churches. To the one who conquers I will give some of the hidden manna, and I will give him a white stone, with a new name written on the stone that no one knows except the one who receives it.'

* 2:13 Or your faith in me

---

12 two-edged 양날의 sword 칼   13 dwell 살다 throne 왕좌 hold fast 꼭 쥐다 deny 부인하다 faithful 충직한 witness 증인   14 a stumbling block 걸림돌 sacrifice 제물을 바치다 idol 우상 immorality 부도덕   16 repent 회개하다 war against …와 싸우다   17 conquer 이기다 except …외에는 receive 받다

07
월   일

두아디라 교회에 보내는 편지 1
요한계시록 2:18-23 · 새찬송 204장 | 통일 379장

• 말씀묵상 전에 성령님의 인도하심을 구하는 기도를 드리십시오.

> **본문요약 |** 두아디라 교회는 처음보다 나중 행위가 더욱 풍성한 교회였다. 그러나 목회자들이 영적 음행을 허용하였다가 결국 영적 간음이 교회 내에 퍼지게 되었다. 예수님은 영적 음행에 빠진 자들에게 회개하지 않으면 환난과 사망으로 그들을 심판하실 것을 경고하신다.

18 두아디라 교회의 사자에게 편지하라 그 눈이 불꽃 같고 그 발이 빛난 주석과 같은 하나님의 아들이 이르시되

19 내가 네 사업과 사랑과 믿음과 섬김과 인내를 아노니 네 나중 행위가 처음 것보다 많도다

20 그러나 네게 책망할 일이 있노라 자칭 선지자라 하는 여자 이세벨을 네가 용납함이니 그가 내 종들을 가르쳐 꾀어 행음하게 하고 우상의 제물을 먹게 하는도다

21 또 내가 그에게 회개할 기회를 주었으되 자기의 음행을 회개하고자 하지 아니하는도다

22 볼지어다 내가 그를 침상에 던질 터이요 또 그와 더불어 간음하는 자들도 만일 그의 행위를 회개하지 아니하면 큰 환난 가운데에 던지고

23 또 내가 사망으로 그의 자녀를 죽이리니 모든 교회가 나는 사람의 뜻과 마음을 살피는 자인 줄 알지라 내가 너희 각 사람의 행위대로 갚아 주리라

1. 오늘 하나님께서 나에게 주신 깨달음은 무엇입니까?

2. 말씀을 어떻게 내 삶에 구체적으로 적용해야 합니까?

절별 해설

18 두아디라 교회 두아디라는 서머나와 버가모의 중간 지역으로 로마의 식민지가 된 후에 생산과 매매의 중심지로 번성하였다. 이 지역에는 상업 협동조합과 같은 길드가 발달했는데 구리 세공업과 염색업이 유명했다. 두아디라에서 상업을 하기 위해서는 길드에 들어가 그들의 이방신, 수호신들을 섬겨야 했다. 바울 일행이 빌립보에서 만나 세례를 준 자주 옷감 장사 루디아가 두아디라성 출신이었다(행 16:14-15). 이 지역은 로마 황제의 수호신으로 알려진 아폴로를 숭배했다.

그 눈이 불꽃 같고 그 발이 빛난 주석과 같은 예수님의 빛나는 모습은 두아디라에서 섬기던 태양신 아폴로의 모습을 염두에 둔 것으로 보인다. 또한 심판자로서 예수님의 권위를 강조한다.

하나님의 아들 일곱 교회에 보낸 편지 가운데 두아디라 교회에만 예수님을 하나님의 아들로 소개한다. 이것은 아폴로가 제우스 신의 아들로 숭배받았기 때문에 그것과 대조하여 예수님만이 하나님의 아들이라고 선포하는 것이다.

19 사업 두아디라 교회가 사랑의 섬김과 믿음과 인내로 행한 사역들을 의미한다.

처음 것보다 많도다 처음 사랑과 행위들을 버렸던 에베소 교회와 대조적이다(2:4-5).

20 이세벨 구약의 북이스라엘 아합 왕의 아내로 바알과 아세라 숭배를 북이스라엘에 본격화하였으며 하나님의 심판으로 죽임을 당했다. 두아디라 교회에도 구약의 이세벨처럼 바알 숭배를 퍼트리는 자칭 여선지자들이 등장하여 사람들을 속였다.

내 종들을 가르쳐 꾀어 행음하게 하고 거짓 선지자들은 두아디라 교회의 목회자들을 타락시켰다. 여기서의 행음은 하나님 외에 다른 우상을 숭배하는 영적 간음을 의미한다(2:14).

21 회개할 기회를 주었으되 예수님은 심지어 목회자들을 타락시킨 거짓 선지자에게도 회개의 기회를 주셨다. 그러나 그녀는 회개하지 않음으로 하나님의 심판을 피할 기회를 놓친다.

22 침상에 던질 터이요 침상은 '질병에 걸려 침대에 눕게 됨'을 환유적으로 표현한 것이다.

큰 환난 회개하지 않은 두아디라 성도들은 큰 환난을 당하게 된다. 이들은 말씀으로 회개하지 않았기 때문에 환난을 통해 회개할 기회를 얻는다. 환난은 회개의 도구이다.

23 그의 자녀 이세벨의 교훈을 추종하는 추종자 세력을 의미한다.
사람의 뜻과 마음을 살피는 자 예수님은 인간 행동의 근원이 되는 모든 생각과 감정을 아시기 때문에 온전한 심판이 가능하시다(시 7:9).

18 "두아디라 교회 지도자에게 이렇게 써서 보내어라. '불꽃같이 빛나는 눈과 빛나는 청동 같은 발을 가지신 하나님의 아들이 하시는 말씀이다.

19 나는 네 행위를 알고 있다. 또한 너의 사랑과 믿음과 봉사와 인내에 관해서도, 그리고 처음보다 훨씬 더 열심히 이와 같은 일들을 행하고 있음도 알고 있다.

20 그러나 한 가지 책망할 일은, 스스로 예언자라고 칭하는 여자 이세벨을 그대로 두고 보고만 있는 일이다. 그 여자는 내 백성을 거짓된 가르침으로 잘못 인도하고 있으며, 우상에게 바친 제물을 먹게 하고 음란한 죄를 짓도록 부추기고 있지 않느냐?

21 내가 그 여자에게 회개할 기회를 주었으나, 그녀는 뉘우치지 않았다.

22 그러므로 내가 그녀를 고통 중에 내던져 신음하게 하고, 똑같이 음란한 죄를 짓는 자들에게도 그러한 고통을 줄 것이다. 만약 지금 바로 잘못을 뉘우치고 돌아오지 않으면, 즉시 이 일을 행할 것이다.

23 그 여자의 가르침을 따르는 모든 자들을 죽게 하여, 내가 사람들의 마음과 생각의 깊은 곳까지 살피는 자임을 온 교회가 알도록 할 것이다. 나는 너희가 행한 대로 갚을 것이다.

두아디라 교회의 목회자들이 이세벨의 교훈에 먼저 유혹받은 것은 참으로 안타까운 모습이다. 교회의 타락이 목회자들의 타락으로부터 시작된다는 것은 과거나 현재나 동일하다. 목회자들의 신앙이 복음 위에 바로 서 있지 않으면 돈, 권력, 쾌락, 안정의 유혹에 빠지는 것은 일반인들과 같다. 그러나 목회자들의 타락이 더 큰 문제를 일으키는 것은 설교와 가르침을 통해 성도들까지도 잘못된 교훈을 배워 온 교회가 타락하게 되기 때문이다.

많은 사람이 한국 교회가 위기에 처했다고 이야기한다. 이런 위기의 배후에는 목회자들의 탐욕이 도사리고 있다. 예수님은 왕 노릇을 섬김과 희생이라고 몸소 가르쳐 주셨는데 지금의 한국 교회에는 자기 영광을 추구하며 자신의 거대한 왕국을 세우려는 목회자들이 자주 보인다. 무엇보다 목회자들이 회개하고 복음 위에 바로 설 수 있도록 기도해야 할 것이다.

> **무릎 기도** 하나님, 한국 교회의 목회자들을 위해 기도합니다. 세속주의 영향력에서 벗어나 복음 위에 바로 서서 교회의 본질을 회복할 수 있도록 은혜를 베푸소서.

ESV - Revelation 2

18 "And to the angel of the church in Thyatira write: 'The words of the Son of God, who has eyes like a flame of fire, and whose feet are like burnished bronze.

19 "'I know your works, your love and faith and service and patient endurance, and that your latter works exceed the first.

20 But I have this against you, that you tolerate that woman Jezebel, who calls herself a prophetess and is teaching and seducing my servants to practice sexual immorality and to eat food sacrificed to idols.

21 I gave her time to repent, but she refuses to repent of her sexual immorality.

22 Behold, I will throw her onto a sickbed, and those who commit adultery with her I will throw into great tribulation, unless they repent of her works,

23 and I will strike her children dead. And all the churches will know that I am he who searches mind and heart, and I will give to each of you according to your works.

18 flame 불꽃 burnished 윤이 있는   19 service 섬김 patient 참을성 있는 endurance 인내 exceed …보다 크다 20 tolerate 용인하다 prophetess 여자 예언자 seduce 유혹하다 servant 종 immorality 부도덕 sacrifice 제물로 바치다 idol 우상 21 repent 회개하다 refuse 거부하다 22 behold 보다 sickbed 병상 commit adultery with …와 간음하다 tribulation 고난 23 strike… dead …을 쳐 죽이다 search 살펴보다

08

두아디라 교회에 보내는 편지 2

요한계시록 2:24-29 • 새찬송 200장 | 통일 235장

• 말씀묵상 전에 성령님의 인도하심을 구하는 기도를 드리십시오.

본문요약 ㅣ 예수님은 두아디라 교인 가운데 이세벨의 교훈을 따르지 않는 성도들에게는 다른 요구를 하지 않으신다. 다만 그들에게 있는 믿음을 굳게 잡으라고 권고하신다. 이기는 자는 만국을 다스리는 권세를 얻게 될 것이며 또한 새벽별을 얻게 될 것이라 말씀하신다.

24 두아디라에 남아 있어 이 교훈을 받지 아니하고 소위 사탄의 깊은 것을 알지 못하는 너희에게 말하노니 다른 짐으로 너희에게 지울 것은 없노라

25 다만 너희에게 있는 것을 내가 올 때까지 굳게 잡으라

26 이기는 자와 끝까지 내 일을 지키는 그에게 만국을 다스리는 권세를 주리니

27 그가 철장을 가지고 그들을 다스려 질그릇 깨뜨리는 것과 같이 하리라 나도 내 아버지께 받은 것이 그러하니라

28 내가 또 그에게 새벽 별을 주리라

29 귀 있는 자는 성령이 교회들에게 하시는 말씀을 들을지어다

1. 오늘 하나님께서 나에게 주신 깨달음은 무엇입니까?

2. 말씀을 어떻게 내 삶에 구체적으로 적용해야 합니까?

24 이 교훈 거짓 선지자 이세벨이 두아디라 성도들로 하여금 음행과 우상 숭배에 빠지게 만든 가르침을 의미한다. **사탄의 깊은 것** 이세벨은 성도들에게 더 깊은 영적 지식을 알려 주겠다고 하면서 영적 음행의 길로 이끌었다. 이세벨은 당시에 유행하던 육적인 것과 영적인 것을 구분하는 영지주의적 가르침을 전파한 것으로 보인다. 성도는 영적으로 구원받았기 때문에 육적으로는 어떤 행위를 해도 관계없다고 가르친 것이다. 이로 인해 두아디라 교회의 성도들 가운데 일부는 사탄의 영향력에 깊이 빠지게 되고 그 때문에 '사탄의 깊은 것'이라고 부른다. **다른 짐** 이세벨의 가르침을 따라 음행과 우상 숭배하지 말라는 예수님의 교훈을 제외한 다른 말씀을 의미한다.

25 너희에게 있는 것 두아디라 교회의 성도들이 처음부터 가졌던 복음으로 사랑과 믿음과 섬김과 인내를 행할 수 있는 능력을 의미한다. 이들은 이미 하나님의 능력으로 말미암아 하나님의 뜻을 행하는 삶을 살고 있었기 때문에 그것을 계속해서 행하도록 격려하는 것이다.

26 이기는 자 두아디라 성도들에게 있어 이긴다는 것은 이세벨과 같은 거짓 선지자의 교훈을 잘 분별하여 사탄의 영향력에 깊이 빠지지 않는 것이다. **만국을 다스리는 권세** 성도는 그리스도와 함께 왕 노릇 하는 권세를 받게 된다(5:10). 이는 그리스도처럼 섬김과 희생으로 다른 이들을 통치하는 하늘나라의 왕의 모습이다(막 10:45).

27 철장을 가지고 그들을 다스려 질그릇 깨뜨리는 것과 같이 시편 2:9을 인용한 것으로 '철장'은 예수님의 심판의 도구인 쇠막대기를 의미한다. 시편 2편은 대표적인 메시아 시편으로 메시아가 오시면 그를 대적하는 세상의 왕들을 강력한 권세로 파하고 온 세상을 통치하실 것을 예언한다. 예수님은 이 말씀을 인용하심으로 두아디라 교회에 자신이 구약이 약속하는 메시아일 뿐 아니라 온 세상을 심판하고 통치하는 절대 권력을 가진 분임을 강조하신다.

28 새벽 별 그리스도 자신을 가리키는 말이다. 발람의 예언에서 '별'은 이방 나라들을 쳐서 무찌를 메시아적 왕권을 상징한다(민 24:17). 이곳에서의 '새벽별'은 어둠을 물리치고 세상을 다스리는 왕이신 그리스도를 상징한다. 결국 이기는 자는 생명이신 예수님을 얻게 된다(22:16).

24 그러나 두아디라 교회 안에 그녀의 가르침을 좇지 않고 사탄의 깊은 비밀을 배우지 않은 사람들에게는 내가 다른 짐을 지우지 않을 것이다.

25 내가 갈 때까지 지금 가고 있는 길을 꾸준히 걸어가거라.

26 마지막까지 내 뜻대로 행하고 승리하는 자에게는 모든 나라를 다스릴 권세를 줄 것이다.

27 쇠막대기로 그들을 벌하여 너희 앞에 복종케 하여 질그릇같이 그들을 깨뜨릴 것이다.

28 이것은 내가 아버지께로부터 받은 권세와 똑같은 권세이다. 또한 새벽별도 네게 주겠다.

29 귀 있는 자는 성령께서 교회에 하시는 말씀을 잘 들어라.'"

초대 교회의 대표적인 이단은 영지주의였다. 영지주의는 육적인 것과 영적인 것을 구별하여 구원은 영적인 것이기 때문에 육적인 일은 영적인 구원에 아무런 영향을 미치지 않는다고 주장했다. 오래전에 교회에 영향을 강하게 미쳤던 영지주의적 영향력은 지금도 여전하다.

　오늘날의 대표적인 영지주의적 이단은 구원파이다. 구원파는 영적인 것과 육적인 것을 철저하게 구분한다. 그렇기 때문에 이들은 육적으로는 비윤리적이고 악한 행위를 하는 것을 아무렇지 않게 여긴다. 신천지의 가르침에도 영지주의적인 측면이 많이 있다. 이들은 자신들이 주장하는 영적인 목적을 위해 신자들에게 거짓말을 하도록 독려한다. 정통 교회를 다니는 성도 가운데도 종교 생활과 일상생활을 완전히 구별하는 사람들이 있다. 종교 생활은 경건하게 하기 위해 애쓰지만 일상에서는 세상 사람과 하나도 다를 것이 없이 사는 사람은 영지주의적인 삶을 살고 있는 것이다.

> **무릎기도** 하나님, 영적인 것과 육적인 것을 이원화하여 세상에서의 방탕과 우상 숭배를 조장하는 거짓된 가르침에 유혹받지 않도록 진리로 잘 분별하게 하소서.

ESV - Revelation 2

24 But to the rest of you in Thyatira, who do not hold this teaching, who have not learned what some call the deep things of Satan, to you I say, I do not lay on you any other burden.

25 Only hold fast what you have until I come.

26 The one who conquers and who keeps my works until the end, to him I will give authority over the nations,

27 and he will rule* them with a rod of iron, as when earthen pots are broken in pieces, even as I myself have received authority from my Father.

28 And I will give him the morning star.

29 He who has an ear, let him hear what the Spirit says to the churches.'

* 2:27 Greek *shepherd*

24 burden 짐　25 hold fast 꼭 쥐다　26 conquer 이기다　authority 권세　27 rule 통치하다　rod 지팡이　pot 항아리 break in pieces 산산조각으로 부수다　receive 받다

09
월 일

사데 교회에 보내는 편지

요한계시록 3:1-6 · 새찬송 324장 | 통일 360장

• 말씀묵상 전에 성령님의 인도하심을 구하는 기도를 드리십시오.

본문요약 ㅣ 예수님은 사데 교회가 명목상으로 살아 있으나 실상은 죽은 교회라고 말씀하신다. 그들의 행위는 온전한 것이 하나도 없기 때문에 처음 들었던 복음을 기억하고 회개하라고 요구하신다. 그런 상황에서도 순결한 신앙을 지킨 성도들이 몇 있었는데 이들은 칭찬을 받는다.

1 사데 교회의 사자에게 편지하라 하나님의 일곱 영과 일곱 별을 가지신 이가 이르시되 내가 네 행위를 아노니 네가 살았다 하는 이름은 가졌으나 죽은 자로다

2 너는 일깨어 그 남은 바 죽게 된 것을 굳건하게 하라 내 하나님 앞에 네 행위의 온전한 것을 찾지 못하였노니

3 그러므로 네가 어떻게 받았으며 어떻게 들었는지 생각하고 지켜 회개하라 만일 일깨지 아니하면 내가 도둑 같이 이르리니 어느 때에 네게 이를는지 네가 알지 못하리라

4 그러나 사데에 그 옷을 더럽히지 아니한 자 몇 명이 네게 있어 흰 옷을 입고 나와 함께 다니리니 그들은 합당한 자인 연고라

5 이기는 자는 이와 같이 흰 옷을 입을 것이요 내가 그 이름을 생명책에서 결코 지우지 아니하고 그 이름을 내 아버지 앞과 그의 천사들 앞에서 시인하리라

6 귀 있는 자는 성령이 교회들에게 하시는 말씀을 들을지어다

1. 오늘 하나님께서 나에게 주신 깨달음은 무엇입니까?

2. 말씀을 어떻게 내 삶에 구체적으로 적용해야 합니까?

절별 해설

1 사데 교회 고대 리디아 왕국의 수도였던 사데는 두아디라에서 남동쪽으로 약 48km 떨어졌으며 트몰루스산 위의 높고 좁은 협곡 위에 위치한 난공불락의 성으로 유명했다. 그러나 이 성도 페르시아의 고레스와 시리아 안티오쿠스의 침공으로 함락된 적이 있었다. 시리아에서 이주한 많은 유대인들 때문인지 규모가 아주 큰 유대인 회당이 발굴되기도 했다. 사데는 사금을 채취하는 금광이 유명했고, 울 염색을 최초로 성공한 곳으로 무역의 요충지였다.

하나님의 일곱 영과 일곱 별 '일곱 영'은 완전하신 성령을, '일곱 별'은 교회를 보호하는 천사를 의미한다. 예수님은 성령과 천사들이 교회를 보호하는 일을 주관함을 말씀하신다.

살았다 하는 이름은 가졌으나 죽은 자로다 사데는 이름이 알려진 교회였지만 영적으로는 생명력을 잃어버린 상태였다. 다른 도시와 달리 핍박이 적고 상업이 발전했기에 세속적인 문화와 타협하여 살아가는 성도들이 많았기 때문인 것으로 보인다.

2 너는 일깨어 사데는 난공불락의 요새였기 때문에 적들의 침공에 안이하게 대처하다가 두 번이나 함락을 당한 적이 있었다. 예수님은 영적 안일함에 빠져 있던 성도들을 책망하신다.

남은 바 죽게 된 것 사데 교회 성도 전부가 영적 생명력을 잃어버린 상태는 아니었지만 일부는 곧 죽게 될 상황이었다. 그렇기 때문에 남아 있는 영적 생명을 일깨우라고 말씀하신다.

네 행위의 온전한 것 '온전한'은 '채워진'이라는 의미로 하나님의 생명이 가득한 상태를 의미한다. 즉 사데 교회는 생명력이 고갈되어 하나님이 기뻐하실 만한 행위를 할 수 없었다.

3 생각하고 지켜 회개하라 사데 교회가 회복되는 방법은 그들이 처음에 받은 복음을 생각하여 지키고 또한 말씀에 따라 회개하는 것이다.

내가 도둑 같이 이르리니 세상의 영향으로 죄 가운데 빠져 생명력을 상실한 채 지내다 보면 예상하지 못한 때에 예수님이 오셔서 심판을 받게 될 것을 의미한다(마 24:44).

4 옷을 더럽히지 아니한 자 양모 산업 등 상업이 발달하고 사금이 많이 나왔던 사데는 물질주의적 세속주의가 팽배한 도시였다. 세속주의 영향력을 거부한 사람들을 사데 사람들에게 익숙한 옷에 비유하여 '옷을 더럽히지 아니한 자'라고 묘사한다.

흰 옷 세상의 영향력으로부터 자신을 지켜 거룩함을 유지한 상태를 말한다.

5 이기는 자 사데 교회 성도들에게 이기는 것이란 영적 안일함에서 깨어나 세속주의 영향력을 거부하고 거룩함을 지키는 삶을 의미한다.

생명책 그리스도의 피로 의롭게 되어 최후의 심판을 통과해서 영원히 하나님 나라의 백성으로 인정받는 것을 의미한다(시 69:28; 계 20:12).

1 "사데 교회 지도자에게 이렇게 써서 보내어라. '일곱 영과 일곱 별을 가진 분의 말씀이다.

나는 네 행위를 알고 있다. 사람들은 네가 살아 있다고 하나, 사실은 죽은 자와 다름없다.

2 깨어나라! 완전히 죽기 전에, 아직 조금이라도 남은 힘이 있을 때에 네 자신을 일으켜 세워라. 네 행동이 하나님 보시기에 선하지 않다.

3 네가 받은 것과 들은 것을 기억하여 뉘우치고 순종하라! 회개하지 않고 내게 돌아오지 않으면, 내가 도둑같이 너희를 찾아갈 것이다. 네가 생각지도 못할 때에 네게 갈 것이다.

4 그러나 죄악에 물들지 않고 깨끗하게 살아가는 자들이 몇 사람 남아 있다. 그들은 흰옷을 입고 나와 함께 다닐 것이다. 그들은 그럴 만한 자격이 있다.

5 승리하는 자는 그들처럼 흰옷을 입을 것이며, 나는 생명책에서 그의 이름을 지우지 않고, 아버지와 천사들 앞에서 내게 속한 자라고 분명히 말할 것이다.

6 귀 있는 자는 성령께서 교회에 하시는 말씀을 잘 들어라.'"

저자의 **묵상**

오늘날 세속주의의 영향력은 사데 교회 때보다 더욱 강력하다. 경제적으로 풍요롭고 기독교에 대한 사회적 핍박이 없는 상황이 계속되면 교회 내의 세속주의는 점점 커져 간다. 핍박받는 성도는 죄를 멀리하고 믿음을 지킴으로 영적으로 성숙하게 된다. 반면에 풍요롭고 평안한 성도는 죄의 유혹에 쉽게 빠지는 경우가 많다. 어느 누구도 핍박과 궁핍을 좋아하지 않는다. 그렇기 때문에 할 수만 있다면 부요하고 평화롭기를 원하며 이를 간절히 구한다. 그런데 부요하고 평화로운 성도가 하나님을 버리고 세상 사람처럼 물질을 숭배하며 죄로 오염된다면 그것이 정말 복일까? 대부분의 성도들이 간절히 기도하는 제목은 풍요와 평안을 구하는 것이다. 그런데 이 기도 제목이 전부 응답된다면 성도의 믿음은 약해지고 세상 사람과 구분되지 않을 것이다. 이 때문에 정욕으로 간구하는 기도 제목이 자주 응답되지 않는지도 모른다(약 4:3).

무릎 기도	하나님, 세상적인 풍요와 평안만을 열망하다가 영적 풍요와 거룩을 잃어버리지 않게 하소서. 주님이 기뻐하시는 거룩한 모습으로 변화되도록 끝까지 붙드소서.

ESV - Revelation 3

1 "And to the angel of the church in Sardis write: 'The words of him who has the seven spirits of God and the seven stars. "'I know your works. You have the reputation of being alive, but you are dead.

2 Wake up, and strengthen what remains and is about to die, for I have not found your works complete in the sight of my God.

3 Remember, then, what you received and heard. Keep it, and repent. If you will not wake up, I will come like a thief, and you will not know at what hour I will come against you.

4 Yet you have still a few names in Sardis, people who have not soiled their garments, and they will walk with me in white, for they are worthy.

5 The one who conquers will be clothed thus in white garments, and I will never blot his name out of the book of life. I will confess his name before my Father and before his angels.

6 He who has an ear, let him hear what the Spirit says to the churches.'

---

1 reputation 평판　2 strengthen 강화하다　remain 남다　be about to 막 …하려고 하다　complete 완전한　3 receive 받다　repent 회개하다　thief 도둑　4 soil 더럽히다　garment 옷　worthy 자격이 있는　5 conquer 이기다　clothe 옷을 입히다　blot out 지우다　confess 시인하다

10 빌라델비아 교회에 보내는 편지

월 일

요한계시록 3:7-13 • 새찬송 371장 | 통일 419장

• 말씀묵상 전에 성령님의 인도하심을 구하는 기도를 드리십시오.

본문요약 ㅣ 예수님은 작은 능력을 가진 빌라델비아 교회가 예수님을 배반하지 않은 것을 칭찬하신다. 사랑의 증거로 그동안 성도들을 괴롭히던 유대인들이 굴복할 것과 또한 시험의 때를 면하게 하실 것을 약속하신다. 이기는 자는 성전의 기둥이 되어 그 위에 새 예루살렘과 예수님의 새 이름을 기록할 것이다.

7 빌라델비아 교회의 사자에게 편지하라 거룩하고 진실하사 다윗의 열쇠를 가지신 이 곧 열면 닫을 사람이 없고 닫으면 열 사람이 없는 그가 이르시되

8 볼지어다 내가 네 앞에 열린 문을 두었으되 능히 닫을 사람이 없으리라 내가 네 행위를 아노니 네가 작은 능력을 가지고서도 내 말을 지키며 내 이름을 배반하지 아니하였도다

9 보라 사탄의 회당 곧 자칭 유대인이라 하나 그렇지 아니하고 거짓말 하는 자들 중에서 몇을 네게 주어 그들로 와서 네 발 앞에 절하게 하고 내가 너를 사랑하는 줄을 알게 하리라

10 네가 나의 인내의 말씀을 지켰은즉 내가 또한 너를 지켜 시험의 때를 면하게 하리니 이는 장차 온 세상에 임하여 땅에 거하는 자들을 시험할 때라

11 내가 속히 오리니 네가 가진 것을 굳게 잡아 아무도 네 면류관을 빼앗지 못하게 하라

12 이기는 자는 내 하나님 성전에 기둥이 되게 하리니 그가 결코 다시 나가지 아니하리라 내가 하나님의 이름과 하나님의 성 곧 하늘에서 내 하나님께로부터 내려오는 새 예루살렘의 이름과 나의 새 이름을 그 이 위에 기록하리라

13 귀 있는 자는 성령이 교회들에게 하시는 말씀을 들을지어다

1. 오늘 하나님께서 나에게 주신 깨달음은 무엇입니까?

2. 말씀을 어떻게 내 삶에 구체적으로 적용해야 합니까?

7 빌라델비아 교회 '형제의 사랑'이라는 뜻의 빌라델비아는 '동방의 관문'이라 불릴 정도로 중요한 통상로에 위치하여 상업이 발전했다. 또한 화산재가 뿌려진 비옥한 평원에서 이루어지던 포도 경작으로 농업도 발전했다. 빌라델비아는 지진 피해가 많았는데 특히 AD 17년의 지진으로 큰 피해를 입었다. 빌라델비아에는 많은 신전과 종교 축제가 있었는데 특별히 술의 신으로 알려진 디오니소스 축제가 가장 유명했다.
다윗의 열쇠 하나님 나라에 출입할 수 있는 권세가 예수님에게 있음을 의미한다(사 22:22).

8 작은 능력 교인의 숫자가 적고 사회·경제적 지위가 낮았음을 의미한다.
내 말을 지키며 내 이름을 배반하지 아니하였도다 이들은 핍박을 통해 '진리에 대한 견고함'과 '정체성에 대한 확신'을 시험받았지만 그것을 잘 통과했다.

9 사탄의 회당 핍박의 주요 세력인 유대인들이 사탄의 영향력 아래 있음을 의미한다.
네 발 앞에 절하게 하고 유대인들은 메시아가 오시면 모든 이방 백성이 자신들에게 굴복할 것이라고 믿고 있었다(사 60:14). 그러나 이들의 믿음과는 반대로 혈통적 유대인들이 영적 유대인인 성도들에게 굴복할 것이 예언된다.

10 시험의 때를 면하게 하리니 '시험의 때'는 예수님의 재림으로 인해 온 세상이 하나님의 마지막 심판을 받게 되는 때이다. 즉 빌라델비아 성도들은 마지막 심판을 무사히 통과할 수 있는 특권을 약속받은 것이다.

11 내가 속히 오리니 예수님의 재림은 이중적 의미를 가진다. 성도들에게는 구원의 완성이나 적들에게는 최후의 심판이 이루어지는 것이다.
면류관 경기에서 승리한 자에게 주어지는 상으로 하나님 나라에 속한 자들이 받게 될 최후의 영광과 생명을 의미한다(약 1:12).

12 성전에 기둥이 되게 하리니 빌라델비아는 여러 차례 지진으로 건물이 훼손되었지만 그럼에도 거대한 신전의 기둥은 온전히 보존된 경우가 많았다. 성도들을 하나님의 성전 기둥으로 삼으신다는 약속은 그들이 하나님의 임재 안에서 영원히 견고할 것이라는 약속이다.
새 예루살렘의 이름과 나의 새 이름 빌라델비아는 AD 17년의 지진으로 폐허가 된 이후 티베리우스 황제의 도움으로 재건되었다. 이로 인해 네오 가이사랴라는 이름으로 불리다가 후일에 플라비아로 개명되었다. 즉 새 이름으로 불린다는 것은 영적으로 완전히 새로운 존재가 될 것임을 의미한다.

---

7 "빌라델비아 교회 지도자에게 이렇게 써서 보내어라. '거룩하고, 참되며, 다윗의 열쇠를 가지신 분의 말씀이다. 그분께서 열면 닫을 자가 없고, 닫으면 열 자가 없다.

8 나는 네 행위를 알고 있다. 네가 결코 강하지 않으나, 내 가르침에 순종하고, 담대히 내 이름을 말하기를 두려워하지 않았다. 내가 네 앞에 문을 열어 두었으니, 아무도 그 문을 닫지 못할 것이다.

9 주의하라! 사탄에게 속한 무리들이 보인다. 그들은 자기들이 유대인이라고 하지만 그것은 거짓말이다. 그들은 참유대인이 아니다. 내가 그들을 네 앞으로 끌고 와, 네 발 앞에 무릎 꿇게 할 것이다. 내가 너희를 얼마나 사랑하는지 그들에게 보여주겠다.

10 포기하지 말고 인내하라는 내 명령을 지켰으니, 이 세상에 사는 사람들을 시험하기 위해 다가올 고난의 때에 내가 너를 지켜 줄 것이다.

11 내가 속히 갈 것이다. 지금 가진 것을 굳게 잡아, 아무도 너의 면류관을 빼앗지 못하도록 하여라.

12 승리하는 자에게는 하나님의 성전 기둥이 되게 할 것이다. 그는 결코 성전을 떠나지 않게 될 것이다. 나는 그에게 하나님의 이름과 하늘로부터 내려올 새 예루살렘, 곧 하나님의 성 이름을 기록할 것이다. 또한 나의 새 이름도 그에게 기록할 것이다.

13 귀 있는 자는 성령께서 교회에 하시는 말씀을 잘 들어라.'"

지진이 많은 빌라델비아에 살았던 사람들은 견고한 지역에서 얻을 수 있는 안정을 간절히 원했을 것이다. 안정에 대한 욕구는 불안정한 세상 속에서 살아가는 대부분의 사람들이 가지는 중요한 욕구이다. 재정, 건강, 실업, 자녀 양육, 사고 등 개인과 가족을 위협하는 상황을 경험하면서 불안이 커질수록 안정에 대한 욕구는 더욱 증가한다. 불안이 커질수록 더 많은 돈을 저축하고, 보험에 가입하고, 운동을 하고, 자녀들을 통제하는 등 다양한 방법을 동원해서 안정을 확보하고자 애쓴다. 그러나 아무리 애써도 인간의 불안함의 근원인 두려움을 잠재울 수는 없다. 불안의 원인이 되는 두려움은 영적 견고함을 갖지 못한 모든 인간이 어쩔 수 없이 경험하는 근원적 감정이다. 이 불안과 두려움에서 벗어날 수 있는 유일한 길은 우리의 의존과 보호의 근거를 하나님과 그분의 말씀에 두는 것이다. 하나님만이 어떤 상황 속에서도 우리를 안전하게 지켜 주실 수 있는 유일한 분이기 때문이다.

> **무릎 기도** | 하나님, 불안에서 벗어나기 위해 애쓰는 모든 일이 무력함을 깨닫게 하소서. 오직 하나님과 주의 말씀을 의지하여 두려움에서 벗어나 자유를 얻게 하소서.

ESV - Revelation 3

7 "And to the angel of the church in Philadelphia write: 'The words of the holy one, the true one, who has the key of David, who opens and no one will shut, who shuts and no one opens.

8 "'I know your works. Behold, I have set before you an open door, which no one is able to shut. I know that you have but little power, and yet you have kept my word and have not denied my name.

9 Behold, I will make those of the synagogue of Satan who say that they are Jews and are not, but lie—behold, I will make them come and bow down before your feet, and they will learn that I have loved you.

10 Because you have kept my word about patient endurance, I will keep you from the hour of trial that is coming on the whole world, to try those who dwell on the earth.

11 I am coming soon. Hold fast what you have, so that no one may seize your crown.

12 The one who conquers, I will make him a pillar in the temple of my God. Never shall he go out of it, and I will write on him the name of my God, and the name of the city of my God, the new Jerusalem, which comes down from my God out of heaven, and my own new name.

13 He who has an ear, let him hear what the Spirit says to the churches.'

7 shut 닫다　　8 behold 보다　set before 내놓다　but little 거의 없는　and yet 그럼에도 불구하고　deny 부인하다
9 synagogue 회당　Jew 유대인　bow down 절하다　　10 patient 참을성 있는　endurance 인내　trial 시험　dwell 살다
11 hold fast 꼭 쥐다　seize 빼앗다　　12 conquer 이기다　pillar 기둥

11
월   일

라오디게아 교회에 보내는 편지

요한계시록 3:14–22 • 새찬송 312장 | 통일 341장

• 말씀묵상 전에 성령님의 인도하심을 구하는 기도를 드리십시오.

> **본문요약 ㅣ** 예수님은 라오디게아 교회에 차든지 뜨겁든지 하라고 요구하신다. 스스로 부요하다고 생각하는 교회에게 그들이 가난하며, 눈이 멀었고, 벌거벗어 부끄러운 상태라고 하신다. 예수님이 문 밖에서 두드리실 때 문을 열어 드리면 함께 식탁 교제를 할 수 있게 될 것이라고 말씀하신다.

14 라오디게아 교회의 사자에게 편지하라 아멘이시요 충성되고 참된 증인이시요 하나님의 창조의 근본이신 이가 이르시되

15 내가 네 행위를 아노니 네가 차지도 아니하고 뜨겁지도 아니하도다 네가 차든지 뜨겁든지 하기를 원하노라

16 네가 이같이 미지근하여 뜨겁지도 아니하고 차지도 아니하니 내 입에서 너를 토하여 버리리라

17 네가 말하기를 나는 부자라 부요하여 부족한 것이 없다 하나 네 곤고한 것과 가련한 것과 가난한 것과 눈 먼 것과 벌거벗은 것을 알지 못하는도다

18 내가 너를 권하노니 내게서 불로 연단한 금을 사서 부요하게 하고 흰 옷을 사서 입어 벌거벗은 수치를 보이지 않게 하고 안약을 사서 눈에 발라 보게 하라

19 무릇 내가 사랑하는 자를 책망하여 징계하노니 그러므로 네가 열심을 내라 회개하라

20 볼지어다 내가 문 밖에 서서 두드리노니 누구든지 내 음성을 듣고 문을 열면 내가 그에게로 들어가 그와 더불어 먹고 그는 나와 더불어 먹으리라

21 이기는 그에게는 내가 내 보좌에 함께 앉게 하여 주기를 내가 이기고 아버지 보좌에 함께 앉은 것과 같이 하리라

22 귀 있는 자는 성령이 교회들에게 하시는 말씀을 들을지어다

1. 오늘 하나님께서 나에게 주신 깨달음은 무엇입니까?

2. 말씀을 어떻게 내 삶에 구체적으로 적용해야 합니까?

절별 해설

14 라오디게아 교회 라오디게아는 빌라델비아 동남쪽 약 72km 지점에 위치한 도시로 중요한 두 무역로가 만나는 곳에 있어서 무역의 중심지로 성장했다. 라오디게아는 양을 키우기 좋은 환경이어서 이곳에서 생산된 검은 양모와 트리미타라고 불리던 옷감이 아주 유명했다. AD 60년에 큰 지진으로 도시가 파괴되지만 풍부한 재정으로 로마의 도움을 받지 않고 스스로 재건했다. 이곳에는 유명한 의과 대학이 있었고 귀와 눈의 치료를 위한 연고가 유명했다.
하나님의 창조의 근본이신 이 예수님이 모든 피조물의 근원이며 창조주이신 하나님임을 보여준다(잠 8:22-31).

15 차지도 아니하고 뜨겁지도 아니하도다 수질이 나빴던 라오디게아는 주변 도시로부터 물을 끌어다가 사용했다. 히에라폴리스(16km 거리)의 뜨거운 온천물과 골로새(10km 거리)의 시원한 물이 관개 수로를 지나 라오디게아에 도착했을 때는 둘 다 미지근하여 마시기에 좋은 상태가 아니었다. 예수님은 라오디게아 성도들의 행위가 뜨거운 온천물처럼 열정이 넘치지도, 시원한 물처럼 유용하지도 않음을 지적하신다.

16 토하여 버리리라 미지근해서 마시기에 부적합한 물처럼 교회로 용납하기에 부적합한 상태가 바로 라오디게아 성도들의 모습이다.

17 부요하여 부족한 것이 없다 서머나 교회가 궁핍했던 것과 대조적인 모습이다(2:9). 이 교회의 성도들은 대부분 부유했던 것으로 보인다. 물질적 풍요로 인한 교만으로 영적 가난과 수치와 어두움에 빠져 있음을 알지 못하는 상태였다.

18 불로 연단한 금 시련을 통해 불순물이 제거된 온전한 믿음과 거룩함을 뜻한다(벧전 1:7).
흰 옷 라오디게아 성도들은 검은 양모와 트리미타 튜닉으로 멋을 냈지만 영적 부끄러움을 가리기 위해서는 우상 숭배에 물들지 않은 영적 거룩함을 덧입어야 한다(19:8).
안약 눈이 먼 것은 영적 분별력을 상실하여 세상의 것만을 바라보며 영적 부요함을 볼 수 없는 것이다. '안약'은 하늘의 부요에 눈을 뜨게 만들 성령의 은혜를 말한다(눅 24:31).

19 사랑하는 자를 책망하여 징계하노니 '책망하다'는 '교정을 위해 지적하다'의 뜻이며, '징계하다'는 '(자녀를) 훈육하다'의 의미이다. 예수님이 라오디게아 성도들을 교정하고 훈육하시는 이유는 그들을 사랑하시기 때문이다.

20 내 음성을 듣고 문을 열면 이 말씀은 이미 예수님을 믿지만 세상 부요에 눈이 멀어 예수님과의 풍성한 교제를 상실한

14 "라오디게아 교회 지도자에게 이렇게 써서 보내어라. '아멘이시요, 신실하시고, 참된 증인이시며, 하나님께서 창조하신 모든 것을 다스리시는* 분의 말씀이다.

15 나는 네 행위를 알고 있다. 네가 차지도 않고 덥지도 않으니, 차든지 덥든지 어느 한 쪽이 되어라!

16 네가 미지근하여 어느 쪽도 아니니, 내가 너를 내 입에서 뱉어 내겠다.

17 네 스스로 부자라고 생각되어 아무 부족함이 없는 것같이 느껴지겠지만, 실제로는 불쌍하고, 비참하고, 가난하고, 눈멀고, 벌거벗은 자임을 모르고 있다.

18 내가 충고한다. 내게 와서 불 속에서 제련된 금을 사거라. 그러면 네가 참된 부자가 될 것이다. 또 흰 옷을 사라. 그것으로 너의 벌거벗은 부끄러움을 가릴 수 있을 것이다. 네 눈에 바를 안약을 사라. 참된 것을 볼 수 있을 것이다.

19 나는 내가 사랑하는 자일수록 가르치고 벌할 것이다. 옳은 일을 하기에 힘쓰며, 마음으로 회개하고 바르게 행동하여라.

20 보아라! 내가 문 앞에 서서 이렇게 두드리고 있다. 만일 누구든지 내 음성을 듣고 문을 열면, 내가 그에게로 들어가 그와 함께 먹고, 그도 나와 함께 먹을 것이다.

21 내가 승리한 후, 내 아버지의 보좌 곁에 앉은 것처럼, 승리하는 자는 내 보좌 곁에 앉게 될 것이다.

22 귀 있는 자는 성령께서 교회에 하시는 말씀을 잘 들어라.'"

* 3:14 창조의 근원(시작)이신

성도들에게 하시는 것이다. '문을 연다'는 것은 책망의 말씀에 순종하는 것을 의미하며, 그럴 때 예수님과의 풍성한 교제가 시작될 것이다.

21 보좌에 함께 앉게 그리스도와 더불어 왕의 통치를 행사할 수 있는 권세를 말한다.

저자의 **묵상**

물질적 풍요는 영적인 눈을 멀게 만든다. 한국 교회에 나타나는 다양한 영적 침체는 한국 경제가 부흥하기 시작한 1980년대 말부터 나타났다. 결국 한국 사회의 물질적 풍요가 영적으로는 교회에 치명적인 영향을 미친 것이다. 경제적 부요는 여행, 레저, 캠핑 등의 개인적이고 가족적인 여가 생활에 몰두하게 만들고 반면에 신앙적 열정을 식게 만들었다. 서구 사회 기독교 몰락의 전철을 한국 기독교가 똑같이 밟고 있는 것이다.

예수님이 라오디게아 교회를 향해 '내가 사랑하는 자를 책망하고 징계한다'고 하신 말씀은 오늘날 한국 교회에도 그대로 적용된다. 성도이지만 말씀과 기도에 대한 열정은 사라지고 삶의 쾌락과 즐거움만을 위해 살아가고 있다면, 지금 라오디게아에 보낸 하나님의 말씀에 귀를 기울여야 한다.

> **무릎 기도** 하나님, 물질적 부요만을 중요하게 여기다가 영적 부요를 잃어버리지 않게 하소서. 예수님의 사랑의 책망을 듣고 회개할 수 있는 온유한 영을 허락하소서.

ESV - Revelation 3

14 "And to the angel of the church in Laodicea write: 'The words of the Amen, the faithful and true witness, the beginning of God's creation.

15 "'I know your works: you are neither cold nor hot. Would that you were either cold or hot!

16 So, because you are lukewarm, and neither hot nor cold, I will spit you out of my mouth.

17 For you say, I am rich, I have prospered, and I need nothing, not realizing that you are wretched, pitiable, poor, blind, and naked.

18 I counsel you to buy from me gold refined by fire, so that you may be rich, and white garments so that you may clothe yourself and the shame of your nakedness may not be seen, and salve to anoint your eyes, so that you may see.

19 Those whom I love, I reprove and discipline, so be zealous and repent.

20 Behold, I stand at the door and knock. If anyone hears my voice and opens the door, I will come in to him and eat with him, and he with me.

21 The one who conquers, I will grant him to sit with me on my throne, as I also conquered and sat down with my Father on his throne.

22 He who has an ear, let him hear what the Spirit says to the churches.'"

14 faithful 충실한 witness 증인　15 would that 원컨대　16 lukewarm 미지근한 spit 뱉다　17 prosper 번영하다 wretched 비참한 pitiable 불쌍한　18 counsel 충고하다 refined 정련된 garment 옷 clothe oneself 옷을 입다 shame 수치 salve 연고 anoint 바르다　19 reprove 꾸짖다 discipline 징계하다 zealous 열심인 repent 회개하다　20 behold 보다　21 conquer 이기다 grant 허락하다 throne 보좌

12

월   일

보좌에 앉아 계신 하나님에 대한 환상

요한계시록 4:1-5 • 새찬송 8장 | 통일 9장

• 말씀묵상 전에 성령님의 인도하심을 구하는 기도를 드리십시오.

본문요약 | 요한은 천상의 예배가 드려지는 환상을 본다. 그가 처음에 목격한 것은 하늘 보좌 위에 계신 영광스러운 하나님의 형상이다. 하나님은 보석과 같고, 그 보좌에는 무지개가 둘러 있다. 보좌 주변에는 이십사 장로들이 흰 옷을 입고 금관을 쓰고 앉아 있으며 또한 성령이 함께 계신다.

1 이 일 후에 내가 보니 하늘에 열린 문이 있는데 내가 들은 바 처음에 내게 말하던 나팔 소리 같은 그 음성이 이르되 이리로 올라오라 이 후에 마땅히 일어날 일들을 내가 네게 보이리라 하시더라

2 내가 곧 성령에 감동되었더니 보라 하늘에 보좌를 베풀었고 그 보좌 위에 앉으신 이가 있는데

3 앉으신 이의 모양이 벽옥과 홍보석 같고 또 무지개가 있어 보좌에 둘렸는데 그 모양이 녹보석 같더라

4 또 보좌에 둘려 이십사 보좌들이 있고 그 보좌들 위에 이십사 장로들이 흰 옷을 입고 머리에 금관을 쓰고 앉았더라

5 보좌로부터 번개와 음성과 우렛소리가 나고 보좌 앞에 켠 등불 일곱이 있으니 이는 하나님의 일곱 영이라

1. 오늘 하나님께서 나에게 주신 깨달음은 무엇입니까?

2. 말씀을 어떻게 내 삶에 구체적으로 적용해야 합니까?

절별 해설

1 이 일 후에 본서에서 새로운 사건이나 환상의 전환을 보여 주기 위해 사용되는 전형적인 표현이다(7:1; 15:5).
하늘에 열린 문 '열린 문'은 문법적으로 완료형 수동태가 사용되어 하나님이 이미 열어 놓으신 문을 의미한다. 이것은 땅의 세상과 하늘의 영적 세계가 서로 통하게 되었음을 보여주는 상징이다. 구약에서는 '하늘의 문'이 하나님이 인간과 만나고 영적인 복을 내리시는 통로로 사용되었다(창 28:17; 시 78:23-24). 신약에서는 예수님의 십자가 사건을 통해 하나님의 생명의 복이 이 땅에 부어진 것을 보여준다(마 3:16; 막 15:38).
이리로 올라오라 구약의 선지자인 이사야(사 6장)나 에스겔(겔 1장)은 하늘에서 벌어지는 어전 회의에 참석해서 하나님의 특별한 계시를 받았다. 요한 또한 이들과 같이 특별한 계시를 받는 자리에 초청되었음을 의미한다.
마땅히 일어날 일들 이것은 미래에 벌어질 특정 사건을 의미하는 것이 아니라 하나님 나라의 완성이 당위적이고 필연적임을 보여준다. 4-5장에서 드리는 천상의 예배에 모든 만물이 동참하는 환상은 앞으로 반드시 일어날 일이다.

2 보좌 위에 앉으신 이 성부 하나님을 의미하며 하나님이 온 세상을 통치하는 권세와 능력을 가지고 계심을 상징한다.

3 벽옥와 홍보석 '벽옥'은 맑은 푸른색으로 '옥수'라고도 불리며 하나님의 영광의 빛을 상징한다. '홍보석'은 붉은 빛을 띠며 '홍옥수'라고도 불리는데 하나님의 심판과 공의를 상징한다.
무지개가 있어 구약에서 하나님은 노아에게 언약의 증표로 무지개를 보여주셨다(창 9:12-17). 또한 에스겔은 하나님의 현현 가운데 무지개를 보았다(겔 1:28). 무지개는 심판으로 파괴된 세상을 새 언약으로 회복시키시는 신실하신 하나님을 상징한다.
녹보석 녹색을 띈 보석인 에메랄드이다.

4 이십사 장로들 본서에서 12는 교회를 상징하는 숫자이다. 그렇기에 구약의 교회를 상징하는 지파의 수가 열둘이고, 신약의 교회를 상징하는 제자의 수가 열둘이다. 이십사는 신구약의 모든 교회를 상징하는 숫자로 모든 교회가 영광스러운 자리에 서서 하나님을 보좌함을 보여준다.

5 번개와 음성과 우렛소리 구약에서 하나님의 강림을 묘사할 때 등장하는 시청각적 요소이다(출 19:16; 겔 1:13). 이것은 하나님의 위엄과 심판의 권세를 보여준다.
일곱 영 '일곱'은 충만을 상징하는 숫자로 '일곱 영'은 성령의 충만한 임재를 의미한다.

1 그 후에 나는 하늘로 통하는 문이 내 앞에 열리는 것을 보았습니다. 그리고 내가 처음 들었던 그 음성, 나팔 소리와 같은 그 음성이 다시 들려왔습니다. "이리로 올라오너라. 앞으로 일어날 일들을 네게 보여주겠다."

2 그러자 성령께서 즉시 나를 이끄시어 하늘로 올라갔습니다. 내 앞에는 한 보좌가 있었고, 그 보좌에 어떤 분이 앉아 있었습니다.

3 앉으신 분의 모습은 벽옥과 홍옥처럼 밝게 빛나고, 그 보좌는 에메랄드처럼 무지개 빛으로 둘러싸여 있었습니다.

4 또한 스물네 개의 보좌가 그 주위에 있었고, 그 보좌에는 흰옷을 입고 머리에 금관*을 쓴 스물네 명의 장로가 앉아 있었습니다.

5 번개와 천둥소리가 보좌에서 울려 퍼졌습니다. 보좌 앞에는 일곱 개의 등불이 켜져 있었는데, 이 등불은 하나님의 일곱 영이었습니다.

* 4:4 금 면류관

요한은 이 환상을 통해 현실 세계와 영적 세계의 현저한 차이를 경험한다. 현실에서는 로마의 황제가 성도들을 핍박하고 죽이며 자신이 세상을 통치하는 것처럼 행세한다. 그러나 환상 속에서는 하나님이 위엄과 권세로 보좌에서 통치하시며 모든 교회 또한 같은 영광과 권세를 누린다. 이 현저한 차이는 예수님이 다시 오시기까지 계속된다.

성경은 현실 세계에 여전히 핍박과 유혹이 가득함을 인정한다. 그러나 하나님 나라의 통치가 이런 현실을 뛰어넘어 이루어지고 있음을 보여준다. 먼 미래에만 아니라 현재도 하나님은 하늘에서 통치하시며 앞으로 우리가 그 영광의 자리에 설 수 있는 모습을 갖추도록 일하고 계신다. 말씀을 통해 하나님의 통치를 받아들인 자만이 이 차이를 극복할 수 있다. 핍박과 유혹에 굴하지 않고 온 세상의 참된 통치자이신 하나님만을 경배하며 그의 뜻을 따라 살아갈 수 있다.

> **무릎 기도** 하나님, 현실에 사로잡혀 온 세상과 만물을 통치하시는 하나님의 권세와 영광을 잊어버리지 않게 하소서. 말씀을 통해 영적 세계를 바라볼 수 있게 도우소서.

ESV - Revelation 4

1 After this I looked, and behold, a door standing open in heaven! And the first voice, which I had heard speaking to me like a trumpet, said, "Come up here, and I will show you what must take place after this."

2 At once I was in the Spirit, and behold, a throne stood in heaven, with one seated on the throne.

3 And he who sat there had the appearance of jasper and carnelian, and around the throne was a rainbow that had the appearance of an emerald.

4 Around the throne were twenty-four thrones, and seated on the thrones were twenty-four elders, clothed in white garments, with golden crowns on their heads.

5 From the throne came flashes of lightning, and rumblings* and peals of thunder, and before the throne were burning seven torches of fire, which are the seven spirits of God,

* 4:5 Or *voices*, or *sounds*

1 behold 보다 take place 일어나다 2 at once 곧 throne 보좌 3 appearance 모양 jasper 벽옥 carnelian 홍옥
4 elder 장로 clothe in …을 입히다 garment 옷 5 rumbling 우르르거리는 소리 a peal of thunder 천둥 torch 횃불

13
월   일

보좌 앞의 네 생물과 장로들의 찬양

요한계시록 4:6-11 • 새찬송 19장 | 통일 44장

• 말씀묵상 전에 성령님의 인도하심을 구하는 기도를 드리십시오.

본문요약 | 하나님의 보좌 앞에 네 생물이 있는데 첫째는 사자 같고, 둘째는 송아지 같고, 셋째는 얼굴이 사람 같고, 넷째는 독수리 같은 생물이다. 이들은 하나님께 영광과 존귀와 감사를 돌려 드린다. 또한 이십사 장로들도 하나님께 경배하고 자신의 관을 하나님 앞에 드리며 하나님을 찬양한다.

6 보좌 앞에 수정과 같은 유리 바다가 있고 보좌 가운데와 보좌 주위에 네 생물이 있는데 앞뒤에 눈들이 가득하더라

7 그 첫째 생물은 사자 같고 그 둘째 생물은 송아지 같고 그 셋째 생물은 얼굴이 사람 같고 그 넷째 생물은 날아가는 독수리 같은데

8 네 생물은 각각 여섯 날개를 가졌고 그 안과 주위에는 눈들이 가득하더라 그들이 밤낮 쉬지 않고 이르기를
　거룩하다 거룩하다 거룩하다 주 하나님 곧 전능하신 이여 전에도 계셨고 이제도 계시고 장차 오실 이시라
하고

9 그 생물들이 보좌에 앉으사 세세토록 살아 계시는 이에게 영광과 존귀와 감사를 돌릴 때에

10 이십사 장로들이 보좌에 앉으신 이 앞에 엎드려 세세토록 살아 계시는 이에게 경배하고 자기의 관을 보좌 앞에 드리며 이르되

11 　우리 주 하나님이여 영광과 존귀와 권능을 받으시는 것이 합당하오니 주께서 만물을 지으신지라 만물이 주의 뜻대로 있었고 또 지으심을 받았나이다
하더라

1. 오늘 하나님께서 나에게 주신 깨달음은 무엇입니까?

2. 말씀을 어떻게 내 삶에 구체적으로 적용해야 합니까?

절별 해설

6 수정과 같은 유리 바다 구약성경에서 '바다'는 혼돈과 두려움을 야기하는 용과 같은 바다 괴물이 존재하는 곳이다(시 65:7; 사 27:1). 이는 마귀가 무질서와 두려움으로 뒤흔드는 세상을 상징한다. 그러나 바다가 유리처럼 잔잔하다는 표현을 통해 하나님 나라에서는 하나님의 완전하신 통치로 인해 완전한 질서와 평화가 유지됨을 보여준다.

네 생물 구약의 에스겔 선지자가 환상 가운데 목격한 네 생물의 형상과 유사하다(겔 1:5-25). 이 생물들은 피조물 가운데 드러난 창조주 하나님의 속성을 반영한다. 또한 세상의 모든 피조물은 창조주 하나님을 경배하고 높이는 존재로 만들어졌음을 보여준다.

앞뒤에 눈들이 가득하더라 네 생물이 세상의 모든 창조물을 관찰하고 보고하며 심판을 대행하는 역할을 함을 보여주는 상징이다. 이들은 6:1-8에서는 네 가지 인 심판을 지시한다.

7 사자 사자는 왕권을 상징하는 피조물이다(왕상 10:20).
송아지 송아지는 힘을 상징하는 피조물이다(왕상 7:25).
사람 사람은 지혜를 상징하는 피조물이다(왕상 10:24).
독수리 독수리는 신속함을 상징하는 피조물이다(신 28:49).

8 여섯 날개 구약의 이사야 선지자가 보았던 환상 가운데 등장했던 스랍들의 모습과 유사하다. 스랍들의 여섯 날개 중 둘은 하나님의 영광을 직접 보지 못하도록 자기 얼굴을 가리고, 둘은 수치를 가리기 위해 자기 발을 가리고, 둘은 나는 용도로 사용했다(사 6:2).
밤낮 쉬지 않고 이르기를 이 천사들은 항상 하나님을 찬양하기 위해 존재한다. 이들이 세 번이나 거룩함을 찬양하는 것은 최상급 표현이며 또한 삼위일체 하나님에 대한 경배이다.
전에도 계셨고 이제도 계시고 장차 오실 이 앞에서도 언급된 표현(1:8)으로 하나님의 영원성을 의미한다. 하나님이 시공간을 초월하는 초월자이시지만 또한 역사 가운데 개입하여 주관하는 분이심을 의미한다.

10 이십사 장로들이 … 경배하고 네 생물들의 찬양에 이십사 장로들이 동참하는 이유는 이것이 새 하늘과 새 땅이 완성된 하나님 나라의 모습이기 때문이다. 하나님 나라가 완성될 때 모든 교회와 모든 피조물이 만물의 창조주이자 역사의 주관자이신 하나님을 경배할 것이다.
자기의 관을 보좌 앞에 드리며 절대적 권위를 가진 하나님께 복종과 항복의 표시로 자신의 관을 드린다.

11 우리 주 하나님 원문을 직역하면 '주님이며 또한 우리의 하나님'이다. 이는 도미티안 황제가 자신을 칭하도록 강요했던 호칭과 일치한다. 장로들의 경배를 통해서 이 호칭은 오직 하나님 한 분께만 합당함을 보여준다.

6 또 보좌 앞에는 수정과 같이 맑은 유리 바다가 펼쳐져 있었습니다. 보좌 중앙과 주위에는 눈이 가득한 네 생물이 서 있었습니다.

7 첫 번째 생물은 사자 같고, 두 번째 생물은 송아지 같고, 세 번째 생물은 사람의 얼굴을 가지고 있었고, 네 번째 생물은 날개를 편 독수리 같았습니다.

8 네 생물은 각각 여섯 날개가 있었는데, 날개 안팎으로 눈이 가득하였습니다. 그것들은 밤낮으로 쉬지 않고 이렇게 외치고 있었습니다.

"거룩하시다, 거룩하시다, 거룩하시다, 전능하신 주 하나님, 전에도 계셨고, 지금도 계시며, 장차 오실 분이다."

9 이 생물들은 영원히 살아계시고 보좌에 앉아 계신 분께 영광과 존귀와 감사를 드리고 있었습니다.

10 이 생물들과 함께 이십사 명의 장로들은 보좌에 앉으신 분께 엎드려 경배하였습니다. 보좌 앞에 자기들이 쓰고 있는 금관을 내려놓으며, 이렇게 말하였습니다.

11 "우리 주 하나님! 주님은 영광과 존귀와 능력을 받으시기에 합당한 분이십니다. 주님의 뜻에 따라 온 세상이 창조되고 또한 존재하고 있습니다."

모든 피조물은 자신을 만드신 창조주를 경배하고 높이며 그 앞에서 겸손하게 복종해야 마땅하다. 그러나 가장 하나님의 형상을 따라 만들어진 피조물인 인간은 하나님 대신 자신을 높이고 심지어는 창조주를 부정하는 반역을 저지르고 있다. 아담의 원죄의 핵심은 스스로 '하나님처럼 되려고 한 것'이며 이 원죄는 지금도 모든 인간 행동의 근원에 자리 잡고 있다.

사람들은 스스로를 높여 영광을 받기 위해 애쓰며 살아간다. 좋은 학교에 들어가고, 돈을 많이 벌고, 멋진 외모를 가지며, 권력을 얻어 자기 마음대로 살며 또한 인기를 얻고자 한다. 이것이 바로 '하나님처럼 되려고 하는 원죄'가 드러나는 모습이다. 하나님의 자리에 앉아서 찬양과 경배를 받고 싶은 것이다. 이런 인간의 죄악 때문에 세상에는 질투와 미움과 다툼이 그치지 않는다. 그렇기에 창조주 하나님만이 찬양받으시는 새 하늘과 새 땅이 언젠가 임한다는 약속이 성도에게는 큰 소망의 이유가 된다.

> **무릎 기도**
> 하나님, 자신의 영광과 높아짐을 위해 애쓰고 있음을 회개합니다. 온전히 하나님만을 경배하며 찬양하여 피조물의 자리를 회복하게 하소서.

ESV - Revelation 4

6 and before the throne there was as it were a sea of glass, like crystal. And around the throne, on each side of the throne, are four living creatures, full of eyes in front and behind:

7 the first living creature like a lion, the second living creature like an ox, the third living creature with the face of a man, and the fourth living creature like an eagle in flight.

8 And the four living creatures, each of them with six wings, are full of eyes all around and within, and day and night they never cease to say, "Holy, holy, holy, is the Lord God Almighty, who was and is and is to come!"

9 And whenever the living creatures give glory and honor and thanks to him who is seated on the throne, who lives forever and ever,

10 the twenty-four elders fall down before him who is seated on the throne and worship him who lives forever and ever. They cast their crowns before the throne, saying,

11 "Worthy are you, our Lord and God, to receive glory and honor and power, for you created all things, and by your will they existed and were created."

6 throne 보좌 creature 생물   7 ox 소 eagle 독수리   8 all around 사방에 cease 중단하다 almighty 전능하신   9 honor 영광   10 elder 장로 fall down 엎어지다 worship 경배하다 cast 주다   11 worthy 자격이 있는 receive 받다 exist 존재하다

14

심판의 책을 받으시는 그리스도

요한계시록 5:1-7 • 새찬송 139장 | 통일 128장

• 말씀묵상 전에 성령님의 인도하심을 구하는 기도를 드리십시오.

> **본문요약 ǀ** 요한은 하나님의 손에 있는 일곱 인으로 봉하여진 두루마리를 본다. 그는 이 두루마리의 인을 뗄 자가 세상에 없다는 것 때문에 울지만, 장로 중 한 명이 메시아 예수님이 그 인을 떼실 것을 말한다. 또한 그는 일찍 죽임을 당한 것 같은 어린 양이 두루마리를 취하는 것을 목격한다.

1 내가 보매 보좌에 앉으신 이의 오른손에 두루마리가 있으니 안팎으로 썼고 일곱 인으로 봉하였더라
2 또 보매 힘있는 천사가 큰 음성으로 외치기를 누가 그 두루마리를 펴며 그 인을 떼기에 합당하냐 하나
3 하늘 위에나 땅 위에나 땅 아래에 능히 그 두루마리를 펴거나 보거나 할 자가 없더라
4 그 두루마리를 펴거나 보거나 하기에 합당한 자가 보이지 아니하기로 내가 크게 울었더니
5 장로 중의 한 사람이 내게 말하되 울지 말라 유대 지파의 사자 다윗의 뿌리가 이겼으니 그 두루마리와 그 일곱 인을 떼시리라 하더라
6 내가 또 보니 보좌와 네 생물과 장로들 사이에 한 어린 양이 서 있는데 일찍이 죽임을 당한 것 같더라 그에게 일곱 뿔과 일곱 눈이 있으니 이 눈들은 온 땅에 보내심을 받은 하나님의 일곱 영이더라
7 그 어린 양이 나아와서 보좌에 앉으신 이의 오른손에서 두루마리를 취하시니라

1. 오늘 하나님께서 나에게 주신 깨달음은 무엇입니까?

2 말씀을 어떻게 내 삶에 구체적으로 적용해야 합니까?

절별 해설

1 두루마리 고대에 파피루스나 양피지를 둥글게 말아서 만든 책이다. 안팎으로 기록되었다는 것은 이 책이 에스겔서에 나오는 심판의 내용과 같은 것임을 보여준다(겔 2:9-10).

일곱 인으로 봉하였더라 두루마리의 내용이 성취되기 전까지는 완전한 비밀로 감추어져 있음을 의미한다. 이 책이 봉인된 이유는 이것이 심판의 기록이기도 하지만 또한 성도들의 구원의 기록이기 때문이다. 성도의 구원은 심판의 과정을 통해 이루어지기 때문에 심판과 구원에 관한 모든 내용은 인이 떼어지기 전에는 인간이 알 수 없다.

2 힘있는 천사 가브리엘이나 미가엘과 같은 대천사를 의미한다.

3 하늘 위에나 땅 위에나 땅 아래에 모든 피조물이 거하는 모든 세계와 전 우주를 의미한다(빌 2:10). 피조물 가운데 어느 누구도 하나님의 심판에 관한 비밀을 드러낼 수 없다.

4 내가 크게 울었더니 '울다'는 가까운 사람의 죽음에 대해 강한 슬픔을 표현할 때 사용되는 단어이다(요 11:33). 요한이 이렇게 강하게 슬퍼한 이유는 심판의 책의 인이 떼어지지 않으면 이 땅의 악이 심판을 당하지도, 성도들이 구원받지도 못하기 때문이다.

5 장로 중의 한 사람 장로가 인을 뗄 분을 소개하는 역할을 맡은 이유는 그가 구원의 은혜를 받은 천상 교회의 대표를 상징하기 때문이다.

유대 지파의 사자 다윗의 뿌리 이 두 호칭은 구약성경이 예언한 메시아에 대한 소망을 가장 명확하게 집약한다. '유대 지파의 사자'는 야곱의 예언(창 49:9-10)에 나오는 표현으로 메시아의 왕권을 행사할 자가 유다 지파에서 나오게 될 것을 의미한다. '다윗의 뿌리'는 메시아가 다윗의 후손으로 오실 것을 예언한 것이다(사 11:1).

이겼으니 문법적으로 단번에 결정적으로 승리하였음을 뜻하며, 예수님이 십자가에서 죄와 세상과 마귀와 죽음에 대해서 승리하셨음을 의미한다. 예수님은 심판을 받는 모든 대상을 십자가로 이기심으로 이 심판의 책의 인을 떼기에 합당한 분이 되신다.

6 한 어린 양 세상 죄를 지고 가는 하나님의 어린 양이다(요 1:29; 출 12:3). 예수님이 속죄 제물로 죽임을 당함으로 영적 승리를 이루신 것을 보여준다.

일곱 뿔과 일곱 눈 '뿔'은 힘과 능력을, '눈'은 통찰력과 지혜를 상징한다. 예수님이 완전한 힘과 지혜로 세상을 다스리며 감찰하심을 보여준다.

7 오른손에서 두루마리를 취하시니라 이 두루마리에 대한 완전한 통치권이 예수님에게 위임되었음을 의미한다.

1 나는 보좌에 앉으신 분의 오른손에 두루마리 하나가 있는 것을 보았습니다. 그 두루마리는 안팎으로 글이 씌어 있었고, 일곱 개의 도장이 찍혀 봉해져 있었습니다.

2 힘 있는 한 천사가 큰 소리로 외쳤습니다. "누가 이 봉인을 떼고 두루마리를 펼 수 있겠는가?"

3 그러나 하늘에도, 땅에도, 지하에도 그 두루마리를 펴서 읽을 만한 사람은 없었습니다.

4 나는 그 두루마리를 펴 읽을 사람이 없다는 것을 알고 울고 말았습니다.

5 그러자 장로 가운데 한 사람이 내게 말하였습니다. "울지 마시오! 유다 지파의 사자*가 승리하였습니다. 그분은 다윗의 뿌리입니다. 그분께서 일곱 군데 봉인을 떼고 두루마리를 펴실 것입니다."

6 그때, 나는 네 생물에 둘러싸여 보좌 가운데, 어린 양이 서 계신 것을 보았습니다. 장로들 역시 어린 양 주위에 서 있었습니다. 어린 양에게는 전에 죽임을 당한 듯한 흔적이 있었습니다. 그 어린 양은 일곱 뿔과 일곱 눈이 있었는데, 그것은 세상에 보내진 하나님의 일곱 영을 가리키는 것이었습니다.

7 어린 양은 앞으로 나아와 보좌에 앉으신 분의 오른손에서 두루마리를 받았습니다.

* 5:5 'Lion'을 뜻함.

본문에서 예수님은 전혀 상반되는 이미지인 사자와 어린 양으로 소개된다. 사자로서의 메시아는 승리의 왕으로 오신 예수님이다. 어린 양으로서의 메시아는 십자가에서 죽으신 예수님이다. 이것은 영적 역설로 예수님이 승리의 메시아가 되기 위해서 이 땅에서 십자가에 달려 자기 생명을 희생하셨음을 의미한다. 이것이 구체적으로 예수님이 이기신 과정이다.

　본서에서는 예수님에게 사용된 단어인 '이기다'가 성도에게도 12번이나 사용된다. 이것은 성도가 세상에서 사자처럼 승리하기 위해서는 예수님처럼 희생당하고 죽임당해야 함을 보여준다. 그렇기 때문에 계시록에서 성도들이 죽임을 당하는 장면이 자주 등장한다(6:11; 12:11). 그런데 이렇게 죽임을 당한 성도들이 오히려 이겼다고 기록된다(17:14). 결국 영적 승리는 세상에서의 성공이나 힘으로 이루어지는 것이 아니라 십자가의 방법인 희생과 낮아짐으로 이루어진다.

> **무릎기도** | 하나님, 세상은 힘으로 핍박하고 유혹하지만 예수님이 이기신 십자가의 방법으로 싸워 이겨 영적 승리를 맛보게 하소서.

ESV - Revelation 5

1 Then I saw in the right hand of him who was seated on the throne a scroll written within and on the back, sealed with seven seals.

2 And I saw a mighty angel proclaiming with a loud voice, "Who is worthy to open the scroll and break its seals?"

3 And no one in heaven or on earth or under the earth was able to open the scroll or to look into it,

4 and I began to weep loudly because no one was found worthy to open the scroll or to look into it.

5 And one of the elders said to me, "Weep no more; behold, the Lion of the tribe of Judah, the Root of David, has conquered, so that he can open the scroll and its seven seals."

6 And between the throne and the four living creatures and among the elders I saw a Lamb standing, as though it had been slain, with seven horns and with seven eyes, which are the seven spirits of God sent out into all the earth.

7 And he went and took the scroll from the right hand of him who was seated on the throne.

1 throne 보좌　scroll 두루마리　seal 봉인하다, 도장　2 mighty 힘센　proclaim 선포하다　worthy 자격이 있는　4 weep 울다　5 elder 장로　behold 보다　tribe 지파　conquer 이기다　6 creature 생물　lamb 어린 양　as though 마치 …인 것처럼　slay 죽이다　horn 뿔

15
월   일

천상의 예배에 동참하는 모든 피조물

요한계시록 5:8-14 · 새찬송 80장 | 통일 101장

• 말씀묵상 전에 성령님의 인도하심을 구하는 기도를 드리십시오.

본문요약 ┃ 예수님이 두루마리를 받으시자 네 생물과 이십사 장로들이 경배를 드리며 새 노래로 찬양한다. 그들은 예수님의 죽음과 구속과 그 결과로 얻어진 하나님 백성들의 제사장적 왕 노릇을 찬양한다. 이러한 찬양에 천사와 존재하는 모든 피조물이 동참하여 하나님과 예수님을 높인다.

8 그 두루마리를 취하시매 네 생물과 이십사 장로들이 그 어린 양 앞에 엎드려 각각 거문고와 향이 가득한 금 대접을 가졌으니 이 향은 성도의 기도들이라

9 그들이 새 노래를 불러 이르되
두루마리를 가지시고 그 인봉을 떼기에 합당하시도다 일찍이 죽임을 당하사 각 족속과 방언과 백성과 나라 가운데에서 사람들을 피로 사서 하나님께 드리시고

10 그들로 우리 하나님 앞에서 나라와 제사장들을 삼으셨으니 그들이 땅에서 왕 노릇 하리로다
하더라

11 내가 또 보고 들으매 보좌와 생물들과 장로들을 둘러 선 많은 천사의 음성이 있으니 그 수가 만만이요 천천이라

12 큰 음성으로 이르되
죽임을 당하신 어린 양은 능력과 부와 지혜와 힘과 존귀와 영광과 찬송을 받으시기에 합당하도다
하더라

13 내가 또 들으니 하늘 위에와 땅 위에와 땅 아래와 바다 위에와 또 그 가운데 모든 피조물이 이르되
보좌에 앉으신 이와 어린 양에게 찬송과 존귀와 영광과 권능을 세세토록 돌릴지어다
하니

14 네 생물이 이르되 아멘 하고 장로들은 엎드려 경배하더라

1. 오늘 하나님께서 나에게 주신 깨달음은 무엇입니까?

2. 말씀을 어떻게 내 삶에 구체적으로 적용해야 합니까?

8 어린 양 앞에 엎드려 예수님이 하나님으로부터 온 세상에 대한 심판의 책을 넘겨받으시자 모든 생물의 대표와 교회의 대표인 장로들이 예수님의 권위에 복종하며 경배한다.

거문고 노래할 때 사용하는 현악기로 구약에서는 '수금'으로 나온다(시 33:2).

향이 가득한 금 대접 향이 담긴 금 대접은 성소에서 향을 피울 때 사용하는 물건이다(출 25:29). 성도들의 기도가 향기로운 제물이 된다는 것은 시편에 나오는 표현이다(시 141:2). 향이 된 성도들의 기도는 세상에 심판을 가져오는 도구이기도 하다(8:3-5).

9 새 노래 '새'는 질적으로 새롭거나 이전에 사용한 적이 없다는 뜻이다. 예수님을 통해 이루어진 구원과 심판이라는 새 창조의 역사에 성도들이 새 찬양으로 반응하게 될 것이다.

그 인봉을 떼기에 합당하시도다 9-10절은 예수님이 두루마리의 인봉을 떼기에 합당하신 세 가지 이유를 설명한다. 첫 번째는 예수님이 죽으신 사실 때문이고, 두 번째는 예수님의 구속이 모든 자들에게 영향을 미치기 때문이며, 마지막으로 구원받은 성도들로 왕과 제사장 역할을 하게 하실 것이기 때문이다.

각 족속과 방언과 백성과 나라 같은 의미의 단어 네 개가 반복된다. 이 표현은 본서에 일곱 번이나 등장해서 예수님의 구원의 대상이 모든 인류를 포함하고 있음을 보여준다.

10 나라와 제사장 구약에서 하나님이 이스라엘을 자기 백성으로 삼으셨을 때 제사장 나라가 되게 하고자 하셨다(출 19:6). 그러나 이스라엘은 실패하였고, 하나님은 예수님을 통해 구속받은 자들을 새 이스라엘 백성으로 부르셔서 왕과 제사장으로 삼으셨다(벧전 2:9).

왕 노릇 성경에서 왕 노릇은 예수님과 같이 희생하고 섬기는 통치를 의미한다(막 10:45).

11 많은 천사 예수님의 구원과 심판의 사역을 찬양하는 대상이 네 생물과 장로들을 넘어 수많은 천사들로 확장된다(단 7:10). 그리스도는 모든 천사보다 뛰어나시며 천사들에게도 찬양받기에 합당하신 하나님이다(히 1:4).

12 큰 음성으로 이르되 천사들의 찬양의 내용은 7장에서 천사들이 하나님 아버지를 찬양하는 내용과 유사하다(7:12). 이것은 하나님과 예수님이 동등한 분이심을 보여준다.

13 모든 피조물이 이르되 전 우주 만물이 하나님과 예수님을 찬양하는 것으로 확장된다(시 103:20-22). 이는 완성된 하나님 나라의 모습을 보여준다. 존재하는 모든 피조물이 하나님과 예수님을 찬양한다면 이 세상에는 심판이 이미 거행되었고, 모든 원수는 예수님의 발아래 무릎을 꿇은 상태이기 때문이다.

8 그러자 네 생물과 이십사 명의 장로들이 어린 양 앞에 엎드렸습니다. 장로들의 손에는 거문고와 향이 가득한 금 대접이 들려 있었습니다. 이 향은 하나님의 백성들이 드린 기도들입니다.

9 그들은 어린 양에게 새 노래로 찬양하였습니다.

"주님은 봉인을 떼고, 두루마리를 펴기에 합당한 분이십니다. 주님은 죽임을 당하셨고, 그 흘리신 보혈의 대가로 모든 민족, 언어, 나라로부터 하나님의 백성을 사셨습니다.

10 피로 산 그들을 하나님 나라와 제사장으로 삼으셨으니, 그들이 이 땅을 다스릴 것입니다."

11 그 후, 나는 수많은 천사들의 음성을 들었습니다. 천사들은 보좌와 네 생물과 장로들을 둘러싸고 있었습니다. 그 수가 너무 많아 셀 수조차 없었습니다.

12 천사들은 큰 소리로 외쳤습니다.

"죽임을 당하신 어린 양은 능력과 부귀와 지혜와 힘, 존귀와 영광과 찬양을 받으실 분이십니다!"

13 하늘과 땅과 땅 아래, 바다에 있는 모든 것들이 외치는 소리도 들었습니다.

"보좌에 계신 분과 어린 양께 찬송과 존귀와 영광과 능력을 영원무궁히 올려 드립니다."

14 그러는 동안, 네 생물은 "아멘!"으로 합창하고 장로들은 엎드려 경배하였습니다.

저자의 **묵상**

요한 당시의 사람들은 능력, 부, 지혜, 힘 등 천사들이 찬양하고 노래한 예수님의 속성이 로마 황제의 소유라고 여겼을 것이다. 그러나 오늘 본문은 이 모든 것의 주인은 예수님이며 예수님만이 만물의 찬양을 받으실 온 세상의 주인이심을 보여준다.

우리는 세상에서 눈에 보이는 능력, 부, 지혜, 힘을 소유한 사람들을 부러워하고 높이는 경우가 많다. 그러나 이런 속성을 가진 사람들을 우러러보는 성도들은 아직 천상의 예배에 참여할 준비가 덜 된 사람들이다. 예수님이 재림하시면 세상의 부요와 힘을 가졌다고 행세하던 자들의 부끄러운 실체가 폭로될 것이다. 그리고 예수님만이 온 세상의 참된 주인이심이 드러날 것이다. 성도는 예수님의 재림 전에 믿음으로 이 사실을 깨달아 이 땅에서부터 예수님께 영광과 찬양과 경배를 올려 드림으로 천상의 예배에 참여할 준비를 해야 할 것이다.

> **무릎기도** 하나님, 세상의 힘과 부요를 가진 자들을 부러워하며 바라보던 어리석음을 회개합니다. 예수님만이 참된 힘과 부요의 소유자심을 깨닫게 하셔서 예수님만을 높이게 하소서.

ESV - Revelation 5

8 And when he had taken the scroll, the four living creatures and the twenty-four elders fell down before the Lamb, each holding a harp, and golden bowls full of incense, which are the prayers of the saints.

9 And they sang a new song, saying, "Worthy are you to take the scroll and to open its seals, for you were slain, and by your blood you ransomed people for God from every tribe and language and people and nation,

10 and you have made them a kingdom and priests to our God, and they shall reign on the earth."

11 Then I looked, and I heard around the throne and the living creatures and the elders the voice of many angels, numbering myriads of myriads and thousands of thousands,

12 saying with a loud voice, "Worthy is the Lamb who was slain, to receive power and wealth and wisdom and might and honor and glory and blessing!"

13 And I heard every creature in heaven and on earth and under the earth and in the sea, and all that is in them, saying, "To him who sits on the throne and to the Lamb be blessing and honor and glory and might forever and ever!"

14 And the four living creatures said, "Amen!" and the elders fell down and worshiped.

---

8 scroll 두루마리 creature 생물 elder 장로 lamb 어린 양 incense 향 saint 성도   9 worthy 자격이 있는 seal 봉인, 도장 slay 죽이다 ransom 몸값을 지불하다 tribe 지파   10 priest 제사장 reign 통치하다   11 throne 보좌 number 세다 myriad 1만, 무수   12 receive 받다 wisdom 지혜 honor 영광

16

첫 번째부터 네 번째까지의 인의 심판

요한계시록 6:1-8 • 새찬송 74장 | 통일 74장

• 말씀묵상 전에 성령님의 인도하심을 구하는 기도를 드리십시오.

본문요약 | 예수님이 두루마리의 인을 떼시자 세상에는 심판이 임하기 시작한다. 첫 번째 인을 떼자 흰 말 탄 자가 나타나 정복 전쟁이 벌어진다. 두 번째 인을 떼자 붉은 말 탄 자가 사람들을 죽이고, 세 번째 인을 떼자 검은 말 탄자가 기근을 가져온다. 네 번째 인을 떼자 청황색 말 탄 자가 나타나 사람들을 죽인다.

1 내가 보매 어린 양이 일곱 인 중의 하나를 떼시는데 그 때에 내가 들으니 네 생물 중의 하나가 우렛소리 같이 말하되 오라 하기로

2 이에 내가 보니 흰 말이 있는데 그 탄 자가 활을 가졌고 면류관을 받고 나아가서 이기고 또 이기려고 하더라

3 둘째 인을 떼실 때에 내가 들으니 둘째 생물이 말하되 오라 하니

4 이에 다른 붉은 말이 나오더라 그 탄 자가 허락을 받아 땅에서 화평을 제하여 버리며 서로 죽이게 하고 또 큰 칼을 받았더라

5 셋째 인을 떼실 때에 내가 들으니 셋째 생물이 말하되 오라 하기로 내가 보니 검은 말이 나오는데 그 탄 자가 손에 저울을 가졌더라

6 내가 네 생물 사이로부터 나는 듯한 음성을 들으니 이르되 한 1)데나리온에 밀 한 되요 한 1)데나리온에 보리 석 되로다 또 감람유와 포도주는 해치지 말라 하더라

7 넷째 인을 떼실 때에 내가 넷째 생물의 음성을 들으니 말하되 오라 하기로

8 내가 보매 청황색 말이 나오는데 그 탄 자의 이름은 사망이니 음부가 그 뒤를 따르더라 그들이 땅 사분의 일의 권세를 얻어 검과 흉년과 사망과 땅의 짐승들로써 죽이더라

1. 오늘 하나님께서 나에게 주신 깨달음은 무엇입니까?

2. 말씀을 어떻게 내 삶에 구체적으로 적용해야 합니까?

1) 은전의 명칭

절별 해설

1 어린 양이 … 떼시는데 예수님은 두루마리를 받고 찬양을 받으신 뒤에 두루마리의 인을 떼신다. 하늘에서 인이 떼어질 때마다 땅에서는 심판으로서의 재앙이 발생한다. 이것은 예수님이 세상의 심판을 주관하는 분이심을 보여준다.

오라 각 인의 심판이 진행될 때마다 네 생물이 말 탄 자들을 부르는 이유는 이 심판이 지상의 모든 피조물에게 영향을 미치기 때문이다. 말 탄 자들은 스가랴 선지자의 환상을 배경으로 한다(슥 1:10; 6:5). 이들은 하나님의 명령으로 세상에 심판을 행하는 천사이다.

2 흰 말 말의 색깔은 말 탄 자가 행하는 심판과 깊은 관련이 있다. '흰색'은 정복을 뜻하며 다른 국가와 민족을 정복하는 강한 힘을 의미한다. 흰말을 탄 자는 로마를 공격했던 기마 민족인 파르티아인들(the Parthians)의 이미지를 차용한 것이다. 이들은 말을 타고 로마를 자주 공격했고 전쟁에서 두 번이나 승리했기에 로마인들이 두려워하던 적이다.

면류관 승리의 상징으로 승리한 자가 머리에 쓰는 관이다.

4 붉은 말 '붉은색'은 전쟁이나 살인 등으로 사람들의 생명을 빼앗는 것을 의미한다. 흰말이 외부에서 쳐들어온 적에 의한 파괴라면, 붉은 말은 내전이나 집단 살육 등을 의미한다.

5 검은 말 '검은색'은 궁핍을 상징하며 기근 등으로 사람들이 먹지 못하는 상태를 말한다.

6 한 데나리온에 밀 한 되요 '한 데나리온'은 당시 노동자의 하루 품삯이며(마 20:2) '밀 한 되'는 남자의 하루치 식량 정도의 양이다. 하루 품삯으로 하루치 식량밖에 살 수 없는 상황을 말한다. 보리는 밀의 삼분의 일 가격이나 이것은 기근이 아닐 때 곡식 시세의 8–16배에 달한다. 기근이 심해서 평소라면 먹지 않을, 짐승이 먹는 보리로 겨우 연명하는 상황을 의미한다.

감람유와 포도주는 해치지 말라 심판의 대상에서 감람유와 포도주는 제외된다. 감람나무와 포도나무는 어지간한 가뭄으로 쉽게 피해를 당하지 않았다. 셋째 인의 심판이 두 나무를 해칠 만큼 심각한 기근은 아님을 보여준다. 평소에는 평민들도 기름과 포도주를 먹을 수 있었지만 기근의 때에는 오직 부자들만이 기름과 포도주를 먹을 수 있다. 빈부의 격차가 음식에까지 큰 차별을 가져옴을 의미한다.

8 청황색 말 '청황색'은 시체의 피부색으로 전쟁과 기근으로 사람들이 죽게 됨을 의미한다.

땅 사분의 일의 권세 서로 죽이는 행위에 한계가 있음을 가리킨다. 인 심판은 앞으로도 계속될 심판의 전조적인 심판으로 전체 가운데 일부에 심판의 결과가 나타남을 의미한다.

1 나는 어린 양이 일곱 봉인 가운데 하나를 떼는 것을 보았습니다. 네 생물 중의 하나가 천둥과 같은 소리로 "오너라!" 하고 말하는 것을 들었습니다.

2 내 앞에 흰말 한 마리가 보였고, 활을 든 자가 그 말 위에 앉아 있었습니다. 그는 면류관을 받아 들고는 적을 쓰러뜨리고, 승리를 얻기 위해 달려 나갔습니다.

3 어린 양이 둘째 인을 떼어 내자, 둘째 생물이 "오너라!" 하고 외쳤습니다.

4 그러자 다른 말이 나오는데, 이번에는 붉은 말이었습니다. 말 탄 자는 이 세상의 평화를 없애고, 서로를 헐뜯고, 죽이는 권세를 받은 자였습니다. 그의 손에는 큰 칼이 들려 있었습니다.

5 어린 양이 셋째 인을 떼어 내자, 셋째 생물이 "오너라!" 하고 외쳤습니다. 검은 말이 내 눈 앞에 보였고, 손에 저울을 든 자가 말 위에 타고 있었습니다.

6 내 귀에 한 음성이 들려왔습니다. 그것은 네 생물 사이에서 나는 소리였습니다. "하루 품삯으로 밀 1리터,* 아니면 보리 3리터*밖에 사지 못할 흉년이 될 것이다. 그러나 올리브기름과 포도주에는 해를 입히지 마라!"

7 어린 양이 넷째 인을 떼어 내자, 넷째 생물이 "오너라!" 하고 외치는 소리가 들렸습니다.

8 창백한 말이 한 마리 보이는데, 그 말을 탄 자의 이름은 죽음이었습니다. 죽음의 세계가 바로 뒤를 따라오고 있었습니다. 이들에게는 전쟁과 기근과 질병과 짐승으로 세상 사람의 사분의 일을 죽일 수 있는 권한이 주어져 있었습니다.

* 6:6 그리스어로 Choinix, 약 1ℓ.

검과 흉년과 사망과 땅의 짐승들 이 부분은 구약성경에 자주 등장하는 칼, 기근, 사나운 짐승, 전염병과 같은 심판의 내용과 유사하다(겔 14:12-23).

저자의 **묵상**

본서에 나오는 심판은 예수님의 초림부터 재림까지의 교회 시대 내내 벌어지는 심판을 통한 구원을 보여준다. 정복 전쟁, 살육, 기근과 죽음은 인간의 역사 이래 반복되고 있다. 이런 재앙이 마치 종말 직전 몇 년간만 일어날 것이라고 믿는다면 이는 요한계시록의 영적 의미를 오해하는 것이다. 왜냐하면 하나님 나라의 완성은 교회 시대 내내 계속해서 심판을 통해 일어나며, 단지 몇 년 동안에 집중적으로 발생하는 사건이 아니기 때문이다.

이 세상에서 전쟁과 살육의 역사가 반복되는 이유는 무엇인가? 바로 인간의 탐욕으로 말미암은 죄악 때문이다. 본서는 인간의 탐욕이 만들어 낸 파괴와 멸망의 역사 너머에는 바로 그것을 사용하셔서 인간을 심판하시는 하나님이 계시다는 것을 보여준다. 성도라면 역사의 배후에서 세상을 주관하시는 하나님을 발견하여 그분을 경외해야 할 것이다.

> **무릎기도** 하나님, 인간의 탐욕이 만들어 내는 이 참혹한 역사를 회개합니다. 인간의 죄악을 심판하고자 행하시는 모든 일들 앞에서 겸손하게 하나님을 기억하게 하소서.

ESV - Revelation 6

1 Now I watched when the Lamb opened one of the seven seals, and I heard one of the four living creatures say with a voice like thunder, "Come!"

2 And I looked, and behold, a white horse! And its rider had a bow, and a crown was given to him, and he came out conquering, and to conquer.

3 When he opened the second seal, I heard the second living creature say, "Come!"

4 And out came another horse, bright red. Its rider was permitted to take peace from the earth, so that people should slay one another, and he was given a great sword.

5 When he opened the third seal, I heard the third living creature say, "Come!" And I looked, and behold, a black horse! And its rider had a pair of scales in his hand.

6 And I heard what seemed to be a voice in the midst of the four living creatures, saying, "A quart* of wheat for a denarius,* and three quarts of barley for a denarius, and do not harm the oil and wine!"

7 When he opened the fourth seal, I heard the voice of the fourth living creature say, "Come!"

8 And I looked, and behold, a pale horse! And its rider's name was Death, and Hades followed him. And they were given authority over a fourth of the earth, to kill with sword and with famine and with pestilence and by wild beasts of the earth.

* 6:6 Greek *choinix*, a dry measure equal to about a quart
* 6:6 A *denarius* was a day's wage for a laborer

1 lamb 어린 양　seal 봉인, 도장　creature 생물　2 behold 보다　bow 활　conquer 이기다　4 permit 허락하다　slay 죽이다　sword 칼　5 a pair of scales 천칭　6 wheat 밀　barley 보리　harm 상하게 하다　8 pale 파리한　authority 권세　famine 기근　pestilence 전염병　beast 짐승

17 다섯 번째와 여섯 번째 인의 심판

요한계시록 6:9-17 · 새찬송 190장 | 통일 177장

월 일

• 말씀묵상 전에 성령님의 인도하심을 구하는 기도를 드리십시오.

> **본문요약** | 예수님이 다섯 번째 인을 떼시자 순교자들의 영혼이 제단 아래서 땅에 있는 자들을 심판해 달라는 기도를 드린다. 하나님은 형제들도 죽어 그 수가 차기까지 쉬라고 응답하신다. 여섯 번째 인이 떼어지자 지구뿐 아니라 우주적 재앙이 일어나고 모든 자들은 하나님의 진노의 날에 두려워 죽기를 간구한다.

9 다섯째 인을 떼실 때에 내가 보니 하나님의 말씀과 그들이 가진 증거로 말미암아 죽임을 당한 영혼들이 제단 아래에 있어

10 큰 소리로 불러 이르되 거룩하고 참되신 대주재여 땅에 거하는 자들을 심판하여 우리 피를 갚아 주지 아니하시기를 어느 때까지 하시려 하나이까 하니

11 각각 그들에게 흰 두루마기를 주시며 이르시되 아직 잠시 동안 쉬되 그들의 동무 종들과 형제들도 자기처럼 죽임을 당하여 그 수가 차기까지 하라 하시더라

12 내가 보니 여섯째 인을 떼실 때에 큰 지진이 나며 해가 검은 털로 짠 상복 같이 검어지고 달은 온통 피 같이 되며

13 하늘의 별들이 무화과나무가 대풍에 흔들려 설익은 열매가 떨어지는 것 같이 땅에 떨어지며

14 하늘은 두루마리가 말리는 것 같이 떠나가고 각 산과 섬이 제 자리에서 옮겨지매

15 땅의 임금들과 왕족들과 장군들과 부자들과 강한 자들과 모든 종과 자유인이 굴과 산들의 바위 틈에 숨어

16 산들과 바위에게 말하되 우리 위에 떨어져 보좌에 앉으신 이의 얼굴에서와 그 어린 양의 진노에서 우리를 가리라

17 그들의 진노의 큰 날이 이르렀으니 누가 능히 서리요 하더라

1. 오늘 하나님께서 나에게 주신 깨달음은 무엇입니까?

2. 말씀을 어떻게 내 삶에 구체적으로 적용해야 합니까?

절별 해설

9 죽임을 당한 영혼들이 제단 아래에 있어 '제단 아래'는 제물의 피가 뿌려지는 곳이다(레 4:7). 이 땅에서 복음 때문에 순교한 영혼들의 피가 하늘 제단의 제물이 됨을 의미한다.

10 큰 소리 순교자들이 큰 소리로 기도한 것은 하나님의 심판에 대한 간절함을 표현한 것이다. 하나님이 개입하시지 않으면 죽임당한 그들의 억울함을 해결할 수 없기 때문이다.

대주재여 '주인'이라는 뜻으로 하나님이 죽임당한 영혼들의 주인이심을 고백하는 것이다.

어느 때까지 하시려 하나이까 간구의 이유는 이들이 영적으로는 하나님 앞에서 순교한 교회이지만 동시에 이 땅에서 핍박을 겪고 있는 지상 교회를 대변하기 때문이다.

11 동무 종들과 형제들 지상 교회의 성도들을 가리키며 이들이 순교자들과 같이 하나님의 말씀을 증언함으로 환난과 핍박을 당해야 함을 의미한다.

그 수가 차기까지 '차다'는 '충분하게 채우다'라는 뜻으로 하나님이 예정하신 수가 가득 채워지는 것을 말한다. 이 수는 인 맞은 '십사만 사천 명'(7:4)이나 '아무도 능히 셀 수 없는 큰 무리'(7:9)로 완성된다. 즉 이 충만한 숫자는 소수의 정해진 순교자들이 아니라 말씀을 증언하며 살아가는 성도들이 영적으로는 순교자와 같은 자들로 인정받게 됨을 의미한다.

12 여섯째 인 여섯 번째 인을 떼자 심판의 규모가 우주적 차원으로 확장된다.

해가 … 검어지고 달은 온통 피 같이 되며 요엘 선지자가 묘사한 여호와의 날과 같다(욜 2:31). 지진과 천체의 요동함은 구약에서는 여호와의 날과 열국에 대한 심판 때 일어날 일들로(사 13:10), 신약에서는 예수님이 다시 오실 때 일어날 일들로 묘사된다(마 24:29).

13 하늘의 별들이 … 떨어지며 하늘의 별이 떨어지는 천체의 이상 현상 또한 여호와의 심판의 날에 일어날 일을 의미한다(사 34:4).

14 각 산과 섬이 제 자리에서 옮겨지매 하늘뿐 아니라 땅의 기초까지 흔들리게 된다. 첫 번째 창조된 하늘과 땅의 파괴는 새 하늘과 새 땅이 임하기 전에 나타날 현상이다(사 65:17).

15 임금들, 강한 자들은 자신들이 세상에서 힘이 있기에 어떤 일이 있어도 견고하다고 생각하는 자들이다. 모든 종과 자유인은 나머지 사람들을 가리킨다. 즉 세상의 모든 사람이 하나님의 심판의 대상임을 의미한다.

16 우리 위에 떨어져 하나님의 심판에 대한 두려움이 너무 커서 심판을 받기보다는 차라리 바위에 맞아 죽기를 원하는 모습이다(호 10:8).

17 진노의 큰 날 구약에서는 '여호와의 날'로도 불리었으며 하나님의 마지막 심판을 예고하는 시간이 도래했음을 의미한다.

9 어린 양이 다섯째 인을 떼어 내자, 몇몇 영혼들이 제단에 놓여져 있는 것이 보였습니다. 이 영혼들은 하나님의 말씀을 증언하고, 진실한 믿음을 지키다가 순교한 영혼들이었습니다.

10 이 영혼들은 큰 소리로 부르짖었습니다. "거룩하고 참되신 주님, 저희들을 죽인 자들을 어느 때에야 심판하시고 벌하실 것입니까?"

11 그러자 그들에게 흰옷 한 벌이 각각 주어졌습니다. 그리고는 아직도 그리스도를 위해 순교할 형제들이 조금 더 있으니, 그때까지 잠시 동안 쉬라는 말씀이 들려왔습니다.

12 어린 양이 여섯째 인을 떼어 내자, 큰 지진이 일어났습니다. 해가 검은 천같이 새카맣게 변하고, 달은 온통 핏빛으로 변했습니다.

13 하늘의 별들은 태풍에 무화과나무의 열매가 떨어지듯 땅에 떨어졌습니다.

14 하늘은 두루마리가 말리듯이 사라져 버리고, 산과 섬도 제자리에서 옮겨졌습니다.

15 모든 사람이 동굴과 산의 바위 틈으로 숨었습니다. 이 땅의 왕들, 지배자, 장군, 부자, 권세자, 종, 자유인 할 것 없이 모두 숨어들었습니다.

16 그들은 산과 바위를 향하여 "우리 위에 무너져 다오. 보좌에 앉으신 이의 얼굴을 보지 않도록 우리를 숨겨 다오. 어린 양의 노여움에서 우리를 제발 지켜 다오.

17 큰 진노의 날이 다가왔으니, 누가 그 진노를 견뎌 내겠는가?"라고 울부짖었습니다.

해가 검게 변하고, 달이 핏빛이 되며, 지진이 나고, 별들이 떨어지며, 하늘이 흔들리는 장면은 지구 종말을 묘사한 영화에 자주 등장한다. 그래서 사람들은 하나님의 심판이 언젠가 이런 무서운 일들로 일어나게 될 것이라고 생각한다.

그러나 베드로는 이천 년 전에 이 일들이 일어났다고 설교한다. 오순절 성령 강림 사건에 대해 하나님이 하늘과 땅에 피와 불과 연기의 징조를 베푸시며, 해가 어두워지고 달이 피가 되게 하실 때에 주의 이름을 부르는 자는 구원을 받게 될 것이라고 말한다(행 2:16-21). 즉 성령이 이 땅에 임하신 것이 하나님의 심판의 때가 시작되었음을 알리는 것이며 예수님을 믿는 자만이 이 심판을 피할 수 있다는 것이다. 이것은 교회 시대가 첫 창조가 무너지며 새 창조가 이루어지는 심판의 시대일 뿐 아니라 예수님을 통해서 심판을 피할 수 있는 구원의 시대임을 의미한다.

> **무릎 기도** | 하나님, 성령 강림으로 인해 하나님의 심판과 구원의 역사가 시작되었음을 믿습니다. 첫 창조의 질서를 벗어나 새 창조의 질서 가운데 살게 하소서.

ESV - Revelation 6

9 When he opened the fifth seal, I saw under the altar the souls of those who had been slain for the word of God and for the witness they had borne.

10 They cried out with a loud voice, "O Sovereign Lord, holy and true, how long before you will judge and avenge our blood on those who dwell on the earth?"

11 Then they were each given a white robe and told to rest a little longer, until the number of their fellow servants and their brothers* should be complete, who were to be killed as they themselves had been.

12 When he opened the sixth seal, I looked, and behold, there was a great earthquake, and the sun became black as sackcloth, the full moon became like blood,

13 and the stars of the sky fell to the earth as the fig tree sheds its winter fruit when shaken by a gale.

14 The sky vanished like a scroll that is being rolled up, and every mountain and island was removed from its place.

15 Then the kings of the earth and the great ones and the generals and the rich and the powerful, and everyone, slave* and free, hid themselves in the caves and among the rocks of the mountains,

16 calling to the mountains and rocks, "Fall on us and hide us from the face of him who is seated on the throne, and from the wrath of the Lamb,

17 for the great day of their wrath has come, and who can stand?"

* 6:11 Or *brothers and sisters*. In New Testament usage, depending on the context, the plural Greek word *adelphoi* (translated "brothers") may refer either to *brothers* or to *brothers and sisters*

* 6:15 For the contextual rendering of the Greek word *doulos*, see Preface

9 seal 봉인, 도장 altar 제단 slay 죽이다 witness 증거 bear 가지다 10 sovereign 최고의 권력을 가진 avenge on …에게 복수하다 dwell 살다 11 robe 옷 servant 종 complete 완료하다 12 behold 보다 earthquake 지진 sackcloth 굵은베 13 fall to the earth 땅에 떨어지다 fig 무화과 shed 떨어지다 gale 강풍 14 vanish 사라지다 scroll 두루마리 remove 옮기다 16 throne 보좌 wrath 분노

18

월   일

인침을 받은 자 십사만 사천 명

요한계시록 7:1-8 • 새찬송 249장 | 통일 249장

• 말씀묵상 전에 성령님의 인도하심을 구하는 기도를 드리십시오.

> **본문요약 ㅣ** 요한은 네 천사가 땅 모퉁이에 서서 사방의 바람을 붙잡아 땅이나 바다에 불지 못하게 하는 환상을 본다. 또한 다른 천사가 하나님의 인을 가지고 와서 종들의 이마에 인치기까지 세상을 해하지 말라고 외치는 소리를 듣는다. 인침을 받은 자들의 수는 각 지파에서 일만 이천 명으로 총 십사만 사천 명이다.

1 이 일 후에 내가 네 천사가 땅 네 모퉁이에 선 것을 보니 땅의 사방의 바람을 붙잡아 바람으로 하여금 땅에나 바다에나 각종 나무에 불지 못하게 하더라

2 또 보매 다른 천사가 살아 계신 하나님의 인을 가지고 해 돋는 데로부터 올라와서 땅과 바다를 해롭게 할 권세를 받은 네 천사를 향하여 큰 소리로 외쳐

3 이르되 우리가 우리 하나님의 종들의 이마에 인치기까지 땅이나 바다나 나무들을 해하지 말라 하더라

4 내가 인침을 받은 자의 수를 들으니 이스라엘 자손의 각 지파 중에서 인침을 받은 자들이 십사만 사천이니

5 유다 지파 중에 인침을 받은 자가 일만 이천이요 르우벤 지파 중에 일만 이천이요 갓 지파 중에 일만 이천이요

6 아셀 지파 중에 일만 이천이요 납달리 지파 중에 일만 이천이요 므낫세 지파 중에 일만 이천이요

7 시므온 지파 중에 일만 이천이요 레위 지파 중에 일만 이천이요 잇사갈 지파 중에 일만 이천이요

8 스불론 지파 중에 일만 이천이요 요셉 지파 중에 일만 이천이요 베냐민 지파 중에 인침을 받은 자가 일만 이천이라

1. 오늘 하나님께서 나에게 주신 깨달음은 무엇입니까?

2. 말씀을 어떻게 내 삶에 구체적으로 적용해야 합니까?

절별 해설

1 이 일 후에 본서에서 새로운 환상을 소개하는 도입 구절이다. 7장은 여섯 번째 인의 심판(6:12-17)과 일곱 번째 인의 심판(8:1-5) 사이에 삽입된 내용이다. 본서에는 다른 내용 사이에 삽입된 곳이 세 군데(10:1-11:14; 14:6-20) 있는데 이곳은 그중의 한 부분이다. **네 천사** 바람을 맡은 천사들로서 자연계를 다스리도록 위임을 받았다.

땅의 사방의 바람 온 세상을 파괴할 수 있는 재앙을 의미한다(단 7:2; 슥 6:5).

불지 못하게 하더라 하나님의 종들이 인으로 구분되어 심판을 피할 수 있기 전에는 세상에 심판이 임하지 않도록 유보될 것임을 알 수 있다.

2 하나님의 인 고대에 왕의 도장은 보호, 소유, 특권을 의미했다. 여기서는 성도들이 온 세상에 임할 심판 전에 하나님의 보호를 받을 수 있도록 구별하는 표시를 의미한다.

해 돋는 데로부터 문자적으로는 '동쪽으로부터'이며, 성경에서 동쪽은 하나님의 은혜와 영광을 나타내는 방향이다(겔 43:2).

3 하나님의 종들 구원받은 모든 하나님의 백성을 의미한다.

4 이스라엘 자손 예수님은 일곱 교회에 보내는 편지에서 혈통이 더 이상 의미가 없고 구원받은 하나님의 백성이 참 유대인임을 반복하여 말씀하셨다(2:9; 3:9). 따라서 이곳의 이스라엘 자손은 예수님을 통해 구원받은 모든 하나님의 백성을 말한다.

십사만 사천 144,000은 12×12×1,000으로 이루어진 숫자이다. 12는 하나님의 숫자인 3과 온 세상의 숫자인 4의 곱으로 나오는 완전수이다. 또한 1,000은 충만한 숫자인 10의 세제곱으로 완전하게 충만하다는 의미를 가진다. 즉 144,000은 완전하게 충만한 모든 교회의 숫자라고 할 수 있다. 또한 1,000은 구약성경에서 선발된 군대의 단위로 사용되는 숫자이다(민 31:4; 대상 27:1-5). 이렇게 본다면 144,000은 하나님의 군대로 선발되어 영적 전쟁을 하게 되는 모든 하나님의 백성을 의미한다. 이 숫자가 소수의 순교자들이라거나 자신들의 교인수라고 주장하며 문자적인 의미를 강조하는 것은 틀린 주장이다. 그 첫 번째 이유는 역사상 순교한 사람의 숫자가 144,000명이 넘기 때문이다. 두 번째로 이들은 바로 뒤에 나오는 '아무도 능히 셀 수 없는 큰 무리'와 같은 사람들이기 때문이다(7:9). 세 번째로 계시록에 나오는 모든 숫자는 문자적인 의미가 아니라 상징적 의미를 지니기 때문이다. 네 번째로 역사에서뿐 아니라 현재도 수없이 많은 성도들이 있는데 그중 144,000명만이 택함을 받고 심판을 피한다는 것은 잘못되었기 때문이다.

1 그 후에 네 천사가 땅의 네 모퉁이에 서 있는 것을 보았습니다. 그들은 사방에서 불어오는 바람을 붙들어 땅 위, 바다, 나뭇잎 하나도 흔들리지 못하게 막고 있었습니다.

2 나는 또 다른 한 천사가 동쪽에서부터 오고 있는 것을 보았습니다. 그 천사는 살아계신 하나님의 도장을 가지고, 큰 소리로 네 천사에게 소리쳤습니다. 앞에 본 천사들은 이 땅과 바다를 해칠 수 있는 권한을 하나님께로부터 받은 자들이었던 것입니다. 그는 네 천사에게 말했습니다.

3 "하나님을 섬기는 자들의 이마에 도장을 다 찍기 전에는 땅이든지, 바다든지, 나뭇잎 하나라도 건드려서는 안 된다."

4 그리고 나는 도장을 받게 될 사람들의 숫자가 십사만 사천 명이라는 소리를 들었습니다. 이들은 이스라엘의 열두 지파에 속한 사람들의 숫자였습니다.

5 유다 지파 만 이천 명, 르우벤 지파 만 이천 명, 갓 지파 만 이천 명,

6 아셀 지파 만 이천 명, 납달리 지파 만 이천 명, 므낫세 지파 만 이천 명,

7 시므온 지파 만 이천 명, 레위 지파 만 이천 명, 잇사갈 지파 만 이천 명,

8 스불론 지파 만 이천 명, 요셉 지파 만 이천 명, 베냐민 지파 만 이천 명이었습니다.

많은 이단은 요한계시록을 가지고 사람들을 미혹해 왔다. 이단들이 사람들을 미혹할 때 흔히 사용하는 숫자가 144,000명이다. 이러한 대표적 이단인 신천지는 144,000명의 성도가 채워지면 이 땅에 천년 왕국이 이루어진다고 가르친다. 문제는 신천지 교인이 144,000명을 넘어 버린 것이다. 그러자 그들은 매년 시험을 쳐서 성적대로 144,000명만이 구원받을 수 있다고 가르치기 시작했다.

이런 이단의 미혹에 넘어간 많은 사람이 교회를 다니던 기독교인들이다. 성경을 문자대로 믿어야 경건한 것이라는 잘못된 생각 때문에 이단의 거짓된 가르침에 쉽게 넘어간 것이다. 요한이 숫자를 자주 사용한 이유는 그 숫자를 통해 의미를 전달하기 위함이었다. 요한은 144,000이라는 숫자를 통해 모든 성도가 영적 전쟁에 참여한 전사들임을 보여주고자 한 것이다.

> **무릎기도** 하나님, 심판 가운데 성도에게 인을 치고 구별하여 하나님의 백성으로 삼으셨음을 믿습니다. 모든 두려운 상황 가운데서도 담대한 믿음으로 반응하게 하소서.

ESV - Revelation 7

1 After this I saw four angels standing at the four corners of the earth, holding back the four winds of the earth, that no wind might blow on earth or sea or against any tree.

2 Then I saw another angel ascending from the rising of the sun, with the seal of the living God, and he called with a loud voice to the four angels who had been given power to harm earth and sea,

3 saying, "Do not harm the earth or the sea or the trees, until we have sealed the servants of our God on their foreheads."

4 And I heard the number of the sealed, 144,000, sealed from every tribe of the sons of Israel:

5 12,000 from the tribe of Judah were sealed, 12,000 from the tribe of Reuben, 12,000 from the tribe of Gad,

6 12,000 from the tribe of Asher, 12,000 from the tribe of Naphtali, 12,000 from the tribe of Manasseh,

7 12,000 from the tribe of Simeon, 12,000 from the tribe of Levi, 12,000 from the tribe of Issachar,

8 12,000 from the tribe of Zebulun, 12,000 from the tribe of Joseph, 12,000 from the tribe of Benjamin were sealed.

1 hold back 저지하다 blow 불다   2 ascend 올라오다   3 seal 봉인하다, 도장 servant 종 forehead 이마   4 tribe 지파

19

월   일

큰 환난에서 나온 흰 옷 입은 무리의 찬양

요한계시록 7:9-14 · 새찬송 38장

• 말씀묵상 전에 성령님의 인도하심을 구하는 기도를 드리십시오.

> **본문요약 |** 요한은 셀 수 없는 큰 무리가 흰 옷을 입고 종려나무 가지를 들고 하나님과 예수님을 찬양하는 장면을 목격한다. 또한 모든 천사도 이 찬양에 동참하는 것을 본다. 장로 중 한 사람이 이 흰 옷 입은 사람들은 큰 환난에서 나오는 자들로 어린 양의 피로 깨끗하게 되었다고 설명해 준다.

9 이 일 후에 내가 보니 각 나라와 족속과 백성과 방언에서 아무도 능히 셀 수 없는 큰 무리가 나와 흰 옷을 입고 손에 종려 가지를 들고 보좌 앞과 어린 양 앞에 서서

10 큰 소리로 외쳐 이르되
　구원하심이 보좌에 앉으신 우리 하나님과 어린 양에게 있도다
하니

11 모든 천사가 보좌와 장로들과 네 생물의 주위에 서 있다가 보좌 앞에 엎드려 얼굴을 대고 하나님께 경배하여

12 이르되
　아멘 찬송과 영광과 지혜와 감사와 존귀와 권능과 힘이 우리 하나님께 세세토록 있을지어다 아멘
하더라

13 장로 중 하나가 응답하여 나에게 이르되 이 흰 옷 입은 자들이 누구며 또 어디서 왔느냐

14 내가 말하기를 내 주여 당신이 아시나이다 하니 그가 나에게 이르되 이는 큰 환난에서 나오는 자들인데 어린 양의 피에 그 옷을 씻어 희게 하였느니라

1. 오늘 하나님께서 나에게 주신 깨달음은 무엇입니까?

2. 말씀을 어떻게 내 삶에 구체적으로 적용해야 합니까?

절별 해설

9 각 나라와 족속과 백성과 방언 이 세상의 모든 사람을 의미한다. 비슷한 의미의 네 단어의 반복은 전체성을 강조하는 표현이다. 원어상 '나라'만 단수이고, 나머지 단어가 복수인 것은 이들이 한 하나님 나라에 속한 하나님의 백성이기 때문이다.

큰 무리 하나님이 족장들에게 약속하신 후손이 '하늘의 별들과 바다의 모래와 같이 셀 수도 없을 것'에 대한 성취이다(창 15:5; 32:12). 인침을 받은 십사만 사천 명과 같은 무리이다(7:4).

흰 옷 예수님의 피로 말미암아 얻게 된 순결함과 거룩함을 상징한다(14절).

종려 가지 승리를 축하하는 축제에서 사용되는 도구이다(요 12:13). 이들은 예수님의 승리로 얻게 된 구원을 축하하기 위해 종려나무 가지를 손에 든다.

10 구원하심이 … 있도다 이곳의 '구원'은 '승리'라고도 번역할 수 있다. 허다한 무리가 세상의 핍박과 공격을 무사히 통과해 하나님 앞에 서게 된 것은 전적으로 하나님과 예수님이 일하신 결과이다. 그렇기 때문에 모든 찬양을 하나님께 돌려 드리는 것이다. 이것은 은혜로만 구원받기에 아무도 자랑할 수 없다는 말씀과 일치한다(엡 2:8-9).

11 모든 천사 앞에서는 '많은 천사'가 하나님을 찬양했다면(5:11) 이곳에서는 '모든 천사'가 찬양에 동참한다. 앞 절에서 구원받은 하나님의 백성이 찬양한 내용에 모든 천사 또한 동의하며 함께 찬양한다.

12 찬송과 영광과 지혜와 감사와 존귀와 권능과 힘 5:12에서 천사들이 어린 양 예수님을 찬양한 내용 가운데 '부'만 '감사'로 바뀌고 나머지 여섯 가지 속성은 일치한다. 이것은 예수님과 성부 하나님이 찬양과 존귀를 받기에 합당하신 동일한 하나님이심을 보여준다. 이곳에 나오는 속성은 하나님이 그의 백성을 구원하실 때 드러난 하나님의 속성이다.

13 누구며 또 어디서 왔느냐 이것은 다음 절에서 흰 옷 입은 자들을 설명하기 위한 수사학적 질문으로 그들의 정체와 그들이 어디서 왔는지 아는 것이 중요함을 환기시킨다.

14 큰 환난에서 나오는 자들 '큰 환난'은 다니엘서에 나오는 '개국 이래로 그 때까지 없던 환난'을 배경으로 한다(단 12:1). 다니엘서의 환난은 생명책에 이름이 기록된 모든 자가 구원받는 과정을 의미한다. 즉 모든 하나님의 백성이 영생을 얻기 위해 통과해야 하는 세상의 고난을 의미하는 것이다(요 16:33).

어린 양의 피 예수님의 피는 성도를 모든 죄에서 깨끗하게 하는 능력이 있다(요일 1:7).

9 그 후에 엄청난 군중이 모여 있는 것을 내 눈으로 보았습니다. 그 수가 너무 많아서 나는 셀 수조차 없을 정도였습니다. 모든 나라와 민족, 언어를 초월하여 모인 이 사람들은 하나님의 보좌와 어린 양 앞에 섰습니다. 그들은 모두 흰옷을 입고, 손에는 종려나무 가지를 들고 있었습니다.

10 그들은 큰 소리로 외쳤습니다.
"구원은 보좌에 계신 우리 하나님과 어린 양에게서 옵니다."

11 장로들과 네 생물들도 그 곁에 있었고, 천사들이 다 나아와 보좌 앞에 엎드려 경배하였습니다.

12 천사들은
"아멘! 우리 하나님께 찬송과 영광과 지혜와 감사와 존귀와 능력과 힘이 영원토록 함께하소서! 아멘!"
하고 외쳤습니다.

13 그때, 장로들 가운데 한 사람이 내게 물었습니다. "이 흰옷 입은 사람들이 누구이며, 어디에서 온 사람들인지 아십니까?"

14 나는 "모릅니다. 가르쳐 주십시오"라고 말했습니다. 그 장로는 내게 대답해 주었습니다. "이들은 큰 고난을 겪은 자들입니다. 이들은 어린 양의 피로 자신들의 옷을 씻어 희게 하였습니다.

성도들이 "구원하심이 보좌에 앉으신 우리 하나님과 어린 양에게 있도다"라고 천국에서 함께 외치게 될 날은 얼마나 감격스러울까! 이 감격의 날을 맞이하기까지 두 가지 조건이 필요하다. '큰 환난'을 통과해야 하며, '예수님의 피에 우리의 죄를 씻어 깨끗하게' 해야 한다.

이것은 출애굽 시기 이스라엘의 구원 여정과 같은 내용이다. 이스라엘 백성은 출애굽 할 때 어린 양의 피를 문설주와 인방에 발라서 구원을 받았으며 또한 40년 동안 광야의 고통스러운 과정을 지났다. 왜 성도가 큰 환난을 거쳐야 하는가? 그 이유는 광야에서 출애굽 한 첫 세대가 전부 죽임을 당하고 새 세대만이 가나안 땅에 들어갈 수 있었던 것과 같다. 세상의 환난을 통해서 성도의 옛 사람은 죽고, 새사람만이 하나님 나라에 들어갈 수 있기 때문이다. 환난을 지나며 성도는 예수님의 보혈을 무엇보다 귀한 것으로 의존하게 된다. 즉 큰 환난은 모든 성도가 예수님만 의지하고 하나님만 찬양하는 새로운 존재가 되게 하는 과정이다.

> **무릎 기도** │ 하나님, 환난을 통해 모든 죄악을 씻으시는 예수님만을 의존하는 성도가 되게 하소서. 이 과정을 잘 통과해서 오직 하나님과 예수님만 찬양하는 법을 배우게 하소서.

ESV - Revelation 7

9 After this I looked, and behold, a great multitude that no one could number, from every nation, from all tribes and peoples and languages, standing before the throne and before the Lamb, clothed in white robes, with palm branches in their hands,

10 and crying out with a loud voice, "Salvation belongs to our God who sits on the throne, and to the Lamb!"

11 And all the angels were standing around the throne and around the elders and the four living creatures, and they fell on their faces before the throne and worshiped God,

12 saying, "Amen! Blessing and glory and wisdom and thanksgiving and honor and power and might be to our God forever and ever! Amen."

13 Then one of the elders addressed me, saying, "Who are these, clothed in white robes, and from where have they come?"

14 I said to him, "Sir, you know." And he said to me, "These are the ones coming out of the great tribulation. They have washed their robes and made them white in the blood of the Lamb.

9 behold 보다 multitude 군중 tribe 족속 throne 보좌 lamb 어린 양 clothe in …을 입히다 robe 옷 palm 종려나무 branch 가지   10 salvation 구원 belong to …에 속하다   11 elder 장로 creature 생물 fall on one's face 엎드리다   12 wisdom 지혜 honor 영광 might 힘   13 address 말을 걸다   14 tribulation 시련

 성도가 누리게 될 완전한 안식

요한계시록 7:15-17 · 새찬송 43장 | 통일 57장

월   일

• 말씀묵상 전에 성령님의 인도하심을 구하는 기도를 드리십시오.

본문요약 | 흰 옷을 입은 셀 수도 없이 많은 무리는 하나님의 보좌 앞에 있으며 밤낮 하나님을 섬기는데 하나님이 그들 위에 장막을 쳐 주신다. 그들은 다시는 주리거나 목마르지 않으며 태양에 상하지 않는다. 또한 어린 양이 그들의 목자가 되셔서 생명수 샘으로 인도하시고 모든 눈물을 씻어 주신다.

15 그러므로 그들이 하나님의 보좌 앞에 있고 또 그의 성전에서 밤낮 하나님을 섬기매 보좌에 앉으신 이가 그들 위에 장막을 치시리니

16 그들이 다시는 주리지도 아니하며 목마르지도 아니하고 해나 아무 뜨거운 기운에 상하지도 아니하리니

17 이는 보좌 가운데에 계신 어린 양이 그들의 목자가 되사 생명수 샘으로 인도하시고 하나님께서 그들의 눈에서 모든 눈물을 씻어 주실 것임이라

1. 오늘 하나님께서 나에게 주신 깨달음은 무엇입니까?

2. 말씀을 어떻게 내 삶에 구체적으로 적용해야 합니까?

절별 해설

15 그러므로 흰 옷 입은 자들이 누리게 될 안식은 그들이 큰 환난을 통과했으며 또한 어린 양의 피로 깨끗해진 결과이다.
하나님의 보좌 앞에 있고 하나님과의 새로운 관계로 이들은 하나님 앞에 '계속해서 머무르게 될 것'이다. 이것은 성도를 '그리스도와 함께 하늘에 앉히셨다'는 말씀의 성취이다(엡 2:6).
하나님을 섬기매 '섬기다'는 '예배하다'와 같은 의미이다. 모든 성도가 성전에서 하나님을 섬기는 제사장 역할을 맡게 될 것을 의미한다(1:6).
장막을 치시리니 출애굽 한 이스라엘 백성에게 장막은 하나님의 임재의 상징이었다(레 26:11). 장막에 임재하신 하나님은 낮에는 구름 기둥과 밤에는 불기둥으로 이스라엘 백성을 보호하고 인도하셨다. 따라서 장막을 치시겠다는 말씀은 하나님이 친히 그의 백성과 함께하시며 그들을 보호하고 인도하실 것을 의미한다.

16 주리지도 아니하며 출애굽 모티브가 계속해서 사용된다. 16-17절은 바벨론 포로 귀환을 배경으로 하는 이사야 49:10을 인용한 것인데, 바벨론에서 귀환한 사건은 새로운 출애굽(New Exodus) 사건이라고 할 수 있다. 하나님은 이스라엘 백성들이 출애굽 한 뒤 광야에서 배고플 때 만나를 먹이셨고, 목마를 때 생수를 주셨으며, 뜨거운 햇볕에 상하지 않도록 구름 기둥으로 그늘을 만들어 주셨다. 즉 이러한 일들은 하나님 나라에서 성도들이 하나님께 받게 될 공급과 보호의 모형이다.

17 이는 16절에서 성도가 누리는 공급과 보호가 어떻게 가능한지에 대한 이유가 나온다.
그들의 목자가 되사 양에게 목자는 생존과 관련하여 절대적인 존재이다. 구약성경에서 하나님은 다윗의 후손 가운데 목자를 보내셔서 먹이게 할 것이라는 약속을 주셨다(겔 34:23). 그리고 이 약속과 같이 예수님은 '선한 목자'로 오셨다(요 10:14). 목자 예수님이 성도에게 주시는 것은 '생명수'이다. 성도는 성령으로 말미암아 영원히 목마르지 않는 생명을 얻게 될 것이다(요 4:14).
모든 눈물을 씻어 주실 것 하나님은 이사야가 예언한 메시아의 잔치에서 백성의 얼굴에서 눈물을 씻어 주고 수치를 제거하겠다고 약속하셨다(사 25:6-8). 성도는 하나님 나라에서 죄와 마귀와 죽음이 가져온 수치와 고통의 눈물을 더 이상 흘리지 않게 될 것이다.

15 이제 이들은 하나님의 보좌 앞에 나아와, 그의 성전에서 하나님을 늘 섬기고 있습니다. 보좌에 계신 분이 이들을 보호해 주고 있습니다.

16 이들은 결코 배고프거나 목마르지 않을 것입니다. 뜨거운 햇볕도 그들에게 해를 입히거나 상하게 못할 것입니다.

17 왜냐하면 보좌 가운데 계시는 어린 양이 그들의 목자가 되셔서 생명수가 흐르는 샘으로 인도하실 것이기 때문입니다. 그리고 하나님께서는 그들의 눈에서 흐르는 눈물을 닦아 주실 것입니다."

예수님을 믿어도 세상에서 목이 마르고, 눈물 흘릴 일이 많이 있다. 왜 하나님은 이 땅에서 목마르지 않고 모든 악으로부터 우리를 보호하여 눈물 흘릴 일이 없도록 해 주시지 않는 것인가? 성도의 구원에 이 모든 환난이 반드시 필요하기 때문이다.

인간의 목마름은 영적이기 때문에 오직 성령의 영적 생명으로만 채워질 수 있다. 그런데 처음부터 예수님을 통해 목마름을 해갈하려고 하는 사람은 없다. 전부 다양한 것들로 목마름을 채우려고 애쓰다가 철저히 실패하고 나서야 결국 예수님께로 나아온다. 목말라 본 사람만이 생명수의 가치를 안다. 또한 세상에서 눈물 흘릴 일을 경험한 사람만이 겸손하게 하나님의 보호와 은혜를 간구하게 된다. 만일 인생 가운데 눈물을 한 번도 흘리지 않고 잘 살았다고 생각해 보자. 아마 평생 하나님의 은혜를 사모할 필요를 알지 못한 채 자신이 하나님인 것처럼 착각하고 살 것이다. 결국 목마름과 고통은 성도가 하나님의 안식 가운데 들어가기 위해서 반드시 필요한 과정이다.

> **무릎기도** 하나님, 목마를 때마다 세상의 쾌락과 즐거움만을 찾았던 것을 회개합니다. 예수님을 통해 저의 목마름이 해갈될 수 있도록 생명수로 채우소서.

ESV - Revelation 7

15 "Therefore they are before the throne of God, and serve him day and night in his temple; and he who sits on the throne will shelter them with his presence.

16 They shall hunger no more, neither thirst anymore; the sun shall not strike them, nor any scorching heat.

17 For the Lamb in the midst of the throne will be their shepherd, and he will guide them to springs of living water, and God will wipe away every tear from their eyes."

15 therefore 그러므로 throne 보좌 serve 섬기다 temple 성전 shelter 덮다 presence 영   16 hunger 굶주리다 thirst 목마르다 strike 공격하다 scorching 타는 듯한   17 lamb 어린 양 in the midst of …의 한가운데에 shepherd 목자 spring 샘 wipe 닦다

21

^월 ^일

일곱 번째 인의 심판

요한계시록 8:1-5 • 새찬송 184장 | 통일 173장

• 말씀묵상 전에 성령님의 인도하심을 구하는 기도를 드리십시오.

> **본문요약** ㅣ 예수님이 일곱 번째 인을 떼시자 하늘이 잠시 동안 고요해진다. 요한은 일곱 천사가 일곱 나팔을 받는 환상을 본다. 또 다른 천사가 금향로에 많은 향을 받아 모든 성도의 기도와 합하여 금 제단에 드리는 것을 본다. 천사가 향로에 제단의 불을 담아 땅에 쏟자 우레와 음성과 번개와 지진이 일어난다.

1 일곱째 인을 떼실 때에 하늘이 반 시간쯤 고요하더니
2 내가 보매 하나님 앞에 일곱 천사가 서 있어 일곱 나팔을 받았더라
3 또 다른 천사가 와서 제단 곁에 서서 금 향로를 가지고 많은 향을 받았으니 이는 모든 성도의 기도와 합하여 보좌 앞 금 제단에 드리고자 함이라
4 향연이 성도의 기도와 함께 천사의 손으로부터 하나님 앞으로 올라가는지라
5 천사가 향로를 가지고 제단의 불을 담아다가 땅에 쏟으매 우레와 음성과 번개와 지진이 나더라

1. 오늘 하나님께서 나에게 주신 깨달음은 무엇입니까?

2. 말씀을 어떻게 내 삶에 구체적으로 적용해야 합니까?

절별 해설

1 일곱째 인 예수님이 두루마리에 찍힌 마지막 일곱 번째 인까지 떼심으로 두루마리가 완전히 열리게 된다. 구원을 완성하기 위한 종말론적 심판이 본격적으로 시행되는 것이다.
반 시간쯤 고요하더니 '반 시간'은 세상에 대한 심판이 완성되는 '한 시간'에 비해 짧은 시간이다(18:10). 구약에서는 하나님의 긴급한 개입을 기다리며 잠잠할 것을 요구한다(출 14:14; 습 1:7). 즉 반 시간은 하나님의 구원의 완성을 잠잠히 기다려야 하는 짧은 시간이다.

2 일곱 천사 일곱은 완전수로 '일곱 천사'는 세상에 완전한 심판을 행하는 하나님의 대행자 역할을 맡은 천사들을 의미한다.
일곱 나팔을 받았더라 일곱 번째 인은 직접적 재앙을 동반하지 않고 이후에 임할 일곱 나팔 심판을 유도하는 역할을 한다. 본서에 나오는 인, 나팔, 대접 심판은 유사한 내용으로 재앙의 범위가 점점 확장된다. 이것은 인, 나팔, 대접 재앙이 시간 순으로 일어나는 것이 아니라 예수님의 재림이 가까울수록 하나님의 심판이 더 강력하게 반복적으로 나타난다는 의미이다.

3 많은 향 성소에는 향을 피우는 분향단이 있었는데 향을 피우는 목적은 거룩하신 하나님 앞에서 인간의 죄악과 허물을 감추기 위해서였다(레 16:13). 구약에서는 속죄 제물을 바칠 때 향을 함께 올려 드렸고(레 16:11-12), 또한 향기만을 올려 드리는 제사인 소제가 있었다(레 2:1). 즉 성막이나 성전에서 피우던 향은 속죄하고자 하는 성도들의 기도를 시각적으로 표현한 것이다(시 141:2). 이곳에서 금향로에 담긴 많은 향은 앞서 순교한 영혼들이 심판해 달라고 하나님께 올려 드린 구체적인 기도이다(6:9-11).
모든 성도의 기도와 합하여 모든 성도의 기도가 심판에 대한 간구인 많은 향과 합하여 하나님의 제단에 바쳐진다. 천상 교회와 지상 교회의 모든 기도가 하나님이 받으실 만한 제물이 됨을 의미한다.
금 제단 '제단'은 희생 제물을 바치는 장소이다(사 56:7). 제단이 금으로 만들어진 이유는 하나님께 바치는 제물이 아주 귀한 것임을 보여주기 위함이다.

4 하나님 앞으로 올라가는지라 하나님이 천상 교회와 지상 교회의 모든 성도의 기도를 받으심으로 이것은 세상에 임하는 심판의 원인이 된다(5절).

5 제단의 불을 담아다가 본절의 환상은 세마포 입은 사람이 천사들 사이에 숯불을 손에 쥐고 성에 쏟아부어 심판하는 에스겔의 환상과 유사하다(겔 10:2-7).
우레와 음성과 번개와 지진 구약에서 하나님이 이 땅에 강림하심을 묘사할 때 등장하는 시각적, 청각적 배경이다(출 19:16-18).

1 어린 양이 일곱 번째 봉인을 떼어 내자, 반 시간쯤 하늘이 고요하였습니다.

2 그런 후, 일곱 명의 천사가 하나님 앞에 서 있는 것이 보였습니다. 그들은 하나님께로부터 일곱 나팔을 받았습니다.

3 다른 천사 하나가 제단 앞으로 나아왔습니다. 그 천사는 금향로를 들고 있었습니다. 금향로에 향을 가득 채워 성도들의 기도와 함께 보좌 앞의 금 제단에 내려놓았습니다.

4 향의 연기가 천사의 손에서 하나님께로 올라갔습니다. 이 향과 함께 성도들의 기도도 하나님 앞으로 올라갔습니다.

5 그 후, 천사는 제단의 불을 향로에 가득 담아 땅에 던졌습니다. 그러자 천둥과 번개와 지진이 일어나며, 큰 소리가 땅을 뒤덮었습니다.

본문은 기도가 영적으로 어떤 과정을 거쳐 드려지며 어떤 역할을 하는지를 시각적으로 잘 보여준다. 먼저 성도의 기도는 천상 교회의 기도와 함께 제단에 바쳐져 하나님이 흠향하신다. 그 후에 기도는 제단의 불과 합쳐져 이 땅에 심판을 가져온다.

기도의 영적 영향력은 세상을 바꾸는 힘이 있다. 이를 알면 믿는 자는 함부로 기도하지 못할 것이다. 또한 세상이 원하는 만큼 변하지 않아도 낙심하지 않을 수 있다. 그런데 성도의 기도가 하나님이 받으시는 제사라는 것은 대부분 알지만, 이 땅에 임하는 심판의 원인이라는 생각은 잘 하지 못한다. 성도의 기도를 통해 심판이 이루어지는데 이 세상이 심판당하지 않는다면 성도의 구원은 완성될 수 없다. 그러나 한 가지 간과하는 사실은 지금 이 세상에 하나님의 심판이 임한다면 우리는 과연 무사할 것인가 하는 점이다. 그렇기에 하나님은 먼저 성도의 죄악과 우상 숭배를 제거하시고 그 다음에 세상에 심판을 내리신다.

무릎 기도	하나님, 악인의 심판을 원하지만 저 또한 심판의 대상이 될 수 있음을 깨닫습니다. 예수님의 피로 깨끗하게 하셔서 심판 앞에 담대하게 하소서.

ESV - Revelation 8

1 When the Lamb opened the seventh seal, there was silence in heaven for about half an hour.

2 Then I saw the seven angels who stand before God, and seven trumpets were given to them.

3 And another angel came and stood at the altar with a golden censer, and he was given much incense to offer with the prayers of all the saints on the golden altar before the throne,

4 and the smoke of the incense, with the prayers of the saints, rose before God from the hand of the angel.

5 Then the angel took the censer and filled it with fire from the altar and threw it on the earth, and there were peals of thunder, rumblings,* flashes of lightning, and an earthquake.

* 8:5 Or *voices*, or *sounds*

1 lamb 어린 양 seal 봉인, 도장 silence 고요   3 altar 제단 censer 향로 incense 향 saint 성도 throne 보좌   5 fill…with~ …를 ~로 채우다 a peal of thunder 천둥 rumbling 우르르거리는 소리 earthquake 지진

22

월 일

첫 번째부터 네 번째까지의 나팔 심판

요한계시록 8:6-12 • 새찬송 186장 | 통일 176장

• 말씀묵상 전에 성령님의 인도하심을 구하는 기도를 드리십시오.

본문요약 | 첫 번째 나팔을 불자 피 섞인 우박과 불이 쏟아져 수목의 삼분의 일이 타 버린다. 두 번째 나팔을 불자 불붙는 큰 산이 바다에 던져져 바다 생물이 죽고 배들이 깨진다. 세 번째 나팔을 불자 횃불같이 타는 큰 별이 하늘에서 떨어져 물이 쓴 쑥처럼 된다. 네 번째 나팔을 불자 해, 달, 별의 삼분의 일이 어두워진다.

---

6 일곱 나팔을 가진 일곱 천사가 나팔 불기를 준비하더라

7 첫째 천사가 나팔을 부니 피 섞인 우박과 불이 나와서 땅에 쏟아지매 땅의 삼분의 일이 타 버리고 수목의 삼분의 일도 타 버리고 각종 푸른 풀도 타 버렸더라

8 둘째 천사가 나팔을 부니 불 붙는 큰 산과 같은 것이 바다에 던져지매 바다의 삼분의 일이 피가 되고

9 바다 가운데 생명 가진 피조물들의 삼분의 일이 죽고 배들의 삼분의 일이 깨지더라

10 셋째 천사가 나팔을 부니 횃불 같이 타는 큰 별이 하늘에서 떨어져 강들의 삼분의 일과 여러 물샘에 떨어지니

11 이 별 이름은 쓴 쑥이라 물의 삼분의 일이 쓴 쑥이 되매 그 물이 쓴 물이 되므로 많은 사람이 죽더라

12 넷째 천사가 나팔을 부니 해 삼분의 일과 달 삼분의 일과 별들의 삼분의 일이 타격을 받아 그 삼분의 일이 어두워지니 낮 삼분의 일은 비추임이 없고 밤도 그러하더라

1. 오늘 하나님께서 나에게 주신 깨달음은 무엇입니까?

2. 말씀을 어떻게 내 삶에 구체적으로 적용해야 합니까?

절별 해설

6 나팔 불기를 준비하더라 일곱 나팔 재앙은 내용상 자연계에 대한 심판(네 재앙)과 인간에 대한 심판(세 재앙)으로 나누어진다. 첫 네 재앙은 회개를 촉구하는 경고이며 그래도 회개하지 않는 자들에게 나머지 재앙이 임한다.

7 피 섞인 우박과 불 애굽에 내렸던 일곱 번째 재앙인 우박 재앙과 유사하다(출 9:13-25). 구약에서 우박은 하나님이 적을 심판하기 위해 하늘에 저장해 놓으신 무기로 나온다(욥 38:22-23). 실제로 여호수아가 가나안의 왕들과 싸울 때 하나님은 큰 우박으로 가나안 군대를 죽이셨다(수 10:11). 피와 불이 합쳐진 우박은 번개를 동반한 우박을 의미한다. 피와 불은 여호와의 날에 나타날 심판의 징조이다(욜 2:30-31). 우박으로 초목이 불타서 사람들의 생존의 근거인 곡식과 채소가 파괴되어 기근이 임하게 된다.
삼분의 일 구약에서 심판의 단위로 등장하며(겔 5:2; 슥 13:9) 점진성과 다양성을 보여준다. 삼분의 일에 임한 심판은 점진적으로 확장되며 다른 심판으로 다양하게 임할 것이다.

8 불 붙는 큰 산 하나님이 바벨론을 '온 세계를 멸하는 멸망의 산'이라 부르시며 '불 탄 산'이 되게 하겠다고 하신 말씀의 인용이다(렘 51:24-25). 바벨론은 메소포타미아 평원에 세워졌지만 지구라트(Ziggurat)라는 높은 인공 산을 만들고 그 위에서 마르둑(Marduk) 신을 숭배했다. 바벨론의 우상 숭배는 결국 하나님의 심판의 대상임을 의미한다. 본서에서 바벨론은 힘을 얻기 위해 우상 숭배를 하는 세상을 비유한다(16:19; 18:21).

9 바다 가운데 '바다'는 바벨론과 관련하여 부를 축적하기 위한 세상의 활동 무대이다(18:17). 바벨론이 당하는 심판으로 인해 그의 활동 무대와 도구까지 파괴된다.

10 횃불 같이 타는 큰 별 구약에서 '횃불'은 하나님의 심판을 상징한다(슥 12:6). '별'은 우상 숭배의 대상(대하 33:3)이면서 또한 신과 같이 높아지려는 인간의 욕망(사 14:12-14)을 상징한다. 즉 큰 별이 횃불같이 타는 것은 인간의 높아지고자 하는 욕망과 우상 숭배를 하나님이 심판하심을 의미한다.

11 쓴 쑥 구약에서 '쑥'은 우상 숭배의 악(신 29:18) 혹은 우상 숭배자들에 대한 하나님의 심판(렘 9:14-15)을 의미한다. 생명을 유지하는데 필수적인 물이 쓴 쑥으로 변하는 것은 인간의 우상 숭배가 결국 자기 생명을 파괴하는 심판을 가져옴을 비유한다.

12 그 삼분의 일이 어두워지니 해, 달, 별은 하나님이 첫 창조 때 만드신 우주의 질서이다. 구약성경은 여러 곳에서 해, 달, 별의 빛이 어둡게 될 것을 예언하고 있다(사 13:10; 겔 32:7). 이것은 하나님이 심판을 통해 첫 창조를 허무시며 새 창조를 이루실 것을 의미한다.

6 드디어, 일곱 나팔을 손에 들고 있던 일곱 천사가 나팔을 불 준비를 하였습니다.

7 첫 번째 천사가 나팔을 불자, 피 섞인 우박과 불이 땅으로 쏟아졌습니다. 그러자 땅의 삼분의 일이 불타고, 모든 나무의 삼분의 일과 풀들이 다 타 버렸습니다.

8 두 번째 천사가 나팔을 불자, 불타는 큰 산과 같은 것이 바다로 떨어져 바다의 삼분의 일이 피가 되어 버렸습니다.

9 바다 속 생물의 삼분의 일이 죽고, 배의 삼분의 일도 파손되었습니다.

10 세 번째 천사가 나팔을 불자, 횃불처럼 타고 있던 큰 별 하나가 하늘에서 떨어져 강의 삼분의 일과 샘들을 뒤덮었습니다.

11 그 별의 이름은 쑥이었는데, 이로 인해 물의 삼분의 일이 쓰게 되어, 그 쓴 물을 마신 수많은 사람들이 죽었습니다.

12 네 번째 천사가 나팔을 불자, 해와 달과 별의 삼분의 일이 충격을 받아 어두워졌습니다. 이로 말미암아 낮의 삼분의 일이 빛을 잃었고, 밤의 삼분의 일도 그렇게 됐습니다.

종말을 배경으로 하는 영화를 많이 본 탓인지 성도들도 세상의 끝에는 엄청난 자연 재해가 임하고, 운석이 떨어지고, 물이 오염되고, 천체가 요동하게 될 것이라고 추측한다. 마지막 때를 이런 식으로 해석하는 것은 성경을 공상 과학 영화 수준으로 떨어뜨리는 셈이다.

구약성경에서는 여러 가지 상징을 통해 하나님이 인간과 세상의 우상 숭배를 어떻게 심판하실지를 다양하고 상세하게 보여준다. 피 섞인 우박, 불붙는 큰 산, 횃불같이 타는 별 등은 전부 인간의 우상 숭배를 하나님이 어떻게 심판하시는지를 보여주는 대표적인 상징이다. 이런 심판은 언젠가 지구가 종말에 이를 그때에 일어날 천재지변을 예언하는 것이 아니다. 지금도 일어나고 있는 인간의 우상 숭배에 대한 하나님의 영적 심판을 상징적으로 표현한다. 하나님의 자리에 다른 것을 올려놓고 섬기는 자들은 지금도 심판으로 말미암아 그들이 추구하는 행복 대신에 고통과 멸망을 얻게 된다.

> **무릎 기도** │ 하나님, 종말의 심판을 앞으로 일어날 천재지변으로만 생각했던 무지함을 회개합니다. 우상 숭배를 벗어 버리고 하나님만을 온전히 섬기게 하소서.

ESV - Revelation 8

6 Now the seven angels who had the seven trumpets prepared to blow them.

7 The first angel blew his trumpet, and there followed hail and fire, mixed with blood, and these were thrown upon the earth. And a third of the earth was burned up, and a third of the trees were burned up, and all green grass was burned up.

8 The second angel blew his trumpet, and something like a great mountain, burning with fire, was thrown into the sea, and a third of the sea became blood.

9 A third of the living creatures in the sea died, and a third of the ships were destroyed.

10 The third angel blew his trumpet, and a great star fell from heaven, blazing like a torch, and it fell on a third of the rivers and on the springs of water.

11 The name of the star is Wormwood.* A third of the waters became wormwood, and many people died from the water, because it had been made bitter.

12 The fourth angel blew his trumpet, and a third of the sun was struck, and a third of the moon, and a third of the stars, so that a third of their light might be darkened, and a third of the day might be kept from shining, and likewise a third of the night.

* 8:11 *Wormwood* is the name of a plant and of the bitter-tasting extract derived from it

---

6 blow 불다　7 hail 우박　mix with …와 섞다　burn up 깡그리 태우다　9 creature 생물　destroy 파괴하다　10 blazing 타오르는　torch 횃불　spring 샘　11 wormwood 쓴 쑥　12 strike 공격하다　keep from …하지 않다　likewise 마찬가지로

23

월 일

다섯 번째 나팔 재앙

요한계시록 8:13–9:6 • 새찬송 272장 | 통일 330장

• 말씀묵상 전에 성령님의 인도하심을 구하는 기도를 드리십시오.

> **본문요약 ㅣ** 공중의 독수리가 땅에 있는 자들에게 화를 외친 후에 다섯 번째 천사가 나팔을 분다. 하늘에서 떨어진 마귀에게 무저갱을 여는 권세가 주어지고, 무저갱을 열자 가짜 연기로 세상이 어두워진다. 연기에서 황충이 나와 이마에 하나님의 인침을 받지 않은 사람들을 해하자 그들은 죽고 싶을 정도의 고통을 겪는다.

13 내가 또 보고 들으니 공중에 날아가는 독수리가 큰 소리로 이르되 땅에 사는 자들에게 화, 화, 화가 있으리니 이는 세 천사들이 불어야 할 나팔 소리가 남아 있음이로다 하더라

1 다섯째 천사가 나팔을 불매 내가 보니 하늘에서 땅에 떨어진 별 하나가 있는데 그가 무저갱의 열쇠를 받았더라

2 그가 무저갱을 여니 그 구멍에서 큰 화덕의 연기 같은 연기가 올라오매 해와 공기가 그 구멍의 연기로 말미암아 어두워지며

3 또 황충이 연기 가운데로부터 땅 위에 나오매 그들이 땅에 있는 전갈의 권세와 같은 권세를 받았더라

4 그들에게 이르시되 땅의 풀이나 푸른 것이나 각종 수목은 해하지 말고 오직 이마에 하나님의 인침을 받지 아니한 사람들만 해하라 하시더라

5 그러나 그들을 죽이지는 못하게 하시고 다섯 달 동안 괴롭게만 하게 하시는데 그 괴롭게 함은 전갈이 사람을 쏠 때에 괴롭게 함과 같더라

6 그 날에는 사람들이 죽기를 구하여도 죽지 못하고 죽고 싶으나 죽음이 그들을 피하리로다

1. 오늘 하나님께서 나에게 주신 깨달음은 무엇입니까?

2. 말씀을 어떻게 내 삶에 구체적으로 적용해야 합니까?

절별 해설

13 독수리 재앙에 대한 상징으로 자주 언급되는 동물(겔 17:3)로 본서에서는 하나님의 명령을 수행하는 역할로 등장한다(12:14).
땅에 사는 자들 하나님을 대적하는 세상 사람들을 의미한다.
화, 화, 화 앞으로 남은 세 개의 나팔 재앙이 확실하게 예정된 것임을 의미한다.

1 땅에 떨어진 별 이전에는 높은 지위를 가졌던 마귀가 몰락한 것이다(눅 10:18; 계 12:9).
무저갱 '바닥이 없는 깊은 구덩이'라는 뜻으로 본서에서는 교회 시대에 마귀를 잠시 가두어 두는 장소를 말한다(17:8; 20:3). 예수님의 십자가의 승리로 인해 마귀가 세상의 왕의 자리에서 쫓겨난 것을 마치 무저갱에 갇혀 있는 것처럼 비유적으로 묘사한다.
열쇠를 받았더라 마귀가 무저갱에서부터 자신의 악한 세력들을 세상으로 내보낼 수 있도록 하나님의 허락을 받은 것을 비유한다.

2 무저갱을 여니 다섯 번째 나팔 재앙은 하나님의 허락 아래 마귀의 영향력이 세상에 강력하게 나타나게 됨을 의미한다.
연기 같은 연기 연기는 성경에서 하나님의 임재(출 19:18)나 하나님의 심판(시 18:8)을 상징할 때 나온다. 여기서는 '연기 같은 연기'로서 진짜 연기가 아니라 마귀가 하나님의 흉내를 내면서 사람들을 속이기 위해 만들어 낸 가짜 연기이다.
어두워지며 해와 공기는 생존에 필수적인 환경이다. 하나님의 심판이 임하면 사람들이 의존하는 기본적인 환경이 악화된다. 첫 창조의 세계가 심판으로 점점 무너짐을 보여준다.

3 황충 메뚜기의 한 종류로 구약성경에서 하나님의 심판의 도구로 자주 사용되었다(신 28:38; 대하 7:13). 특별히 여호와의 날 전에 나타날 심판의 징조로 등장한다(욜 1:4).
전갈의 권세 '전갈'은 징계의 도구(왕상 12:11)나 세상의 위험(신 8:15) 등을 비유한다. '권세'는 마귀의 세력이 인간을 고통스럽게 해도 된다는 허락을 받았음을 말한다.

4 인침을 받지 아니한 사람들 하나님은 천사를 통해 그의 백성의 이마에 인을 치셔서 심판을 피할 수 있도록 보호하신다(7:3). 인침을 받지 아니한 사람들은 세상의 죄인들이다. 따라서 다섯 번째 나팔 심판은 세상 사람들에게 집중되는 심판임을 알 수 있다.

5 다섯 달 동안 '다섯 달'은 팔레스타인에서 메뚜기가 출몰하는 4-8월의 건기를 의미한다. 이것은 황충으로 인한 재앙에 일정 시간의 제한이 있음을 의미한다.

6 죽음이 그들을 피하리로다 죽을 만큼 고통스럽지만 죽을 수 없는 비참한 고통이다.

13 내가 지켜보는 동안, 독수리 한 마리가 공중으로 높이 날아가며, 큰 소리로 외치는 것을 들었습니다. "재난이다! 재난이다! 세상에 사는 사람들에게 재난이 온다! 남은 세 천사가 나팔을 불 때, 그 재난은 시작될 것이다."

1 다섯 번째 천사가 나팔을 불자, 하늘에서 별 하나가 땅으로 떨어졌습니다. 그 별은 바닥이 보이지 않는* 깊은 구덩이를 여는 열쇠를 가지고 있었습니다.

2 그 구덩이를 열자, 마치 큰 용광로에서 내뿜듯이 연기가 솟아올랐습니다. 그 연기 때문에 태양과 하늘이 어두워졌습니다.

3 잠시 후, 그 연기 속에서 메뚜기 떼가 나와 모든 땅에 퍼졌습니다. 이 메뚜기 떼는 전갈처럼 쏘는 독을 갖고 있었는데,

4 땅의 모든 풀과 나무는 해치지 말고, 오직 이마에 하나님의 도장이 찍히지 않은 사람들만 해치라는 명령을 받았습니다.

5 그러나 그들을 죽이지는 말고, 전갈에게 쏘인 것처럼 다섯 달 동안, 아픔에 시달리게 하라고 하셨습니다.

6 사람들은 그 고통을 못 이겨 죽고 싶어 하지만, 마음대로 죽을 수조차 없을 것입니다. 왜냐하면 죽음이 그들을 피해 멀리 달아날 것이기 때문입니다.

* 9:1 바닥이 없는

본서에 나오는 심판은 영적이고 상징적으로 해석해야 한다. 무저갱에서 피어오른 연기 사이에서 나오는 황충 또한 영적이며 상징적 존재이기 때문에 황충을 실제로 보게 될 경우는 없을 것이다. 이들은 하나님의 허락 아래서 마귀가 사람들을 고통스럽게 만들기 위해 세상에 보낸 악한 영적 존재이다.

황충이 사람들을 공격할 때 사용하는 '쏘는 살'은 '쏘는 것'과 같은 단어이다(고전 15:56_사망의 쏘는 것은 죄). 사망은 죄라는 '침'으로 사람들을 찔러 죽음에 이르게 한다. 황충이 사람들을 공격하는 무기 또한 죄로 인한 욕심이다. 그래서 바울은 "돈을 사랑함이 일만 악의 뿌리가 되나니 이것을 탐내는 자들은 … 많은 근심으로써 자기를 찔렀도다"(딤전 6:10)라고 말한다. 즉 죄로 인한 탐욕은 인간 스스로 자신을 고통하게 만드는 '쏘는 침'과 같다. 인간이 욕심 때문에 자신과 타인을 고통스럽게 만드는 것은 영적으로는 마귀가 보낸 황충에 쏘이는 영적 심판의 결과인 것이다.

> **무릎 기도** 하나님, 욕심이 만들어 낸 고통을 통해 욕심의 근원이 되는 죄악을 회개하고 하나님만을 의지하고 사랑하게 하소서.

ESV - Revelation 8-9

13 Then I looked, and I heard an eagle crying with a loud voice as it flew directly overhead, "Woe, woe, woe to those who dwell on the earth, at the blasts of the other trumpets that the three angels are about to blow!"

1 And the fifth angel blew his trumpet, and I saw a star fallen from heaven to earth, and he was given the key to the shaft of the bottomless pit.*

2 He opened the shaft of the bottomless pit, and from the shaft rose smoke like the smoke of a great furnace, and the sun and the air were darkened with the smoke from the shaft.

3 Then from the smoke came locusts on the earth, and they were given power like the power of scorpions of the earth.

4 They were told not to harm the grass of the earth or any green plant or any tree, but only those people who do not have the seal of God on their foreheads.

5 They were allowed to torment them for five months, but not to kill them, and their torment was like the torment of a scorpion when it stings someone.

6 And in those days people will seek death and will not find it. They will long to die, but death will flee from them.

* 9:1 Greek *the abyss*; also verses 2, 11

---

13 overhead 하늘 높이 woe to …에게 화 있을진저 dwell 살다 blast 소리   1 shaft 수직 통로 bottomless 바닥이 안 보이는 pit 구덩이   2 furnace 용광로   3 locust 메뚜기 scorpion 전갈   4 seal 봉인, 도장 forehead 이마   5 allow 허락하다 torment 고통 sting 쏘다   6 long to do …하고 싶은 생각이 간절하다 flee 도망하다

24
월   일

황충의 자세한 모습과 그들의 왕

요한계시록 9:7-11 · 새찬송 348장 | 통일 388장

• 말씀묵상 전에 성령님의 인도하심을 구하는 기도를 드리십시오.

> **본문요약** ㅣ 요한은 무저갱에서 나온 황충들을 자세히 묘사한다. 그들은 전쟁의 군마 같고, 금 면류관 같은 것을 썼으며, 사람의 얼굴 같고, 긴 머리털이 있고, 사자의 이빨 같은 이빨이 있다. 또한 호심경이 있고, 엄청난 날개 소리를 내며, 전갈과 같이 쏘는 살로 사람들을 해한다. 이들의 왕은 무저갱의 사자인 아볼루온임이 밝혀진다.

7 황충들의 모양은 전쟁을 위하여 준비한 말들 같고 그 머리에 금 같은 관 비슷한 것을 썼으며 그 얼굴은 사람의 얼굴 같고

8 또 여자의 머리털 같은 머리털이 있고 그 이빨은 사자의 이빨 같으며

9 또 철 호심경 같은 호심경이 있고 그 날개들의 소리는 병거와 많은 말들이 전쟁터로 달려 들어가는 소리 같으며

10 또 전갈과 같은 꼬리와 쏘는 살이 있어 그 꼬리에는 다섯 달 동안 사람들을 해하는 권세가 있더라

11 그들에게 왕이 있으니 무저갱의 사자라 히브리어로는 그 이름이 아바돈이요 헬라어로는 그 이름이 아볼루온이더라

1. 오늘 하나님께서 나에게 주신 깨달음은 무엇입니까?

2 말씀을 어떻게 내 삶에 구체적으로 적용해야 합니까?

절별 해설

7 말들 같고 원문을 보면 7-10절에서 황충을 묘사하면서 '~같고'라는 표현을 9번이나 사용한다. 이것은 황충이 영적 존재이기 때문에 눈에 보이는 사물에서 비슷한 특징을 찾아 비유할 수밖에 없기 때문이다. 고대의 말은 강력한 군사력을 의미했으므로 황충을 말 같다고 비유한 것은 여기서는 강력한 전투력을 의미한다(욜 2:4).

금 같은 관 비슷한 것 이들은 금이나 면류관 같은 모조품을 쓰고 있다. 황충이 승리자의 모습을 흉내 내고 있음을 의미한다.

사람의 얼굴 같고 황충은 사람과 같은 인격적 측면을 가지고 있다.

8 머리털이 있고 구약성경에서 긴 머리털은 슬픔이나 부정함을 상징하는 부정적인 이미지를 가지고 있다(민 5:18; 레 10:6). 황충이 부정한 존재임을 암시한다.

사자의 이빨 사자의 이빨은 먹이를 놓치지 않는 강력한 맹수의 특징을 상징한다(욜 1:6). 황충 또한 먹잇감으로 삼은 존재를 반드시 먹어 치울 것임을 의미한다.

9 호심경 가슴을 보호하기 위해 착용하는 철로 만든 갑옷인 흉갑을 의미한다. 이들은 공격으로부터도 자신을 잘 방어할 채비를 하고 있음을 보여준다.

날개들의 소리 황충들이 함께 날 때 나는 소리가 전쟁터의 수많은 병거 소리와 같아서 큰 공포를 야기한다(욜 2:5).

10 전갈과 같은 꼬리와 쏘는 살 이 내용을 반복하는 이유는 이들의 공격 무기의 확실함과 위력을 강조하기 위함이다(9:5). 원문을 보면 7-9절의 황충에 관한 묘사는 전부 과거형으로 되어 있는데 이곳의 동사만 현재형이 사용되어 황충의 공격 행위가 현재적으로 계속 진행되고 있음을 의미한다. '쏘는 살'은 곤충의 침(고전 15:55)이나 황소를 모는 막대기(행 26:14) 등에 사용되는데 사람들은 이 침에 쏘임을 당하면 죽기를 원할 정도로 고통스럽게 된다(9:5).

11 무저갱의 사자 '하늘에서 땅에 떨어진 별'(9:1)이라고 설명했던 마귀를 의미한다.

아바돈 히브리어로 '멸망'을 의미한다(시 88:11).

아볼루온 '파괴자' 혹은 '멸망시키는 자'라는 뜻이다. 이것은 적그리스도를 '멸망의 아들'이라고 부르는 것과 연관되며(살후 2:3) 인간을 영적으로 공격해 파멸에 이르게 하는 주동자인 마귀를 지칭한다.

7 그 메뚜기 떼의 모양은 마치 전쟁 준비를 끝낸 말들처럼 보였습니다. 머리에는 금관 같은 것을 쓰고, 얼굴은 사람의 얼굴 같았습니다.

8 여자처럼 긴 머리털을 하고, 이빨은 사자 이빨처럼 생겼으며,

9 쇠로 된 방패막이가 가슴을 덮고 있는 듯했습니다. 또 날개 소리는 많은 전차와 말들이 전쟁터로 달려가는 소리처럼 들렸습니다.

10 꼬리에는 전갈처럼 쏘는 가시가 달려 있었는데, 그 꼬리에 다섯 달 동안, 사람들을 괴롭힐 수 있는 힘이 있었습니다.

11 이 메뚜기들의 왕은 밑바닥 없는 구덩이의 수호자로, 히브리어로는 아바돈, 그리스어로는 아볼루온이라는 이름을 가지고 있었습니다.

교회 시대에 마귀는 활동이 제한되지만 또한 활발하게 활동하는 모순적 모습을 보인다. 마귀의 활동이 제한된 모습을 본서는 '무저갱에 감금되어 있는 것'으로 묘사한다(20:3). 그러나 활발하게 활동하는 모습은 교회를 핍박하고(12:13), 증인들을 죽이며(11:7), 세상의 왕들을 속여 전쟁을 일으키기 위해 군사를 모으는(16:14) 행위로 묘사된다. 하나님이 하나님 나라의 완성을 위해 마귀를 잠시 사용하시기 때문에 이런 상반된 모습이 나타나는 것이다.

마귀는 하나님이 허용하신 범위 아래서만 활동할 수 있다. 마귀는 자신의 속성대로 속이며, 이간질하고, 파괴하고, 사람들을 괴롭히며, 하나님을 대적하게 만든다. 하나님은 이런 속성을 사용하셔서 마귀가 세상을 심판하는 도구가 되도록 허용하신다. 또한 성도들은 이런 마귀의 유혹과 핍박을 받으며 죄의 비참함과 하나님의 능력을 경험하게 된다. 마귀의 영적 공격이 강력하더라도 성도는 하나님의 보호와 은혜 아래서 믿음을 가진 존재로 성장할 수 있다.

> **무릎기도** 하나님, 마귀의 공격조차 하나님의 권세 아래 있음을 믿고 낙심하지 않게 하소서. 오히려 정금과 같은 믿음을 가진 자로 변화되도록 도우소서.

ESV - Revelation 9

7 In appearance the locusts were like horses prepared for battle: on their heads were what looked like crowns of gold; their faces were like human faces,

8 their hair like women's hair, and their teeth like lions' teeth;

9 they had breastplates like breastplates of iron, and the noise of their wings was like the noise of many chariots with horses rushing into battle.

10 They have tails and stings like scorpions, and their power to hurt people for five months is in their tails.

11 They have as king over them the angel of the bottomless pit. His name in Hebrew is Abaddon, and in Greek he is called Apollyon.*

* 9:11 *Abaddon* means *destruction*; *Apollyon* means *destroyer*

7 in appearance 보기에는 locust 메뚜기   9 breastplate 가슴받이 chariot 전차 rush 돌진하다   10 tail 꼬리 sting 쏘다 scorpion 전갈   11 bottomless 바닥이 안 보이는 pit 구덩이

25

월 일

심판을 위해 준비된 2억의 마병대

요한계시록 9:12-16 · 새찬송 14장 | 통일 30장

• 말씀묵상 전에 성령님의 인도하심을 구하는 기도를 드리십시오.

본문요약 | 다섯 번째 나팔 재앙이 지나갔지만 앞으로 두 개의 화가 더 남았음이 경고된다. 여섯 번째 나팔이 불리자 유브라데강에 결박당해 있던 네 천사를 놓아주라는 음성이 들린다. 그 천사들은 하나님이 정하신 때에 사람 삼분의 일을 죽이기로 작정된 자들로 그 수는 2억이다.

12 첫째 화는 지나갔으나 보라 아직도 이 후에 화 둘이 이르리로다
13 여섯째 천사가 나팔을 불매 내가 들으니 하나님 앞 금 제단 네 뿔에서 한 음성이 나서
14 나팔 가진 여섯째 천사에게 말하기를 큰 강 유브라데에 결박한 네 천사를 놓아 주라 하매
15 네 천사가 놓였으니 그들은 그 년 월 일 시에 이르러 사람 삼분의 일을 죽이기로 준비된 자들이더라
16 마병대의 수는 ¹⁾이만 만이니 내가 그들의 수를 들었노라

1. 오늘 하나님께서 나에게 주신 깨달음은 무엇입니까?

2. 말씀을 어떻게 내 삶에 구체적으로 적용해야 합니까?

1) 또는 이억이니

절별 해설

12 첫째 화는 지나갔으나 다섯 번째 나팔을 불기 전에 독수리를 통해 세 가지 화가 있을 것이라고 예고되었다(8:13). '첫째 화'는 9:1-11에 나온 다섯 번째 나팔 심판을 의미하고 이후에 임할 두 개의 화는 각각 여섯 번째와 일곱 번째 나팔 심판을 의미한다. 다섯 번째부터 일곱 번째의 나팔 심판에 각각 '화'를 붙여 따로 소개하는 이유는 다음과 같다. 이 심판은 영적인 것으로 인간에게 극심한 고통과 파괴를 야기하는 특별한 재앙이기 때문이다.

13 여섯째 천사 여섯 번째 천사의 나팔은 세상 사람들의 삼분의 일을 죽이는 네 천사의 결박을 푸는 역할을 한다.
하나님 앞 세상에 임하는 모든 심판은 하나님의 주권 아래 이루어지는 것임을 보여준다.
금 제단 네 뿔 '금 제단'은 성도의 기도가 바쳐지는 하나님 앞의 제단이다(8:3). '네 뿔'은 제단의 사방 모퉁이에 달린 뿔로 이는 하나님의 권세와 능력을 상징한다(시 18:2). 네 뿔에서 음성이 나오는 것은 여섯째 나팔 심판이 하나님의 권세 아래 시행되는 것임을 보여준다.

14 큰 강 유브라데 2,680km의 유브라데강은 서남아시아에서 가장 긴 강으로, 창세기의 에덴동산에서 발원한 네 개의 지류 중 하나이다(창 2:14). 구약에서 이스라엘이 유브라데까지 영토를 확장한 때는 솔로몬 왕 때뿐이었는데(대하 9:26) 하나님은 그의 백성에게 유브라데까지 주시겠다고 계속 언급하셨다(창 15:18). 그 이유는 유브라데강 너머에는 강한 세상의 힘을 상징하는 앗수르와 바벨론이 있었기 때문이다. 즉 유브라데는 하나님 나라와 세상을 구별하는 경계선이라는 영적 의미가 있다.
결박한 네 천사 '결박한'은 '하나님에 의해 예전부터 결박당해 있던'의 의미로 이들은 악한 천사들임을 알 수 있다(마 12:29).

15 그 년 월 일 시 특정한 시간이 아니라 하나님이 정하신 하나님의 때를 의미한다.
사람 삼분의 일을 죽이기로 준비된 이들은 하나님이 정하신 삼분의 일이라는 한계 내에서만 사람들을 죽이는 것이 허용된다. 죽임을 당하는 자보다 살아남는 자가 많다는 것으로 미루어 이것이 완전한 심판이 아닌 세상에 경고의 의미로 임하는 심판임을 알 수 있다.

16 마병대의 수는 이만 만 '마병대'는 유브라데강 너머에 살던 기마 민족인 파르티안 족속의 이미지를 가져온 것이다. 로마는 파르티안 족속의 공격으로 큰 패배를 맛본 적이 있기에 이들이 유브라데강을 넘어 다시 공격해 올 것에 대한 두려움이 있었다. '이만 만'은 2억으로 성경에서 자주 사용되는 '천천'이나 '만만'처럼 헤아릴 수 없는 엄청난 숫자를 의미한다.

---

12 첫 번째 재난은 지나갔지만, 아직도 두 번의 재난이 남아 있습니다.

13 여섯 번째 천사가 나팔을 불자, 하나님 앞에 있는 금 제단의 뿔에서 한 음성이 들렸습니다.

14 그 음성은 나팔을 가진 여섯 번째 천사에게 말했습니다. "큰 유프라테스강에 매여 있는 네 천사를 풀어 주어라."

15 그 천사들은 그해, 그달, 그날, 그때를 위해 예비된 자들이었습니다. 이제 그들은 풀려나 이 땅의 삼분의 일에 이르는 사람들을 죽일 것입니다.

16 나는 그들이 이끌 기병대의 수가 이억이나 된다는 소리를 들었습니다.

가나안에 한때 존재했던 작은 나라 이스라엘의 역사가 왜 그토록 중요하게 구약성경에 기록되어 있는지 의문을 가지는 사람들이 있다. 세계사에서 별로 중요하지 않은 이스라엘의 오래된 역사를 지금 우리가 알 필요가 없다고 생각하기 때문이다. 그러나 구약의 이스라엘 역사는 하나님 나라를 이해하기 위해 꼭 필요하다. 이스라엘의 역사를 알아야 지금 하나님이 하나님 나라를 통치하시는 방법과 그 나라가 확장되는 과정을 이해할 수 있다.

구약에 자주 등장하는 유브라데강도 이런 하나님 나라의 모습을 보여주기 위한 지리적 모형이다. 유브라데강 너머에는 이스라엘과는 비교할 수 없이 강력한 앗수르나 바벨론이 존재했다. 그런데 하나님은 이스라엘이 마치 그들과 대등한 나라인 것처럼 유브라데까지를 이스라엘의 경계선으로 정하셨다. 이는 강력한 힘을 기반으로 한 세상의 나라와 하나님의 나라가 구별된다는 것을 보여준다. 하나님의 나라는 세상의 힘이 아닌 하나님의 통치 아래서 안전하게 보호된다.

> **무릎 기도** | 하나님, 힘의 논리가 지배하는 세상 속에서 하나님 백성으로 하나님의 통치를 신뢰하며 살아갈 수 있는 믿음을 주소서.

ESV - Revelation 9

12 The first woe has passed; behold, two woes are still to come.

13 Then the sixth angel blew his trumpet, and I heard a voice from the four horns of the golden altar before God,

14 saying to the sixth angel who had the trumpet, "Release the four angels who are bound at the great river Euphrates."

15 So the four angels, who had been prepared for the hour, the day, the month, and the year, were released to kill a third of mankind.

16 The number of mounted troops was twice ten thousand times ten thousand; I heard their number.

12 woe 재앙 behold 보다 13 blow 불다 horn 뿔 altar 제단 14 release 풀어 주다 bind 묶다 15 mankind 사람들
16 mounted troops 기마 부대

26 _{월 일} 불과 연기와 유황으로 심판하는 마병대

요한계시록 9:17-21 • 새찬송 372장 | 통일 420장

• 말씀묵상 전에 성령님의 인도하심을 구하는 기도를 드리십시오.

본문요약 ㅣ 여섯 번째 천사가 유브라데에 결박당했던 네 천사를 풀어 주자 2억에 달하는 마병대가 나타난다. 이들은 불빛과 자줏빛과 유황빛 호심경을 착용하고, 입에서 나오는 불과 연기와 유황으로 사람들 삼분의 일을 죽인다. 이런 재앙에도 남은 사람들은 회개하지 않고 계속해서 우상 숭배와 악한 행위들을 행한다.

---

17 이같은 환상 가운데 그 말들과 그 위에 탄 자들을 보니 불빛과 자줏빛과 유황빛 호심경이 있고 또 말들의 머리는 사자 머리 같고 그 입에서는 불과 연기와 유황이 나오더라

18 이 세 재앙 곧 자기들의 입에서 나오는 불과 연기와 유황으로 말미암아 사람 삼분의 일이 죽임을 당하니라

19 이 말들의 힘은 입과 꼬리에 있으니 꼬리는 뱀 같고 또 꼬리에 머리가 있어 이것으로 해하더라

20 이 재앙에 죽지 않고 남은 사람들은 손으로 행한 일을 회개하지 아니하고 오히려 여러 귀신과 또는 보거나 듣거나 다니거나 하지 못하는 금, 은, 동과 목석의 우상에게 절하고

21 또 그 살인과 복술과 음행과 도둑질을 회개하지 아니하더라

1. 오늘 하나님께서 나에게 주신 깨달음은 무엇입니까?

2. 말씀을 어떻게 내 삶에 구체적으로 적용해야 합니까?

절별 해설

17 말들과 그 위에 탄 자들 17-19절은 사람들을 죽이는 마병대를 묘사한다. 이 부분은 말들과 비슷한 외형, 해하는 꼬리, 사자의 외양, 호심경, 심판의 영적 도구라는 점에서 황충에 대한 묘사와 유사하다(9:7-10). 따라서 마병대 또한 심판을 위해 사용되는 마귀의 영적 세력임을 의미한다.

불빛과 자줏빛과 유황빛 호심경 호심경의 색은 말들과 그 위에 탄 자들이 사람들을 해하는 도구인 '불과 연기와 유황'의 색과 일치한다. 이 색들은 심판자로서 마병대의 역할을 보여준다.

사자 고대의 가장 무서운 맹수이면서 또한 하나님의 심판을 상징한다(렘 5:6).

18 불과 연기와 유황 욥기에는 리워야단이라는 이름의 용이 입에서 불길을 내뿜는다(욥 41:19-21). 불을 뿜는 용에 대한 전설은 고대로부터 중세에 이르기까지 사람들을 위협해 왔다. 또한 불과 유황은 소돔과 고모라를 멸망시킨 하나님의 심판의 도구였으며(창 19:24) 지옥을 상징한다(20:10). 따라서 '불과 연기와 유황'은 하나님이 세상을 심판하기 위해 마귀 세력을 통해 지옥의 영향력을 세상에 보내심을 의미한다.

19 힘 이곳의 '힘'은 사람들을 죽이거나 해하는 능력이다.

꼬리는 뱀 같고 로마를 위협하던 기마 민족인 파르티안 족속은 말 꼬리를 묶어서 뱀처럼 위협적으로 보이도록 만들었다. '뱀'은 성경에서 마귀의 세력을 상징하기 때문에 이 존재는 마귀와 깊은 연관이 있음을 의미한다.

20 남은 사람들 마병대의 공격에도 살아남은 삼분의 이의 사람들을 말한다.

회개하지 아니하고 남은 삼분의 이의 사람들에게는 기회가 주어졌지만 여전히 회개하지 않고 우상 숭배를 하며 악한 행위를 버리지 않는다. 이것은 하나님이 이스라엘의 출애굽을 위해 애굽에 열 가지 재앙을 내리셨지만 바로가 마음을 완악하게 하고 회개하지 않았던 모습과 유사하다(출 8:19).

21 살인과 복술과 음행과 도둑질 이 목록은 십계명의 여섯 번째, 세 번째, 일곱 번째, 여덟 번째의 금지 계명과 일치한다. 이는 자기 욕망을 위해 우상 숭배하는 사람들이 당연시하던 것들로 고대의 로마와 헬라 시대에 일반적으로 볼 수 있는 행위였다(롬 1:29-31).

17 환상 중에 나는 그 말들과 말 탄 자들을 보았습니다. 그들은 가슴에 타는 듯한 붉은빛, 푸른빛, 유황처럼 노란빛의 방패 막이를 하고 있었고, 말들의 머리는 사자의 머리와 같았고, 그 입에서 불과 연기와 유황이 뿜어져 나왔습니다.

18 이 불과 연기와 유황으로 이 땅의 삼분의 일에 이르는 사람들이 죽었습니다.

19 또한 말들의 입뿐 아니라 꼬리에도 힘이 있어, 머리 달린 뱀처럼 생긴 꼬리가 사람들을 물어 상처를 입혔습니다.

20 그러나 이 재앙에 살아남은 자들은 여전히 회개하지 않고, 손으로 만든 우상에게 가서 빌었습니다. 그들은 귀신을 섬기고, 금, 은, 돌, 청동, 나무로 만든 보지도, 듣지도, 걷지도 못하는 우상들을 향해 절하였습니다.

21 또한 살인과 마술과 음란과 도적질하기를 계속하며 마음을 돌이키지 않았습니다.

저자의 **묵상**

신자나 불신자나 세상에서 재앙이나 환난을 똑같이 당한다. 그러나 신자는 환난을 통해 우상 숭배와 죄악의 행위를 회개하지만 불신자는 절대로 회개하지 않고 오히려 더 깊은 우상 숭배와 악으로 빠져든다는 것이 결정적 차이일 것이다. 즉 신자와 불신자의 차이는 재난의 유무가 아닌 회개의 유무로 달라지는 것이다.

회개는 하나님의 은혜의 작용이며, 성령의 역사로 말미암은 결과이다. 따라서 아무리 무서운 재앙을 만나도 불신자는 회개할 수 없다. 그러나 신자는 재앙으로 말미암은 고통을 통해 자신의 영혼에 깊이 숨겨져 있던 우상 숭배의 근원을 발견하고 회개하여 강력한 힘으로부터 벗어나게 된다. 그 결과가 하나님을 기쁘시게 하는 선한 행동으로 나타나는 것이다. 어려운 일을 통해 회개하는 자신을 발견한다면 하나님의 백성임이 증명된 것으로 기뻐해야 할 것이다.

> **무릎기도** 하나님, 세상에서 만나는 어려운 일을 통해 우상 숭배와 죄악을 깨닫습니다. 회개의 영을 부어 주사 거룩하고 정결하게 하소서.

ESV - Revelation 9

17 And this is how I saw the horses in my vision and those who rode them: they wore breastplates the color of fire and of sapphire* and of sulfur, and the heads of the horses were like lions' heads, and fire and smoke and sulfur came out of their mouths.

18 By these three plagues a third of mankind was killed, by the fire and smoke and sulfur coming out of their mouths.

19 For the power of the horses is in their mouths and in their tails, for their tails are like serpents with heads, and by means of them they wound.

20 The rest of mankind, who were not killed by these plagues, did not repent of the works of their hands nor give up worshiping demons and idols of gold and silver and bronze and stone and wood, which cannot see or hear or walk,

21 nor did they repent of their murders or their sorceries or their sexual immorality or their thefts.

* 9:17 Greek hyacinth

17 ride 타다 breastplate 가슴받이 sulfur 유황 18 plague 재앙 mankind 사람들 19 tail 꼬리 serpent 큰 뱀 by means of …을 써서 wound 상처를 입히다 20 repent 회개하다 give up 그만두다 demon 귀신 idol 우상 21 murder 살인 sorcery 마술 immorality 부도덕 theft 도둑질

27

월　일

힘센 천사의 외침과 일곱 우레의 소리

요한계시록 10:1-7 · 새찬송 453장 | 통일 506장

• 말씀묵상 전에 성령님의 인도하심을 구하는 기도를 드리십시오.

> **본문요약 |** 하늘의 영광과 권세를 덧입은 힘센 천사가 외칠 때에 일곱 우레가 소리를 낸다. 요한은 그것을 기록하지 말라는 말씀을 듣는다. 그 천사는 살아계시며 창조주이신 하나님께 맹세하여 하나님의 비밀이 복음과 같이 지체하지 않고 이루어질 것이라고 말한다.

1 내가 또 보니 힘 센 다른 천사가 구름을 입고 하늘에서 내려오는데 그 머리 위에 무지개가 있고 그 얼굴은 해 같고 그 발은 불기둥 같으며

2 그 손에는 펴 놓인 작은 두루마리를 들고 그 오른 발은 바다를 밟고 왼 발은 땅을 밟고

3 사자가 부르짖는 것 같이 큰 소리로 외치니 그가 외칠 때에 일곱 우레가 그 소리를 내어 말하더라

4 일곱 우레가 말을 할 때에 내가 기록하려고 하다가 곧 들으니 하늘에서 소리가 나서 말하기를 일곱 우레가 말한 것을 인봉하고 기록하지 말라 하더라

5 내가 본 바 바다와 땅을 밟고 서 있는 천사가 하늘을 향하여 오른손을 들고

6 세세토록 살아 계신 이 곧 하늘과 그 가운데에 있는 물건이며 땅과 그 가운데에 있는 물건이며 바다와 그 가운데에 있는 물건을 창조하신 이를 가리켜 맹세하여 이르되 1)지체하지 아니하리니

7 일곱째 천사가 소리 내는 날 그의 나팔을 불려고 할 때에 하나님이 그의 종 선지자들에게 전하신 복음과 같이 하나님의 그 비밀이 이루어지리라 하더라

1. 오늘 하나님께서 나에게 주신 깨달음은 무엇입니까?

2. 말씀을 어떻게 내 삶에 구체적으로 적용해야 합니까?

---

1) 또는 시간이 다시 없으리니

절별 해설

1 내가 또 보니 여섯 번째(9:13-21)와 일곱 번째(11:15-19) 나팔 심판 사이에 들어 있는 10:1-11:14은 본서에서 두 번째로 삽입된 부분으로 첫 번째처럼 하나님의 백성에 관한 내용이다.

힘 센 다른 천사 앞에 언급된 '힘있는 천사'(5:2)와는 다른 대천사 중 한 명이다. 첫 장에 묘사된 예수님의 형상과 유사하여(1:12-16) 예수님의 사역을 대행하는 자임을 알 수 있다.

하늘에서 내려오는데 앞 장에 등장하는 마귀의 세력인 '하늘에서 땅에 떨어진 별'(9:1)이나 '유브라데에 결박한 네 천사'와는 다르게 이 천사는 하나님의 권위를 덧입고 온 존재이다.

무지개 하나님의 현현을 묘사할 때 사용되는 상징(겔 1:28)으로 하나님의 영광스러움을 닮은 존재임을 의미한다.

발은 불기둥 같으며 예수님의 심판하시는 권세를 보여주기 위해 발을 풀무에 단련한 빛난 주석처럼 묘사한 것과 같은 의미이다(1:15).

2 작은 두루마리 앞에서의 두루마리는 성도의 구원과 세상의 심판에 초점을 맞추었지만, 여기서는 요한의 예언 사역에 초점을 맞추기 때문에 '작은 두루마리'라고 부른다.

3 사자가 부르짖는 것 하나님의 권세 있는 말씀이 선포되는 것을 의미한다(호 11:10).

일곱 우레 우렛소리는 만물을 창조하신 주권자로서의 하나님의 위엄을 찬양하는 시편을 배경으로 한다(시 29:3). 하나님이 새 창조를 이루실 권세가 있는 분임을 보여준다.

4 기록하지 말라 요한은 일곱 우렛소리를 인, 나팔, 대접 심판과 같은 종류로 생각하고 기록하려고 한다. 그러나 일곱 우렛소리는 세상에 재앙을 가져오는 다른 심판과는 다르다. 10-11장을 보면 사람들은 심판이 아니라 교회를 통해 선포되는 하나님의 말씀으로 회개한다. 일곱 우렛소리는 백성의 회개를 촉구하는 하나님의 권위 있는 말씀 선포이기 때문에 다른 심판처럼 기록하지 않아도 된다.

6 세세토록 살아 계신 이, 창조하신 이 천사는 맹세의 대상이 되시는 하나님을 두 가지 호칭으로 언급한다. '세세토록 살아 계신 이'는 구약에서 맹세할 때 살아계신 하나님의 신실하심과 심판 아래 약속함을 의미한다(삿 8:19). '창조하신 이'는 창조주만이 만물에 대한 주권을 행사할 수 있으며 또한 심판을 통해 새 창조를 이루실 수 있음을 고백하는 것이다.

7 하나님의 그 비밀이 이루어지리라 '하나님의 비밀'은 구속과 심판을 완성시키는 하나님 나라의 완성에 관한 내용이다. 이것은 '복음'과 같은 것으로 언급되는데 그 이유는 복음이 하나님 나라의 완성을 목적으로 선포된 것이기 때문이다.

1 그 후에 나는 또 다른 힘센 천사 하나가 하늘에서 내려오는 것을 보았습니다. 그는 구름에 휩싸여 있었고, 머리 위로는 무지개가 떠 있었습니다. 얼굴은 마치 태양처럼 빛났으며, 발은 불기둥 같았습니다.

2 그 천사의 손에는 펼쳐진 작은 두루마리 하나가 쥐어져 있었습니다. 그 천사는 오른발로 바다를 밟고, 왼발로는 땅을 밟고 섰습니다.

3 그가 사자처럼 큰 소리로 부르짖자, 일곱 천둥의 음성이 들려왔습니다.

4 내가 천둥이 하는 말을 받아 적으려 하자, 하늘로부터 한 음성이 들려왔습니다. "일곱 천둥이 말하는 것을 기록하지 마라. 그것을 비밀로 하여라."

5 바다와 땅을 밟고 있던 천사가 하늘을 향해 오른손을 높이 들었습니다.

6 그는 영원히 살아계시며, 하늘과 땅과 바다와 그 안에 모든 것을 지으신 하나님의 능력 앞에 맹세하며 이렇게 말했습니다. "더 이상 기다리지 않을 것이다!

7 일곱 번째 천사가 나팔을 부는 날, 하나님의 비밀스런 계획은 이루어질 것이다. 이 계획은 하나님께서 그의 종들과 예언자들을 통해 이미 말씀하신 것이다."

하나님이 성도를 회개의 자리로 부르시는 가장 중요한 도구는 하나님의 말씀이다. 성도가 고난을 당하더라도 말씀을 통해 그 고난의 의미를 깨닫지 못하면 바르게 회개할 수 없다. 불신자들은 재난을 통해 경고를 받아도 회개하지 않으며, 하나님의 말씀을 들어도 강퍅하게 반응한다. 그러나 참 신자는 하나님의 말씀 앞에서 욕망과 죄악이 드러날 때 회개하게 된다.

고난은 성도가 자신만이 옳다고 생각하며 살던 삶을 멈추고 겸손하고 온유하게 만든다. 마음이 겸손할 때만이 하나님의 말씀을 받아들여 자신의 우상 숭배와 죄악을 회개할 수 있다. 결국 성도가 회개하는 데 있어서 고난과 말씀은 필수 불가결한 요소이다. 회개하는 성도만이 하나님 나라의 비밀을 깨닫고 믿을 수 있다. 눈에 보이는 세상에 대한 욕심으로 가득한 사람은 이 세상이 심판당하며 하나님의 나라가 임할 것을 받아들일 수 없기 때문이다.

> **무릎 기도** | 하나님, 고난을 통해 강퍅한 마음을 온유하게 만들어 주셔서 말씀에 순종하게 하소서. 심판을 보며 하나님의 나라가 임할 것을 소망하는 마음을 주소서.

ESV - Revelation 10

1 Then I saw another mighty angel coming down from heaven, wrapped in a cloud, with a rainbow over his head, and his face was like the sun, and his legs like pillars of fire.

2 He had a little scroll open in his hand. And he set his right foot on the sea, and his left foot on the land,

3 and called out with a loud voice, like a lion roaring. When he called out, the seven thunders sounded.

4 And when the seven thunders had sounded, I was about to write, but I heard a voice from heaven saying, "Seal up what the seven thunders have said, and do not write it down."

5 And the angel whom I saw standing on the sea and on the land raised his right hand to heaven

6 and swore by him who lives forever and ever, who created heaven and what is in it, the earth and what is in it, and the sea and what is in it, that there would be no more delay,

7 but that in the days of the trumpet call to be sounded by the seventh angel, the mystery of God would be fulfilled, just as he announced to his servants the prophets.

---

1 wrap in …으로 감싸다 pillar 기둥 2 scroll 두루마리 3 call out 소리 지르다 roar 포효하다 4 be about to do 막 … 하려는 참이다 seal 봉인하다 6 swear by …의 이름으로 맹세하다 delay 지연하다 7 fulfill 실행하다 announce 알리다 servant 종 prophet 선지자

28
월 일

두루마리에 적힌 복음을 전할 사명

요한계시록 10:8-11 · 새찬송 202장 | 통일 241장

• 말씀묵상 전에 성령님의 인도하심을 구하는 기도를 드리십시오.

본문요약 ㅣ 하늘의 음성이 요한에게 말하기를 바다와 땅을 밟고 서 있는 천사에게서 두루마리를 가지라고 한다. 천사는 이 두루마리가 요한의 배에는 쓰나 입에는 꿀같이 달 것이라고 말하고 그대로 된다. 천사는 요한에게 세상의 모든 사람에게 예언해야 한다고 말한다.

8 하늘에서 나서 내게 들리던 음성이 또 내게 말하여 이르되 네가 가서 바다와 땅을 밟고 서 있는 천사의 손에 펴 놓인 두루마리를 가지라 하기로

9 내가 천사에게 나아가 작은 두루마리를 달라 한즉 천사가 이르되 갖다 먹어 버리라 네 배에는 쓰나 네 입에는 꿀 같이 달리라 하거늘

10 내가 천사의 손에서 작은 두루마리를 갖다 먹어 버리니 내 입에는 꿀 같이 다나 먹은 후에 내 배에서는 쓰게 되더라

11 그가 내게 말하기를 네가 많은 백성과 나라와 방언과 임금에게 다시 예언하여야 하리라 하더라

1. 오늘 하나님께서 나에게 주신 깨달음은 무엇입니까?

2. 말씀을 어떻게 내 삶에 구체적으로 적용해야 합니까?

8 바다와 땅을 밟고 서 있는 천사 온 세상에 하나님의 권세를 대행하는 천사로 앞에 나온 이와 같은 천사이다(10:2).

두루마리를 가지라 이 두루마리는 하나님께로부터(5:1) 예수님이 취하셨고(5:7) 힘센 천사의 손에 들렸다가(10:2) 마침내 요한에게까지 주어진다. 이는 하나님 나라의 완성을 위한 복음과 심판에 관한 내용이 담긴 책으로, 예수님에 의해서 인이 다 떼어진 후에 교회의 대표자로 선정된 요한의 손에 위임되었음을 의미한다. 이 두루마리는 요한에게 주어진 사명의 측면을 강조할 때는 '작은 두루마리'로 언급되기도 한다(9절).

9 갖다 먹어 버리라 두루마리를 먹는다는 것은 그것을 읽고 묵상하고 적용하여 자신의 것으로 내면화한다는 의미이다.

네 배에는 쓰나 두루마리에는 심판을 통한 하나님 나라의 완성에 관한 복음이 담겨 있다. 따라서 이 말씀을 선포하면 세상의 핍박이 뒤따른다(행 9:16). 예수님은 제자들이 예수님의 이름으로 인해 모든 사람에게 미움을 받을 것이라고 예언하셨다(마 10:22). 구약의 선지자들도 하나님의 말씀을 받는 것은 기쁨이지만 그에 고통이 뒤따름을 고백했으며(렘 15:16-18) 바울은 디모데에게 "복음과 함께 고난을 받으라"(딤후 1:8)고 충고했다. 11장에서는 복음을 선포하는 교회가 당하는 핍박에 대해 두 증인이 굵은 베옷을 입고 예언을 할 때 해하려는 자들이 있을 것임을 말한다. 그리고 나중에는 무저갱으로부터 올라오는 짐승이 전쟁을 일으켜 죽게 될 것이라고 상징적으로 설명한다(11:3-7). 이것은 세상에 심판을 선포하는 것이 필연적으로 복음을 전하는 자의 핍박과 환난을 야기함을 뜻한다.

네 입에는 꿀 같이 달리라 에스겔 선지자도 애가와 재앙의 말이 기록된 두루마리 책을 말씀대로 먹자 그의 입에 꿀 같았다고 기록한다(겔 2:8-3:3). 말씀이 꿀같이 단 것은 하나님의 말씀을 받는 것이 큰 기쁨과 유익을 주는 것임을 의미한다(시 19:10).

11 많은 백성과 나라와 방언과 임금에게 다시 예언하여야 하리라 세상의 모든 사람을 의미한다. 본서에서 임금은 하나님을 대적하는 죄인들의 대표를 뜻한다(16:12). 이 목록은 심판으로도 회개하지 않는 모든 죄인들까지 포함한다(9:20-21). 회개하지 않는 세상 사람들에게까지 복음을 선포해야 하는 이유는 첫 번째로 세상 속에서 있지만 아직 복음을 듣지 못한 선택받은 하나님의 백성 때문이다(행 1:8). 두 번째로는 복음을 선포함으로 세상이 앞으로 당할 심판에 대해서 핑계 대지 못하게 하려 함이다(벧전 3:19-20).

8 하늘로부터 같은 음성이 들려왔습니다. "바다와 땅을 밟고 서 있는 천사에게 가서, 그 손에 있는 두루마리를 받아라."

9 나는 천사에게 가서, 그 작은 두루마리를 달라고 하였습니다. 천사는 내게 "이것을 받아먹어라. 배에 들어가면 쓰겠지만, 네 입에서는 꿀처럼 달 것이다" 하고 말했습니다.

10 나는 그 두루마리를 천사의 손에서 받아먹었습니다. 정말 입에서는 꿀처럼 달콤했지만, 먹고 나니 배 속이 쓰라리고 아팠습니다.

11 그때, "너는 많은 민족과 나라와 언어와 왕들에 대하여 다시 예언해야 한다"라는 음성이 들려왔습니다.

복음을 전할 사명이 요한에게 위임되었듯이 모든 성도에게 동일하게 위임되었다. 복음을 전하기 위해서는 먼저 '말씀이 꿀같이 달다'는 기쁨과 만족을 맛보아야 한다. 세상의 어떤 즐거움보다 말씀을 읽고 묵상하며 적용하는 것이 기뻐서 말씀을 주야로 묵상하여 체화해야 한다. 하나님의 말씀을 내면화한 사람만이 그 말씀의 능력과 은혜로 복음을 담대히 전할 수 있다.

두 번째는 '말씀을 전하는 것이 환난을 가져옴'을 받아들여야 한다. 복음은 죄에 대한 심판과 회개 촉구를 반드시 포함한다. 그런데 세상 사람들은 자기의 죄악을 지적받으면 오히려 화를 내고 부정한다. 자신이 죄인임을 인정하는 것은 오직 성령을 받은 사람에게만 가능한 은혜이다. 따라서 죄악과 심판을 선포하는 복음은 반드시 사람들의 거부와 핍박을 동반한다. 말씀이 주는 기쁨을 맛본 자만이 이런 반대에도 불구하고 복음을 계속 전할 수 있다.

> **무릎 기도** 하나님, 말씀으로 말미암은 기쁨과 만족을 먼저 충만하게 경험하게 하소서. 사람들의 거부와 핍박에도 불구하고 말씀의 능력으로 담대하게 복음을 전하게 하소서.

ESV - Revelation 10

8 Then the voice that I had heard from heaven spoke to me again, saying, "Go, take the scroll that is open in the hand of the angel who is standing on the sea and on the land."

9 So I went to the angel and told him to give me the little scroll. And he said to me, "Take and eat it; it will make your stomach bitter, but in your mouth it will be sweet as honey."

10 And I took the little scroll from the hand of the angel and ate it. It was sweet as honey in my mouth, but when I had eaten it my stomach was made bitter.

11 And I was told, "You must again prophesy about many peoples and nations and languages and kings."

8 scroll 두루마리   9 stomach 배   bitter 쓴   11 prophesy 예언하다

29
월   일

두 증인의 예언 사역

요한계시록 11:1-6 · 새찬송 500장 | 통일 258장

• 말씀묵상 전에 성령님의 인도하심을 구하는 기도를 드리십시오.

본문요약 | 천사는 요한에게 성전과 제단을 측량하되 바깥마당은 측량하지 말고 이방인이 짓밟게 두라고 말한다. 또한 두 증인에게 권세를 주어 그들이 예언을 하게 될 것이라고 한다. 누구라도 그들을 해하고자 하면 불로 삼켜 버리며, 비가 오지 않게 하고, 물을 피로 변하게 하는 등 재앙을 일으킬 것이다.

1 또 내게 지팡이 같은 갈대를 주며 말하기를 일어나서 하나님의 성전과 제단과 그 안에서 경배하는 자들을 측량하되

2 성전 바깥 마당은 측량하지 말고 그냥 두라 이것은 이방인에게 주었은즉 그들이 거룩한 성을 마흔두 달 동안 짓밟으리라

3 내가 나의 두 증인에게 권세를 주리니 그들이 굵은 베옷을 입고 천이백육십 일을 예언하리라

4 그들은 이 땅의 주 앞에 서 있는 두 감람나무와 두 ¹⁾촛대니

5 만일 누구든지 그들을 해하고자 하면 그들의 입에서 불이 나와서 그들의 원수를 삼켜 버릴 것이요 누구든지 그들을 해하고자 하면 반드시 그와 같이 죽임을 당하리라

6 그들이 권능을 가지고 하늘을 닫아 그 예언을 하는 날 동안 비가 오지 못하게 하고 또 권능을 가지고 물을 피로 변하게 하고 아무 때든지 원하는 대로 여러 가지 재앙으로 땅을 치리로다

1. 오늘 하나님께서 나에게 주신 깨달음은 무엇입니까?

2. 말씀을 어떻게 내 삶에 구체적으로 적용해야 합니까?

1) 헬, 등잔대니

절별 해설

1 지팡이 같은 갈대 '갈대'는 건물 등의 길이를 재는 도구로 3m 정도의 막대기이다.

하나님의 성전 예루살렘 성전은 지성소와 성소가 있는 건물을 중심으로 제사장의 뜰, 이스라엘의 뜰, 여인의 뜰이 있는 곳을 성전 안마당이라고 불렀다. 그 바깥에는 이방인들이 들어올 수 있는 성전 바깥마당이 있었다.

측량하되 에스겔 40-48장에 나오는 성전 측량의 환상을 배경으로 한다. 하나님의 보호의 대상을 미리 정하는 것을 의미한다.

2 성전 바깥 마당은 측량하지 말고 성전의 안마당은 영적인 교회를, 바깥마당은 지상의 교회를 의미한다. 즉 눈에 보이는 지상의 교회는 핍박과 환난을 당하도록 허용된 것이다.

이방인 하나님의 백성이 아닌 불신자들로 지상 교회를 핍박하는 것이 허용되었다.

마흔두 달 본서에는 '마흔 두 달', '천이백육십 일'(3절), '한 때와 두 때와 반 때'(12:14)와 같은 동일한 기간이 자주 나온다. 이는 예수님의 초림부터 재림까지의 교회 시대를 의미한다. 다니엘서에서 전체 역사를 의미하는 칠십 이레 중 성전 파괴 후의 남은 시간을 의미하는 '반 이레'(단 9:24-27)와 '한 때 두 때 반 때'(단 12:7)가 배경이다.

3 두 증인 이 세상에서 증인의 사역을 감당하는 교회를 상징한다. 증언을 하는 자는 두 명 이상이어야 한다는 율법(신 19:15)에 따라 교회를 '두 증인'이라고 한 것이다.

굵은 베옷 교회의 예언을 선포하는 사명이 회개에 초점을 맞추고 있음을 말한다(욜 1:8).

천이백육십 일 지상 교회가 짓밟히는 기간은 짧게 느껴지는 마흔 두 달로, 교회가 복음을 증거하는 기간은 길게 느껴지는 천이백육십 일로 표현했다. 둘 다 같은 교회 시대를 말한다.

4 두 감람나무 스가랴 4장에 나오는 두 감람나무는 당시의 대제사장인 여호수아와 총독 스룹바벨을 의미한다(슥 4:3). 교회가 제사장과 왕과 같은 권세를 갖고 있음을 의미한다(5:10).

두 촛대 역시 스가랴 4장의 순금 등잔대를 배경으로 하는 것으로(슥 4:2) 본서에서 촛대는 교회를 상징한다(1:12). 앞에서는 교회의 전체성을 상징하기 위해 '일곱 촛대'라는 표현을(1:20), 이곳에서는 교회의 증인됨을 상징하기 위해 '두 촛대'라는 표현을 사용한다.

5 입에서 불이 나와서 엘리야 선지자가 하늘에서 불을 내려 사람들을 불태운 사건(왕하 1장)과 하나님이 예레미야에게 하신 '네 입에 있는 나의 말을 불이 되게 하고'(렘 5:14)라는 말씀을 배경으로 한다. 복음이 선포될 때 세상을 심판하는 권세 역시 부여됨을 의미한다.

6 비가 오지 못하게 엘리야 선지자가 이스라엘의 바알 숭배를 심

1 또 나는 지팡이처럼 생긴 잣대 하나를 받았습니다. 그때, 이런 말이 들려왔습니다. "가서 하나님의 성전과 제단을 재고, 그곳에서 예배드리는 사람들의 수를 세어라.

2 그러나 성전 바깥뜰은 재지 말고, 그대로 두어라. 그곳은 이방인들에게 내어 준 곳이다. 그들은 마흔두 달 동안, 거룩한 성을 짓밟을 것이다.

3 내가 두 증인에게 능력을 주어 천이백육십 일 동안, 예언하게 할 것인데, 그 둘은 굵은 삼베옷을 입고, 그들의 슬픔을 나타낼 것이다."

4 이 두 증인은 바로 땅 위의 주님 앞에 서 있는 올리브나무 두 그루와 두 촛대였습니다.

5 누구든지 그들을 해치려고 하면, 그 입에서 불이 나와 원수들을 삼켜 버릴 것입니다. 이처럼 그들을 해치는 자는 죽고 말 것입니다.

6 이 증인들은 자기들이 예언하는 동안 하늘에서 비를 내리지 못하게 하고, 물을 피로 변하게 하며, 언제라도 온 땅에 온갖 재앙을 내리게 할 수 있는 능력을 가지고 있습니다.

판하기 위해 삼 년 동안 비가 내리지 않도록 했던 사건을 배경으로 한다(왕상 17-18장).
물을 피로 변하게 모세가 애굽에서 행한 첫 번째 재앙을 배경으로 한다(출 7:20-21).

저자의 **묵상**

본문에서는 교회를 상징하는 두 증인이 입에서 불을 내뿜고, 비가 오지 못하게 권능을 행사하며, 물을 피로 바꾸는 재앙을 내린다. 그러나 지난 이천 년 동안 어떤 교회나 성도도 이런 권능을 행한 적이 없었고 앞으로도 없을 것이다. 그렇다면 교회가 행한다고 묘사된 일들은 무엇을 의미할까?

첫 번째로 입에서 불을 뿜는 것은 세상에 심판을 선포하는 교회의 권능을 비유한 것이다. 교회는 앞으로 임할 하나님의 불같은 심판을 미리 선포함으로써 세상이 변명하지 못하게 한다. 두 번째로 비가 오지 못하게 하는 권능은 복음을 거부하는 자들이 영적인 생명과 은혜를 얻지 못하게 하는 것이다. 세 번째로 물을 피로 바꾸는 재앙은 하나님의 백성을 사로잡고 있는 마귀의 세력을 심판함으로 성도를 자유하게 하는 교회의 권세를 의미한다. 즉 지금의 교회는 복음으로 심판과 구원을 선포하는 영적인 권세를 받은 것이다.

> **무릎 기도** | 하나님, 교회에게 주신 영적 권세로 성도를 구원하여 주시니 감사합니다. 저 또한 하나님의 권세로 복음을 담대하게 전하게 하소서.

ESV - Revelation 11

1 Then I was given a measuring rod like a staff, and I was told, "Rise and measure the temple of God and the altar and those who worship there,

2 but do not measure the court outside the temple; leave that out, for it is given over to the nations, and they will trample the holy city for forty-two months.

3 And I will grant authority to my two witnesses, and they will prophesy for 1,260 days, clothed in sackcloth."

4 These are the two olive trees and the two lampstands that stand before the Lord of the earth.

5 And if anyone would harm them, fire pours from their mouth and consumes their foes. If anyone would harm them, this is how he is doomed to be killed.

6 They have the power to shut the sky, that no rain may fall during the days of their prophesying, and they have power over the waters to turn them into blood and to strike the earth with every kind of plague, as often as they desire.

---

1 measure 측정하다　staff 지팡이　temple 성전　altar 제단　　2 court 마당　leave out 빼다　trample 짓밟다　　3 grant authority 권력을 부여하다　witness 증인　prophesy 예언하다　clothe in …을 입히다　sackcloth 삼베　　5 consume 소멸시키다　foe 적　be doomed to do …하게 마련이다　　6 turn… into~ …를 ~이 되게 하다　strike 치다　plague 재앙　desire 원하다

30
월   일

두 증인의 죽음과 부활

요한계시록 11:7-14 · 새찬송 505장 | 통일 268장

• 말씀묵상 전에 성령님의 인도하심을 구하는 기도를 드리십시오.

본문요약 | 두 증인이 증언을 마치자 무저갱에서 나온 짐승이 그들을 죽인다. 두 증인의 시체는 큰 성에 있는데 사흘 반 동안 장사 지내지 못하게 한다. 삼 일 반 후에 하나님의 생기가 그들에게 들어가 그들이 부활하며 승천한다. 그때 큰 지진으로 성이 무너지고 사람들이 죽게 되자 남은 자들이 하나님께 영광을 돌린다.

---

7 그들이 그 증언을 마칠 때에 무저갱으로부터 올라오는 짐승이 그들과 더불어 전쟁을 일으켜 그들을 이기고 그들을 죽일 터인즉

8 그들의 시체가 큰 성 길에 있으리니 그 성은 영적으로 하면 소돔이라고도 하고 애굽이라고도 하니 곧 그들의 주께서 십자가에 못 박히신 곳이라

9 백성들과 족속과 방언과 나라 중에서 사람들이 그 시체를 사흘 반 동안을 보며 무덤에 장사하지 못하게 하리로다

10 이 두 선지자가 땅에 사는 자들을 괴롭게 한 고로 땅에 사는 자들이 그들의 죽음을 즐거워하고 기뻐하여 서로 예물을 보내리라 하더라

11 삼 일 반 후에 하나님께로부터 생기가 그들 속에 들어가매 그들이 발로 일어서니 구경하는 자들이 크게 두려워하더라

12 하늘로부터 큰 음성이 있어 이리로 올라오라 함을 그들이 듣고 구름을 타고 하늘로 올라가니 그들의 원수들도 구경하더라

13 그 때에 큰 지진이 나서 성 십분의 일이 무너지고 지진에 죽은 사람이 칠천이라 그 남은 자들이 두려워하여 영광을 하늘의 하나님께 돌리더라

14 둘째 화는 지나갔으나 보라 셋째 화가 속히 이르는도다

1. 오늘 하나님께서 나에게 주신 깨달음은 무엇입니까?

2. 말씀을 어떻게 내 삶에 구체적으로 적용해야 합니까?

절별 해설

7 증언을 마칠 때 복음을 선포하는 교회의 사명이 마무리된 역사적 종말에 가까운 때이다.

무저갱으로부터 올라오는 짐승 다니엘서에 나오는 네 번째 짐승(단 7:7-8)을 배경으로 하는 적그리스도적 존재이다. 이 짐승이 무저갱으로부터 올라오는 이유는 교회 시대에는 천사에 의해 감금되어 무저갱에 갇혀 있었기 때문이다(20:1-3).

그들을 죽일 터인즉 교회가 마귀에게 패배하고 죽임을 당한다. 본서에서는 성도들이 죽어 순교하는 것이 보편적 상황으로 묘사된다(6:9; 12:11).

8 큰 성 바벨론을 의미하며 하나님을 대적하는 세상을 상징한다(16:19).

소돔, 애굽 '소돔'은 인간의 죄악의 극치를 보여주는 도시이며(창 13:13) '애굽'은 하나님의 백성을 노예로 삼고 하나님께 반역하는 마귀의 세력이다(출 2:23). 세상의 영적 실체를 말한다.

주께서 십자가에 못 박히신 곳 장소로는 예루살렘이지만 영적으로는 하나님을 대적하는 세력이 모여 하나님이 보내신 구원자를 죽이는 마귀의 세상을 의미한다.

9 사흘 반 수치를 당하는 기간으로 두 증인이 복음을 증거하던 삼 년 반(11:3)에 비해 짧다.

장사하지 못하게 시체를 장사 지내지 못하는 것은 고대에 수치스러운 일이었다(왕하 9:10).

10 괴롭게 한 고로 복음 선포로 인해 사람들의 죄악이 드러나자 고통스럽게 된 것이다.

예물 원수에 대한 승리를 축하하는 의미로 예물을 보내는 관습을 말한다(에 9:19).

11 생기 하나님이 죽은 자를 살리기 위해 보내신 생명의 기운(겔 37:9-10)을 말한다.

크게 두려워하더라 세상 사람들은 두 증인을 죽이는 일에 동참했고 기뻐했기 때문에 자신들에게 임할 심판을 두려워한다.

12 구름을 타고 '구름 안에서'라는 의미로 구름은 하나님의 영광을 의미한다.

하늘로 올라가니 예수님이 고난당하다 죽임을 당하시고 부활하여 승천하신 것과 똑같은 모습이다. 교회가 세상에서 예수님과 같은 삶을 살 때 영광의 자리에 서게 됨을 의미한다.

13 큰 지진 종말에 일어날 하나님의 심판을 의미한다(눅 21:11).

성 십분의 일 '십분의 일'은 일부를 통해 전체를 상징하는 십일조의 개념으로 성 전체가 하나님의 심판을 받음을 의미한다.

죽은 사람이 칠천 심판의 완전성을 강조하기 위해 사용된 완전수 7이 확장된 숫자이다.

---

7 두 증인의 예언이 끝나고 나면, 한 짐승이 나타나 그들과 싸우게 될 것입니다. 그 짐승은 끝이 보이지 않는* 구덩이에서 올라와 싸움을 한 뒤, 그들을 죽일 것입니다.

8 두 증인의 시체는 큰 성의 길거리에 버려질 것인데, 이 성은 비유적으로 '소돔' 혹은 '이집트'라고 불립니다. 그곳은 바로 그들의 주님이 십자가에 못 박히신 곳입니다.

9 모든 나라와 민족들이 그들의 시체를 땅에 묻지 않고, 삼 일하고 반나절 동안, 내버려 둔 채 구경할 것입니다.

10 이 땅에 살고 있는 사람들은 모두 그들의 죽음을 기뻐할 것입니다. 또 잔치를 하고, 서로 선물도 주고받으며 즐거워할 것입니다. 그것은 이 두 증인이 그들에게 너무나 많은 고통을 가져다주었기 때문입니다.

11 그러나 삼 일하고 반나절이 지난 후, 하나님께서는 이 두 증인에게 생명의 영을 불어넣으셨습니다. 그들이 일어나자, 이 광경을 본 사람들은 무서워서 어찌할 바를 몰랐습니다.

12 그때, 하늘에서 큰 소리가 두 증인을 향하여 들려왔습니다. "이리로 올라오너라!" 그들은 원수들이 보는 앞에서 구름을 타고 하늘로 올라갔습니다.

13 바로 그 순간, 큰 지진이 일어났습니다. 그 성의 십분의 일이 무너지고, 칠천 명이 죽었습니다. 살아남은 자들은 매우 두려워하며 하늘에 계신 하나님께 영광을 돌렸습니다.

14 두 번째 재난이 끝났습니다. 이제 세 번째 재난이 곧 올 것입니다.

* 11:7 바닥이 없는 깊은

영광을 하늘의 하나님께 돌리더라 예수님과 같은 두 증인의 죽음과 부활을 통해 심판을 통해서도 회개하지 않았던 세상 사람들(9:20-21) 가운데 변화가 나타난다.

14 둘째 화 여섯 번째 나팔 재앙을 말한다.

저자의 묵상

본장에는 세상에서의 교회의 사명이 명확하게 나온다. 교회의 사명은 담대하게 복음을 증언하다가 예수님처럼 죽임을 당하는 것이다. 교회가 예수님과 같은 삶을 살 때 세상은 '하나님께 영광을 돌리는' 극적인 변화를 보인다. 이것이 십자가의 능력이다. 우리와 같은 자들이 죄를 인정하고 예수님을 믿은 것도 십자가의 능력의 결과이다. 그런데 교회를 통해서 복음이 강력하게 영향을 미치게 하는 방법도 성도가 십자가의 삶을 사는 것이다.

한국 교회가 십자가의 삶과 정반대되는 세상의 이기심과 성공을 똑같이 추구하기 때문에 비난의 대상이 되는 것은 참으로 부끄럽다. 교회가 복음을 담대히 전하기 때문에 핍박을 받는다면 그것은 자랑스러운 일일 것이다. 또한 예수님과 같은 삶을 살아가는 성도들이 많다면 결국에는 세상 사람들이 하나님께 영광을 돌리는 놀라운 변화가 일어날 것이다. 성도는 이 사명을 위해 세상을 살아가야 함을 명심해야 한다.

> **무릎 기도** 하나님, 교회를 통해 복음 전파와 십자가의 능력을 드러내는 사명을 주심에 감사드립니다. 성령의 능력과 담대함을 주셔서 이 사명을 잘 감당하게 하소서.

ESV - Revelation 11

7 And when they have finished their testimony, the beast that rises from the bottomless pit* will make war on them and conquer them and kill them,

8 and their dead bodies will lie in the street of the great city that symbolically* is called Sodom and Egypt, where their Lord was crucified.

9 For three and a half days some from the peoples and tribes and languages and nations will gaze at their dead bodies and refuse to let them be placed in a tomb,

10 and those who dwell on the earth will rejoice over them and make merry and exchange presents, because these two prophets had been a torment to those who dwell on the earth.

11 But after the three and a half days a breath of life from God entered them, and they stood up on their feet, and great fear fell on those who saw them.

12 Then they heard a loud voice from heaven saying to them, "Come up here!" And they went up to heaven in a cloud, and their enemies watched them.

13 And at that hour there was a great earthquake, and a tenth of the city fell. Seven thousand people were killed in the earthquake, and the rest were terrified and gave glory to the God of heaven.

14 The second woe has passed; behold, the third woe is soon to come.

* 11:7 Or *the abyss*
* 11:8 Greek *spiritually*

7 testimony 증언 bottomless 바닥이 안 보이는 pit 구덩이 conquer 이기다   8 symbolically 상징적으로 crucify 십자가에 못 박다   9 tribe 족속 gaze at 바라보다 refuse 거절하다 tomb 무덤   10 dwell 살다 make merry 즐겁게 놀다 prophet 선지자 torment 고통   13 earthquake 지진 terrified 무서워하는   14 woe 화 behold 보다

31

월   일

일곱 번째 나팔 재앙

요한계시록 11:15-19 • 새찬송 242장 | 통일 233장

• 말씀묵상 전에 성령님의 인도하심을 구하는 기도를 드리십시오.

본문요약 Ⅰ 일곱 번째 천사가 나팔을 불자 하늘의 큰 음성은 세상 나라가 하나님과 그리스도의 나라가 되고 그가 영원히 왕 노릇 할 것을 선포한다. 이십사 장로는 경배하며 하나님이 왕 노릇 하심에 감사한다. 또한 이방과 땅을 망하게 하는 자들을 멸망시킬 때임을 선포한다. 하늘에는 하나님의 성전과 언약궤와 심판의 도구들이 보인다.

15 일곱째 천사가 나팔을 불매 하늘에 큰 음
    성들이 나서 이르되
    세상 나라가 우리 주와 그의 그리스도
    의 나라가 되어 그가 세세토록 왕 노릇
    하시리로다
    하니
16 하나님 앞에서 자기 보좌에 앉아 있던 이
    십사 장로가 엎드려 얼굴을 땅에 대고 하
    나님께 경배하여
17 이르되
    감사하옵나니 옛적에도 계셨고 지금도
    계신 주 하나님 곧 전능하신 이여 친히
    큰 권능을 잡으시고 왕 노릇 하시도다
18 이방들이 분노하매 주의 진노가 내려
    죽은 자를 심판하시며 종 선지자들과
    성도들과 또 작은 자든지 큰 자든지 주
    의 이름을 경외하는 자들에게 상 주시
    며 또 땅을 망하게 하는 자들을 멸망시
    키실 때로소이다
    하더라
19 이에 하늘에 있는 하나님의 성전이 열리
    니 성전 안에 하나님의 언약궤가 보이며
    또 번개와 음성들과 우레와 지진과 큰 우
    박이 있더라

1. 오늘 하나님께서 나에게 주신 깨달음은 무엇입니까?

2. 말씀을 어떻게 내 삶에 구체적으로 적용해야 합니까?

절별 해설

15 일곱째 천사 여섯 번째 나팔 재앙(9:13–21) 후 교회의 복음 전파의 사명에 관한 내용(10:1–11:14)이 삽입되고 본문의 일곱 번째 나팔 재앙으로 나팔 심판이 끝난다.
큰 음성들 원문을 보면 하늘에서 들리는 7번의 큰 음성 중 이곳만 복수로 쓰인다. 다른 큰 음성들은 심판을 선포한 것에 반해 이곳에서는 그리스도의 왕권을 선포하는 합창의 성격을 갖는다.
세상 나라가 우리 주와 그의 그리스도의 나라가 되어 본서의 주제와 같은 구절이다. '세상 나라'는 하나님을 대적하는 무리가 마귀의 지배 아래 살던 곳이지만, 결국 하나님과 그리스도의 통치를 받게 됨을 만물이 선포한다(시 2:6).
세세토록 왕 노릇 하시리로다 '세세토록'은 이 세상의 일시성과 대조되는 하늘의 영원성을 표현한다(5:13). 하나님 나라가 완성되면 성도들도 그리스도와 함께 '세세토록' 왕 노릇 할 것이 예언된다(22:5).

16 이십사 장로 교회의 대표자들로 영적 교회를 상징한다(4:4).

17 감사하옵나니 감사한 이유는 하나님이 왕 노릇 하실 때에야 교회가 받는 핍박과 환난이 끝이 나기 때문이다.
옛적에도 계셨고 지금도 계신 주 유사한 호칭이 사용된 다른 구절과 비교해 '장차 오실 이'(1:4)라는 미래적 호칭이 생략되었다. 이는 하나님의 왕적 통치의 현재성을 강조한다. 하나님의 통치가 지금 실현되고 있는 것처럼 표현하는 것이다.

18 이방들이 분노하매 열방의 왕들이 하나님의 통치를 거부하며 그리스도를 대적하는 모습을 배경으로 한다(시 2:1–3). 선악과를 따 먹은 모든 인류는 하나님을 거부하고 반역을 꾀한다.
주의 진노 하나님의 '진노'는 감정적 차원이 아닌 죄에 대한 거룩하신 하나님의 반응이다(레 26:28).
죽은 자 예수님을 믿지 않아 영적 생명이 없어 심판의 대상이 되는 자들이다(20:11–15).
주의 이름을 경외하는 자들 구원을 받을 자들은 하나님의 주권과 능력을 인정하고 완전히 복종하며 하나님을 경외하는 자들이다.
땅을 망하게 하는 자들 '망하게 하다'는 '(우상 숭배로) 더럽히다'(겔 23:11; 계 19:2)라는 뜻이다. 세상이 심판을 당하는 이유가 우상 숭배로 인해 땅이 더럽혀졌기 때문임을 의미한다.

19 언약궤 하나님의 구원과 임재를 의미하는 약속의 상징이다. 사탄과 교회의 갈등이 절정(12–14장)에 달하기 전에 하나님의 구원의 약속이 시각적으로 드러난 것이다.
번개와 음성들과 우레와 지진과 큰 우박 하나님이 강림하셔서 사용하시는 심판의 도구이다(8:5).

15 일곱 번째 천사가 나팔을 불자, 하늘에서 큰 음성이 들려왔습니다.
"우리 주님과 그리스도께서 이제 이 세상을 다스리시며, 앞으로도 영원토록 다스리실 것이다."

16 그러자 하나님 앞에 앉아 있던 이십사 명의 장로들이 엎드려 하나님께 경배하였습니다.

17 그들은 말했습니다.
"지금도 계시고 전에도 계셨던 전능하신 우리 주 하나님께 감사를 드립니다. 이제 주님은 그 크신 능력으로 이 땅을 다스리실 것입니다.

18 온 세상 사람들이 화를 내고 교만하였으나, 이제는 주님께서 진노를 내리시고, 죽은 자들을 심판하실 때입니다. 또한 주님의 종들인 예언자들과 거룩한 백성들, 큰 자이든지, 작은 자이든지, 주님을 경외하는 자들을 위해 상을 베푸실 때입니다. 그리고 이 세상을 망하게 하는 자들을 멸망시키실 때가 왔습니다."

19 그러자 하늘에 있는 하나님의 성전이 열렸습니다. 그 안에 하나님께서 그의 백성에게 주신 언약궤가 보였습니다. 그 순간, 번개가 치고, 천둥과 지진이 일어나며, 큰 우박이 쏟아졌습니다.

"세상 나라가 우리 주와 그의 그리스도의 나라가 되어 그가 세세토록 왕 노릇 하시리로다"(15절). 큰 음성들의 외침은 성도가 매일 기도하고 소망해야 하는 가장 중요한 내용이다. 왜냐하면 하나님을 반역하는 세상 속에 살아가는 성도는 사람들의 죄악과 반역으로 인해 고통을 겪고 있을 것이기 때문이다. 그러나 이 세상에서 살아가는 것에 대해서 아무런 거북함과 불편을 느끼지 않는 사람들에게는 이 큰 음성들의 외침이야말로 가장 불편한 소리일 것이다.

영적 교회는 지금도 계속 하나님을 향해 "언제야 순교한 피를 갚아 주실 것인가?"를 외치며 기도하고 있다(6:10). 이 기도가 응답되는 때가 바로 이 세상이 그리스도의 나라가 되는 때다. 이 땅의 교회로 부름을 받은 우리 또한 온 세상에 완전한 그리스도의 통치가 임하는 그날을 소망하는 마음으로 살아야 할 것이다.

> **무릎기도** 하나님, 죄악이 만연하며 주를 대적하는 세상 속에서 살아가는 것이 불편하고 고통스럽습니다. 속히 온 세상을 다스리셔서 하나님의 나라가 되게 하소서.

ESV - Revelation 11

15 Then the seventh angel blew his trumpet, and there were loud voices in heaven, saying, "The kingdom of the world has become the kingdom of our Lord and of his Christ, and he shall reign forever and ever."

16 And the twenty-four elders who sit on their thrones before God fell on their faces and worshiped God,

17 saying, "We give thanks to you, Lord God Almighty, who is and who was, for you have taken your great power and begun to reign.

18 The nations raged, but your wrath came, and the time for the dead to be judged, and for rewarding your servants, the prophets and saints, and those who fear your name, both small and great, and for destroying the destroyers of the earth."

19 Then God's temple in heaven was opened, and the ark of his covenant was seen within his temple. There were flashes of lightning, rumblings,* peals of thunder, an earthquake, and heavy hail.

* 11:19 Or *voices, or sounds*

15 reign 통치하다　16 elder 장로　throne 보좌　17 almighty 전능하신　18 rage 화를 내다　wrath 분노　judge 심판하다　reward 보상하다　servant 종　prophet 선지자　saint 성도　destroy 멸망시키다　19 temple 성전　ark of the covenant 언약궤　rumbling 우르르거리는 소리　a peal of thunder 천둥　earthquake 지진　hail 우박

32

메시아를 낳은 교회

요한계시록 12:1-6 · 새찬송 295장 | 통일 417장

• 말씀묵상 전에 성령님의 인도하심을 구하는 기도를 드리십시오.

> **본문요약 |** 요한은 영광스러운 모습의 여자가 아이를 낳는 큰 이적을 본다. 또한 일곱 머리와 열 뿔을 가진 큰 붉은 용이 일곱 왕관을 쓰고 여자가 낳는 아이를 삼키려고 한다. 여자가 낳은 아이는 만국을 다스릴 자로 하나님 앞으로 올려가고 여자는 광야에서 양육받기 위해 도망간다.

1 하늘에 큰 ¹⁾이적이 보이니 해를 옷 입은 한 여자가 있는데 그 발 아래에는 달이 있고 그 머리에는 열두 별의 관을 썼더라

2 이 여자가 아이를 배어 해산하게 되매 아파서 애를 쓰며 부르짖더라

3 하늘에 또 다른 ¹⁾이적이 보이니 보라 한 큰 붉은 용이 있어 머리가 일곱이요 뿔이 열이라 그 여러 머리에 일곱 왕관이 있는데

4 그 꼬리가 하늘의 별 삼분의 일을 끌어다가 땅에 던지더라 용이 해산하려는 여자 앞에서 그가 해산하면 그 아이를 삼키고자 하더니

5 여자가 아들을 낳으니 이는 장차 철장으로 만국을 다스릴 남자라 그 아이를 하나님 앞과 그 보좌 앞으로 올려가더라

6 그 여자가 광야로 도망하매 거기서 천이백육십 일 동안 그를 양육하기 위하여 하나님께서 예비하신 곳이 있더라

1. 오늘 하나님께서 나에게 주신 깨달음은 무엇입니까?

2. 말씀을 어떻게 내 삶에 구체적으로 적용해야 합니까?

¹⁾ 또는 표적

절별 해설

1 큰 이적 이적은 실체를 보여주기 위한 표지이다. 3절의 붉은 용의 이적과 대조하기 위해 '큰 이적'이라고 표현한다.

해, 달, 별 요셉의 꿈에 나온 해, 달, 별은 직접적으로는 야곱의 가족을, 상징적으로는 구약의 이스라엘을 비유한다(창 37:9). 이들은 빛을 발하는 존재로 교회의 영광을 상징한다.

여자 교회를 상징하는데 그 이유는 교회가 그리스도의 신부로 비유되기 때문이다(19:7).

2 아이를 배어 해산하게 되매 '아이'는 메시아를 상징한다. 하나님은 선악과를 따 먹은 하와에게 '고통스럽게 임신하고 수고하여 자식을 낳을 것'(창 3:16)이라고 말씀하셨다. 이처럼 이 아이는 구약의 교회의 모형이자 이스라엘을 통해 세상에 오신 메시아 예수 그리스도이다.

3 한 큰 붉은 용 마귀를 상징하는 큰 붉은 용이 등장한다. 구약에서 '용'은 하나님을 대적하고 하나님의 백성을 위협하는 리워야단(시 74:14), 큰 악어(겔 29:3), 라합(욥 26:12) 등의 악한 존재이다(사 51:9). 이 용이 '큰' 것은 마귀의 강력한 권세를 의미하며 '붉은색'은 마귀가 하나님의 백성을 죽이는 살인자임을 뜻한다(13:10). 용의 일곱 머리와 열 뿔과 일곱 왕관은 마귀가 세상의 왕들에게 영향을 미쳐 악한 권세를 행사함을 의미한다(17:12).

4 하늘의 별 삼분의 일 시리아의 안티오코스 에피파네스가 이스라엘 백성을 박해하게 될 예언을 배경으로 한 것으로(단 8:10), 하나님 백성의 일부가 마귀에게 받을 시련을 뜻한다.

그 아이를 삼키고자 하더니 마귀가 메시아를 죽이려 했던 여러 사건 중 헤롯이 예수님을 죽이고자 베들레헴 인근에서 태어난 두 살 이하의 남아를 학살한 것이 대표적이다(마 2:16).

5 철장으로 만국을 다스릴 남자 메시아가 강력한 권세로 세상을 통치하실 것이다(시 2:9).

올려가더라 예수님의 승천을 의미한다(행 1:9). 이곳에서 예수님의 탄생과 승천만 언급되고 그 사이의 삶과 사역이 생략된 이유는 예수님의 영적 승리와 통치에 초점을 맞추기 위함이다.

6 광야로 도망하매 '광야'는 교회가 마귀의 핍박을 통해 훈련을 받고 하나님의 보호를 경험하는 시험의 장소, 곧 세상이다.

천이백육십 일 본서에 나오는 '마흔두 달'(11:2)과 '한 때 두 때 반 때'(12:14)와 같은 기간으로 예수님의 초림과 재림 사이의 교회 시대를 의미한다.

그를 양육하기 위하여 원문은 "그들이 그녀를 양육하기 위하여"이다. 여자는 천상의 존재들에게 양육받기 위해 광야로 간다(12:14).

---

1 그리고 하늘에 아주 신기한 광경이 나타났습니다. 한 여자가 해를 옷인 양 입고, 달 위에 발을 딛고, 머리에는 열두 별이 달린 왕관을 쓰고 있었습니다.

2 그 여자는 아기를 배고 있었는데, 막 아기를 낳으려는 순간이어서 고통으로 신음하고 있었습니다.

3 하늘에 또 다른 신기한 광경이 나타났습니다. 크고 붉은 용이 보였습니다. 그 용의 머리는 일곱이고, 뿔은 열이며, 각각의 머리마다 왕관이 씌워져 있었습니다.

4 그 용은 꼬리로 하늘의 별 삼분의 일을 휩쓸어 땅에 내던졌습니다. 그리고는 막 아기를 낳으려는 여자 앞에 버티고 서서, 아기를 낳기만 하면 잡아 삼키려고 준비하고 있었습니다.

5 드디어 여자가 아들을 낳았습니다. 그 아기는 큰 권세를 가지고 장차 온 나라를 다스릴 분이었습니다. 그러나 아기는 하나님의 보좌 앞으로 들려 올라갔습니다.

6 그리고 여자는 하나님이 준비해 두신 광야의 한곳으로 도망쳤는데, 그곳에서 천이백육십 일 동안, 보호받을 수 있게 하셨습니다.

성경은 마귀가 세상에서 교회를 핍박하는 것을 양육이라고 표현한다. 어떻게 마귀의 핍박이 교회를 양육시키는 것일까? 마귀는 핍박과 유혹이라는 도구로 성도를 공격한다. 마귀의 핍박으로 환난을 경험하는 성도는 우상을 버리고 하나님을 깊이 의존하게 된다. 또한 마귀의 유혹으로 넘어진 성도는 이 과정을 통해 자신의 죄악과 연약함을 발견하여 하나님의 도우심을 간구하게 된다. 결국 마귀는 성도가 죄악과 우상을 버리고 하나님을 사랑하고 의존하게 만드는 도구인 것이다.

그렇기 때문에 성도가 영적으로 크게 성장하는 것은 평안한 환경 속에서가 아니다. 하나님만 의존할 수밖에 없는 어려운 환경이 오히려 성도의 성장에 큰 도움이 된다. 또한 마귀의 유혹에 넘어져 수치스러운 자리에서 예수님의 필요성을 절감하게 될 때 성도는 영적으로 성숙한다. 따라서 광야는 성도의 양육 장소인 것이다.

> **무릎 기도** 하나님, 마귀의 핍박과 유혹 가운데서 저의 죄악을 깨닫기 원합니다. 영적 성장을 이루어 하나님만을 더 깊이 의존하고 사랑하도록 은혜를 베푸소서.

ESV - Revelation 12

1 And a great sign appeared in heaven: a woman clothed with the sun, with the moon under her feet, and on her head a crown of twelve stars.

2 She was pregnant and was crying out in birth pains and the agony of giving birth.

3 And another sign appeared in heaven: behold, a great red dragon, with seven heads and ten horns, and on his heads seven diadems.

4 His tail swept down a third of the stars of heaven and cast them to the earth. And the dragon stood before the woman who was about to give birth, so that when she bore her child he might devour it.

5 She gave birth to a male child, one who is to rule* all the nations with a rod of iron, but her child was caught up to God and to his throne,

6 and the woman fled into the wilderness, where she has a place prepared by God, in which she is to be nourished for 1,260 days.

* 12:5 Greek *shepherd*

1 appear 나타나다 clothe 옷을 입히다   2 pregnant 임신한 birth pain 산통 agony 고통 give birth 낳다   3 behold 보다 horn 뿔 diadem 왕관   4 sweep 쓸다 cast 던지다 be about to 막 …하려는 참이다 bear 낳다 devour 집어삼키다   5 rule 통치하다 throne 보좌   6 wilderness 광야 nourish 키우다

33
월   일

하늘에서 일어난 영적 전쟁

요한계시록 12:7-12 · 새찬송 298장 | 통일 35장

• 말씀묵상 전에 성령님의 인도하심을 구하는 기도를 드리십시오.

본문요약 ㅣ 미가엘과 그의 천사들은 마귀 무리와 싸워 하늘로부터 쫓아낸다. 하늘에서는 마귀가 쫓겨났기 때문에 나타난 구원과 능력과 나라와 권세에 대한 큰 음성이 들린다. 하늘의 성도들은 예수님의 피와 증언하는 말씀이 마귀를 이겼음을 선포한다. 자기 때가 얼마 남지 않은 마귀는 크게 분을 내며 땅의 성도들에게 내려간다.

---

7 하늘에 전쟁이 있으니 미가엘과 그의 사자들이 용과 더불어 싸울새 용과 그의 사자들도 싸우나

8 이기지 못하여 다시 하늘에서 그들이 있을 곳을 얻지 못한지라

9 큰 용이 내쫓기니 옛 뱀 곧 마귀라고도 하고 사탄이라고도 하며 온 천하를 꾀는 자라 그가 땅으로 내쫓기니 그의 [1]사자들도 그와 함께 내쫓기니라

10 내가 또 들으니 하늘에 큰 음성이 있어 이르되

　이제 우리 하나님의 구원과 능력과 나라와 또 그의 그리스도의 권세가 나타났으니 우리 형제들을 참소하던 자 곧 우리 하나님 앞에서 밤낮 참소하던 자가 쫓겨났고

11 또 우리 형제들이 어린 양의 피와 자기들이 증언하는 말씀으로써 그를 이겼으니 그들은 죽기까지 자기들의 생명을 [2]아끼지 아니하였도다

12 그러므로 하늘과 그 가운데에 거하는 자들은 즐거워하라 그러나 땅과 바다는 화 있을진저 이는 마귀가 자기의 때가 얼마 남지 않은 줄을 알므로 크게 분내어 너희에게 내려갔음이라

　하더라

1. 오늘 하나님께서 나에게 주신 깨달음은 무엇입니까?

2. 말씀을 어떻게 내 삶에 구체적으로 적용해야 합니까?

1) 또는 천사들도 2) 헬, 사랑하지

절별 해설

7 하늘에 전쟁이 있으니 이 전쟁은 예수님이 십자가에서 승리하셔서 마귀가 세상에 대한 통치력을 잃어버렸음을 의미한다(골 2:15).

미가엘 하나님의 백성을 보호하며 마귀와 영적 전투를 하는 천사장이다.

8 하늘 예수님이 십자가에서 승리하시기 전에 마귀가 하나님의 권세를 대적하던 영적 영역이다.

9 옛 뱀, 마귀, 사탄, 온 천하를 꾀는 자 사탄을 가리키는 여러 가지 표현이다. 아담과 하와를 유혹하여 선악과를 따 먹게 만들었던 '옛 뱀'이 마귀였음을 의미한다(창 3:1). '마귀'(헬, 디아볼로스)는 '비방하는 자'이다. '사탄'(히, 사탄)은 '대적하는 자'라는 의미를 가진다. 사탄은 세상을 속여서 죄악에 빠뜨리며 하나님을 대적하게 하기 때문에 '온 천하를 꾀는 자'라고도 불린다.

땅 영적 세계인 하늘과 반대되는 곳으로 마귀의 영향력이 한시적으로 허용된 세상이다.

10 하늘에 큰 음성 하나님의 보좌 주변의 하늘 재판정에서 나온 소리이다(11:15). 영적 교회인 이십사 장로들, 천사들, 하늘 생물들이 마귀에 대한 예수님의 승리를 찬양한다.

구원, 능력, 나라, 권세 마귀의 패배와 밀접하게 연관된 영적 단어이다. '구원'이란 마귀의 패배로 인해 성도들이 노예 상태에서 놓임을 받는 것이다(히 2:14). '능력'은 하나님이 십자가의 능력으로 마귀를 이기셨음을 말한다(요 12:31-33). '나라'는 마귀의 패배로 하나님의 통치가 회복된 것이다(눅 11:20). '권세'는 마귀 대신 예수님이 세상을 다스리심을 의미한다(딤전 6:15).

참소하던 자 '참소하다'는 마귀가 하늘 법정에서 성도의 불의함을 고발하는 행위를 의미한다. 욥기 1:6-12과 스가랴 3:1-5은 마귀가 성도를 어떻게 고발하는지 묘사하고 있다.

11 어린 양의 피와 자기들이 증언하는 말씀 성도가 마귀를 이길 수 있는 근거는 예수님이 십자가에서 흘린 피와 그것을 증언하는 말씀이다. 예수님의 보혈의 능력을 믿는 자라면 반드시 그 사실을 증언할 것이기 때문에 이 두 가지가 동시에 언급된다.

12 하늘과 그 가운데에 거하는 자들 '하늘'은 하나님의 통치가 완전하게 나타나는 영적 영역으로 이곳에 거하는 자들은 영적 교회와 천사들을 의미한다.

자기의 때 마귀가 이 땅에서의 활동을 허락받은 시간을 의미한다. 마귀는 이때가 끝나면 영원한 불과 유황 못에 들어가 심판을 받도록 예정되어 있다(20:10).

---

7 그때, 하늘에서 전쟁이 일어났습니다. 미가엘과 그의 천사들이 용과 그의 부하들을 대항해 싸움이 일어난 것입니다.

8 그러나 용과 그의 부하들은 싸움에 패하여 하늘에서 쫓겨나고 말았습니다.

9 큰 용은 마귀 혹은 사탄이라고 불리는 바로 그 오래된 뱀이었습니다. 그 용은 온 세상을 잘못된 길로 인도하는 자였습니다. 용과 그의 부하들은 땅으로 내동댕이쳐졌습니다.

10 그때, 나는 하늘에서 큰 음성을 들었습니다.

"우리 하나님의 구원과 능력과 나라와 그리스도의 권세가 이제야 나타났다. 하나님 앞에서 밤낮으로 우리 형제들을 고소하던 자가 이제야 쫓겨났구나.

11 어린 양의 피와 그들이 증언하던 진리의 말씀으로, 우리 형제들이 그를 이겼다. 그들은 죽음을 두려워하지 않고, 목숨을 다해 싸웠다.

12 그러므로 하늘과 하늘에 있는 모든 자들아, 기뻐하여라! 그러나 땅과 바다에 있는 자들에게는 화가 미쳤구나. 머리끝까지 화가 난 마귀가 그곳으로 내려갔으니 자기에게 시간이 얼마 남지 않았음을 알고 날뛸 것이다."

예수님의 십자가의 승리는 마귀가 세상에서 왕 노릇 하며 사람들을 노예로 삼았던 영적 판도를 바꾸었다. 이제 마귀는 하늘에 속한 성도의 운명을 좌우할 권세를 빼앗겼다. 그 결과 성도가 하늘에 속한 자로 살아간다면 마귀를 두려워하지 않을 수 있다. 그러나 성도 안에 여전히 땅에 속한 존재인 옛사람이 남아 있기에 마귀의 유혹과 핍박에 영향을 받는다. 마귀는 땅에 속한 성도의 옛사람에게 영향을 미치기 위해 세상 풍조를 사용한다(엡 2:2). 물질주의, 외모지상주의, 성공주의, 학벌주의 등과 같은 세상 풍조의 목표는 명확하다. 사람들의 욕심을 자극하여 하나님처럼 될 수 있다고 유혹하는 것이다. 이 배후에는 선악과를 먹으면 하나님처럼 될 수 있다고 아담과 하와를 유혹했던 옛 뱀, 마귀가 도사리고 있다(창 3:5). 하나님처럼 되고 싶은 욕심이 큰 사람일수록 세상 풍조에 영향을 받아 마귀의 노리갯감이 되기 쉽다. 땅에 속한 옛사람을 십자가에 못 박고 하늘에 속한 자로 살도록 예수님을 더 깊이 의존해야 한다.

> **무릎 기도** 하나님, 예수님의 보혈의 능력으로 구원하여 주심을 감사드립니다. 땅에 속한 옛사람을 십자가에 못 박아 마귀의 영향력에서 자유롭게 하소서.

ESV - Revelation 12

7 Now war arose in heaven, Michael and his angels fighting against the dragon. And the dragon and his angels fought back,

8 but he was defeated, and there was no longer any place for them in heaven.

9 And the great dragon was thrown down, that ancient serpent, who is called the devil and Satan, the deceiver of the whole world —he was thrown down to the earth, and his angels were thrown down with him.

10 And I heard a loud voice in heaven, saying, "Now the salvation and the power and the kingdom of our God and the authority of his Christ have come, for the accuser of our brothers* has been thrown down, who accuses them day and night before our God.

11 And they have conquered him by the blood of the Lamb and by the word of their testimony, for they loved not their lives even unto death.

12 Therefore, rejoice, O heavens and you who dwell in them! But woe to you, O earth and sea, for the devil has come down to you in great wrath, because he knows that his time is short!"

* 12:10 *Or brothers and sisters*

8 be defeated 패배하다 no longer 더 이상 …이 아닌 9 ancient 아주 오래된 serpent 뱀 deceiver 사기꾼 throw down 버리다 10 salvation 구원 authority 권세 accuser 고발자 11 conquer 이기다 testimony 증언 12 dwell 살다 woe to …에게 화 있을진저 wrath 분노

34

월   일

교회를 핍박하는 마귀

요한계시록 12:13–17 · 새찬송 585장 | 통일 384장

• 말씀묵상 전에 성령님의 인도하심을 구하는 기도를 드리십시오.

> **본문요약 |** 세상으로 내쫓긴 용은 남자를 낳은 여자를 박해한다. 여자는 큰 독수리의 도움을 받아 광야로 날아가 일정 기간 동안 양육을 받는다. 뱀은 여자를 공격하기 위해 큰물을 보내지만 땅이 그 물을 삼켜 여자를 보호한다. 용은 여자에게 분노하여 그 자손들과 싸우려고 바다 모래 위에 선다.

13 용이 자기가 땅으로 내쫓긴 것을 보고 남자를 낳은 여자를 박해하는지라

14 그 여자가 큰 독수리의 두 날개를 받아 광야 자기 곳으로 날아가 거기서 그 뱀의 낯을 피하여 한 때와 두 때와 반 때를 양육 받으매

15 여자의 뒤에서 뱀이 그 입으로 물을 강 같이 토하여 여자를 물에 떠내려 가게 하려 하되

16 땅이 여자를 도와 그 입을 벌려 용의 입에서 토한 강물을 삼키니

17 용이 여자에게 분노하여 돌아가서 그 여자의 남은 자손 곧 하나님의 계명을 지키며 예수의 증거를 가진 자들과 더불어 싸우려고 바다 모래 위에 서 있더라

1. 오늘 하나님께서 나에게 주신 깨달음은 무엇입니까?

2. 말씀을 어떻게 내 삶에 구체적으로 적용해야 합니까?

13 남자를 낳은 여자를 박해하는지라 본절은 앞부분(12:5-12)의 내용을 요약한다. '남자를 낳은 여자'는 교회이다. '남자'인 예수님의 십자가 보혈로 패배한 마귀는 자신의 분노를 교회에 쏟아 내며 교회를 박해한다.

14 큰 독수리의 두 날개 하나님이 출애굽 한 이스라엘 백성들을 독수리 날개로 업어 인도하셨다는 말씀을 배경으로 한다(출 19:4; 신 32:10-12). '독수리'는 하나님의 강력한 보호를 상징한다. 성도들이 하나님의 강력한 능력으로 사탄의 권세에서 벗어남을 의미한다.

한 때와 두 때와 반 때 '천이백육십 일'(12:6) 혹은 '마흔두 달'(11:2)과 같은 기간으로 예수님의 초림부터 재림까지의 교회 시대이다.

양육 받으매 '양육'은 성도가 경건하지 않은 것과 세상 정욕을 버리고 하나님의 자녀답게 성장하여 굳건한 재림 신앙으로 살아가게 되는 성장의 과정이다(딛 2:11-13).

15 물을 강 같이 토하여 구약에서 원수들의 공격을 많은 물로 비유하곤 한다(시 69:1-2). 특히 '큰 물'로 비유된 악인들의 공격은 거짓말이다(시 144:7-8). 사탄이 거짓의 아비(요 8:44)이기 때문에 거짓 선지자들을 통해 사람들을 속이고 교회를 핍박한다(13:13-14).

16 토한 강물을 삼키니 출애굽 한 이스라엘 백성을 위협하던 홍해가 말라서 그들이 구원받았던 것과 같은 모습이다(출 14:21-22). 하나님은 위급한 상황에서 크신 능력으로 하나님의 백성을 구원하신다. 이사야는 마지막 때에 세상의 바다와 강물이 말라서 하나님의 백성이 돌아오게 될 것을 예언하기도 했다(사 42:15).

17 용이 여자에게 분노하여 마귀는 속임수와 핍박으로 교회를 무너뜨리려던 시도가 실패하자 분노한다. 음부의 권세가 교회를 이기지 못한다는 예수님의 말씀이 성취되었다(마 16:18).

그 여자의 남은 자손 '하나님의 계명을 지키며 예수의 증거를 가진' 이들은 교회를 통해 예수님을 믿어 하나님께 순종하게 된 성도들이다. '자손'은 '씨(seed)'를 번역한 것으로, 구약에 예언된 여자의 씨(자손)인 메시아와 옛 뱀인 마귀의 싸움이 성도들을 통해 계속되고 있음을 보여준다(창 3:15).

바다 모래 위에 서 있더라 13장에서 마귀의 사주를 받은 한 짐승이 바다에서 나오기 때문에 바다 모래는 마귀가 그 짐승을 불러내는 장소로 등장한다.

---

13 용은 자기가 땅에 내던져진 것을 알고, 남자아이를 낳은 그 여자를 찾아 나섰습니다.

14 그러나 여자는 큰 독수리의 두 날개를 받아, 이미 광야의 마련된 곳으로 날아갔습니다. 그곳에서 여자는 삼 년 반 동안,* 뱀의 공격을 피하여 안전하게 지낼 수 있었습니다.

15 그러자 뱀은 여자를 휩쓸어 버리려고, 입에서 물을 홍수같이 뿜어내었습니다.

16 그때, 땅이 입을 벌려, 용의 입에서 나오는 물을 다 삼켜 여자를 도와주었습니다.

17 화가 머리끝까지 치민 용은, 하나님의 명령을 지키고 예수님이 가르쳐 주신 진리를 굳게 간직하고 있는 여자의 남은 자손들을 공격하려고 나섰습니다.

18 용은 바닷가 모래 위에 섰습니다.*

* 12:14 한 때와 두 때와 반 때 동안
* 12:18 18절의 내용이 개역 성경에는 17절에 포함되어 있으나 대부분의 사본에는 18절이 따로 분리되어 있다.

마귀는 교회와 성도를 끊임없이 유혹하며 핍박한다. 마귀의 가장 강력한 공격 무기는 거짓말이다. 첫 번째로 마귀는 거짓된 가르침으로 교회를 무너뜨리려 한다. 한국 교회를 위협하는 많은 이단은 교회를 무너뜨리기 위해 마귀가 강력하게 사용하는 도구이다. 이들의 공격의 대상이 되는 사람들은 주로 예수님을 믿지 않는 세상 사람들이 아니라 교회를 다니지만 성경을 잘 모르고 신앙이 미숙한 성도들이다.

두 번째로 마귀는 영적 복을 세상의 복으로 대치하는 거짓말로 교회를 무너뜨리려고 한다. 마귀는 성도들이 하나님이 주시는 영적인 복에는 관심을 갖지 않도록 유도한다. 세상 사람들과 똑같이 돈을 많이 벌고, 자녀가 좋은 학교에 가며, 병에 걸리지 않고, 성공하는 것만을 복으로 추구하게 하려는 것이다. 결국 교회가 세속적, 기복적, 물질적으로 변질되어 세상에서 빛과 소금의 역할을 감당하지 못하도록 만든다.

> **무릎 기도** 하나님, 마귀의 거짓말을 분별할 수 있는 영적 분별력을 주소서. 말씀에 근거한 바른 신앙을 배우게 하셔서 거짓을 잘 분별할 수 있게 하소서.

ESV - Revelation 12

13 And when the dragon saw that he had been thrown down to the earth, he pursued the woman who had given birth to the male child.

14 But the woman was given the two wings of the great eagle so that she might fly from the serpent into the wilderness, to the place where she is to be nourished for a time, and times, and half a time.

15 The serpent poured water like a river out of his mouth after the woman, to sweep her away with a flood.

16 But the earth came to the help of the woman, and the earth opened its mouth and swallowed the river that the dragon had poured from his mouth.

17 Then the dragon became furious with the woman and went off to make war on the rest of her offspring, on those who keep the commandments of God and hold to the testimony of Jesus. And he stood* on the sand of the sea.

* 12:17 Some manuscripts *And I stood*, connecting the sentence with 13:1

13 throw down 버리다 pursue 괴롭히다 give birth 낳다   14 serpent 뱀 wilderness 광야 nourish 키우다   15 pour 붓다 sweep away ⋯을 휩쓸다 flood 홍수   16 swallow 삼키다   17 furious 격노한 go off 자리를 뜨다 offspring 자손 commandment 계명 hold to ⋯을 지키다 testimony 증거

35

월   일

바다에서 올라온 짐승

요한계시록 13:1-10 · 새찬송 545장 | 통일 344장

• 말씀묵상 전에 성령님의 인도하심을 구하는 기도를 드리십시오.

> **본문요약** ㅣ 바다에서 올라온 한 짐승은 세상의 권세를 받고 신성 모독하는 이름을 가진다. 무서운 맹수들의 모습을 하고 있는데 그 머리 하나가 상하게 되었다가 다시 낫자 세상은 이 짐승을 따른다. 이 짐승은 하나님을 비방하며 성도들과 싸워 이기고 성도가 아닌 모든 사람은 이 짐승을 따르게 된다.

1 내가 보니 바다에서 한 짐승이 나오는데 뿔이 열이요 머리가 일곱이라 그 뿔에는 열 왕관이 있고 그 머리들에는 신성모독 하는 이름들이 있더라

2 내가 본 짐승은 표범과 비슷하고 그 발은 곰의 발 같고 그 입은 사자의 입 같은데 용이 자기의 능력과 보좌와 큰 권세를 그에게 주었더라

3 그의 머리 하나가 상하여 죽게 된 것 같더니 그 죽게 되었던 상처가 나으매 온 땅이 놀랍게 여겨 짐승을 따르고

4 용이 짐승에게 권세를 주므로 용에게 경배하며 짐승에게 경배하여 이르되 누가 이 짐승과 같으냐 누가 능히 이와 더불어 싸우리요 하더라

5 또 짐승이 과장되고 신성모독을 말하는 입을 받고 또 마흔두 달 동안 일할 권세를 받으니라

6 짐승이 입을 벌려 하나님을 향하여 비방하되 그의 이름과 그의 장막 곧 하늘에 사는 자들을 비방하더라

7 또 권세를 받아 성도들과 싸워 이기게 되고 각 족속과 백성과 방언과 나라를 다스리는 권세를 받으니

8 죽임을 당한 어린 양의 생명책에 창세 이후로 이름이 기록되지 못하고 이 땅에 사는 자들은 다 그 짐승에게 경배하리라

9 누구든지 귀가 있거든 들을지어다

10 사로잡힐 자는 사로잡혀 갈 것이요 [1]칼에 죽을 자는 마땅히 칼에 죽을 것이니 성도들의 인내와 믿음이 여기 있느니라

1. 오늘 하나님께서 나에게 주신 깨달음은 무엇입니까?

2. 말씀을 어떻게 내 삶에 구체적으로 적용해야 합니까?

1) 어떤 사본에는, '칼로 죽이는 자는 마땅히 칼에 죽으리니'로 된 곳도 있음

절별 해설

1 바다에서 한 짐승이 나오는데 구약의 리워야단(시 74:14)과 다니엘서 7장의 큰 짐승 넷을 배경으로 한다(단 7:2-3). 리워야단은 하나님을 대적하는 세력으로 바다 괴물(욥 7:12), 큰 뱀(렘 51:34), 악어(겔 29:3) 등으로 비유되던 바벨론과 애굽 왕들을 말한다. 다니엘서 7장에 나오는 큰 짐승들은 하나님의 백성을 위협하던 바벨론, 페르시아, 그리스, 로마를 비유한다. 바다짐승은 일차적으로 로마를 비유하지만, 교회 시대 내내 성도들을 핍박하던 국가나 악한 정치권력 등의 적그리스도적 존재를 말한다.

뿔이 열이요 머리가 일곱이라 바다짐승의 모습은 12:3에 나온 용과 유사하다. 영적 존재인 마귀가 세상을 다스리는 국가적 세력에 자신의 능력과 권세를 전수했음을 알 수 있다.

2 내가 본 짐승 다니엘서 7장에는 사자, 곰, 표범, 무서운 짐승이 등장한다(단 7:4-8). 이들의 특징을 모두 갖춘 강력한 짐승의 등장은 성도를 핍박하는 세력의 흉포함을 보여준다.

3 머리 하나가 상하여 죽게 된 것 같더니 '여자의 후손이 네 머리를 상하게 할 것'(창 3:15)이라는 말씀처럼 예수님으로 인해 마귀의 권세가 영적으로 무너졌다(골 2:15). 이는 구약에서 하나님이 리워야단과 용을 벌하여 죽이신다는 예언의 성취이다(사 27:1).

죽게 되었던 상처가 나으매 로마의 네로 황제의 죽음과 부활에 관한 소문을 배경으로 한다. 사탄은 영적으로 패했지만 세상에서 여전히 강한 영향력과 권세로 사람들을 미혹한다.

4 누가 이 짐승과 같으냐 구약에서 '누가 여호와 하나님과 같으냐?'라고 하나님의 권세와 능력을 찬양한 것처럼(출 8:10) 사람들이 이 짐승을 경배하게 될 것을 의미한다.

5 마흔두 달 '천이백육십 일'(12:6) 혹은 '한 때 두 때 반 때'(12:14)와 같은 기간으로 예수님의 초림부터 재림까지의 교회 시대이다.

6 비방하되 로마 황제와 같이 큰 권력을 가진 자들이 스스로를 신격화하여 하나님처럼 말하고 행동한 신성 모독 행위를 말한다.

7 성도들과 싸워 이기게 되고 바다짐승이 세상의 권력으로 성도들을 핍박하여 고난과 순교를 당하게 하는 것을 의미한다.

8 다 그 짐승에게 경배하리라 하나님이 세상 권력의 핍박을 허용하시는 이유이다. 이러한 핍박의 과정을 통해 생명책에 기록된 참된 성도와 그렇지 않은 자가 구별된다.

10 사로잡힐 자, 칼에 죽을 자 예레미야 15:2과 43:11을 인용

1 또 나는 바다에서 한 짐승이 올라오는 것을 보았습니다. 그 짐승은 뿔이 열이고 머리가 일곱이었는데, 각각의 뿔에는 왕관이 씌워져 있었습니다. 또 머리마다 하나님을 모독하는 이름들이 쓰여 있었습니다.

2 그 짐승은 마치 표범처럼 생겼는데, 발은 곰의 발 같고 입은 사자의 입을 닮았습니다. 용은 그 짐승에게 자기의 힘과 왕좌와 권세를 주었습니다.

3 그 짐승의 머리 하나가 큰 상처를 입고 죽은 듯하더니, 거짓말같이 그 상처가 나으며 살아났습니다. 사람들은 그 기적에 놀라며 그 짐승을 따랐습니다.

4 그 짐승에게 이처럼 큰 능력을 준 용에게 경배하고, 그 짐승에게도 역시 경배하며, 이렇게 외쳤습니다. "이 짐승보다 힘센 자가 어디 있겠는가? 누가 감히 이 짐승과 맞서 싸울 수 있겠는가?"

5 용은 그 짐승에게 교만한 말과 하나님을 모독하는 말을 하게 하고, 마흔두 달 동안, 용의 힘을 빌어 사용할 수 있는 권세를 주었습니다.

6 그 짐승은 그 기간 동안, 하나님을 모독하고, 하나님의 이름과 성전*을 더럽히며, 하늘에 있는 모든 이들을 욕하고 다녔습니다.

7 또 하나님의 거룩한 백성을 쳐서 이기는 권세를 받아서, 이 땅의 모든 나라와 민족을 다스리게 되었습니다.

8 세상이 창조된 이후, 죽임당하신 어린양의 생명책에 기록되지 못한 땅에 사는 사람들은, 모두 이 짐승을 경배하게 될 것입니다.

9 누구든지 귀 있는 자는 들으십시오.

10 "사로잡힐 사람이라면 사로잡힐 것이며 칼로 죽임을 당할 사람이라면 칼에 죽임을 당할 것입니다."
이 말은 하나님의 거룩한 백성에게는 인내와 믿음이 필요하다는 뜻입니다.

* 13:6 장막

한 구절로 가장 비참한 형태의 고난을 의미한다. 성도들이 세상에서 심각한 고난에 직면하게 될 것을 의미한다.

저자의 **묵상**

강력한 권력을 가진 국가는 교회와 성도들을 핍박하는 경우가 많았다. 사도 요한 시대의 로마는 교회를 향한 사탄의 핍박을 현실화한 바다에서 올라온 짐승의 대표적인 사례였다. 로마 황제는 스스로를 신성화하여 '주님이며 하나님'으로 불리고자 했기에 예수님만을 '주님이며 하나님'으로 믿는 성도들을 용납하지 않았다. 신앙 때문에 많은 성도들이 핍박당하고, 순교당하고, 카타콤과 같은 동굴로 들어갔다. 그러나 강력한 핍박에도 불구하고 AD 313년에 로마 황제인 콘스탄티누스 대제의 밀라노 칙령으로 로마는 기독교를 정식 종교로 공인하게 되었다. 지금도 이와 같은 일들이 계속 벌어지고 있다. 1949년 공산주의 국가로 시작된 중화인민공화국은 기독교에 대한 강력한 탄압을 시작했고 문화 혁명 때에 절정에 달해 중국의 기독교가 말살된 것처럼 보였다. 그러나 현재 중국의 기독교인 숫자는 1억 명이 넘고 10년 내에 2배 이상 성장해 세계에서 가장 많은 기독교인이 있는 국가가 될 것으로 예상된다.

> **무릎 기도** | 하나님, 세상의 박해에도 불구하고 교회를 지키고 보존하시는 하나님의 권세를 믿게 하소서. 인생 가운데 마주하는 고난에도 오히려 구원을 신뢰하는 믿음을 주소서.

ESV - Revelation 13

1 And I saw a beast rising out of the sea, with ten horns and seven heads, with ten diadems on its horns and blasphemous names on its heads.

2 And the beast that I saw was like a leopard; its feet were like a bear's, and its mouth was like a lion's mouth. And to it the dragon gave his power and his throne and great authority.

3 One of its heads seemed to have a mortal wound, but its mortal wound was healed, and the whole earth marveled as they followed the beast.

4 And they worshiped the dragon, for he had given his authority to the beast, and they worshiped the beast, saying, "Who is like the beast, and who can fight against it?"

5 And the beast was given a mouth uttering haughty and blasphemous words, and it was allowed to exercise authority for forty-two months.

6 It opened its mouth to utter blasphemies against God, blaspheming his name and his dwelling,* that is, those who dwell in heaven.

7 Also it was allowed to make war on the saints and to conquer them.* And authority was given it over every tribe and people and language and nation,

8 and all who dwell on earth will worship it, everyone whose name has not been written before the foundation of the world in the book of life of the Lamb who was slain.

9 If anyone has an ear, let him hear:

10 If anyone is to be taken captive, to captivity he goes; if anyone is to be slain with the sword, with the sword must he be slain. Here is a call for the endurance and faith of the saints.

* 13:6 Or *tabernacle*
* 13:7 Some manuscripts omit this sentence

1 horn 뿔 diadem 왕관 blasphemous 모독적인   2 leopard 표범 throne 보좌 authority 권세   3 mortal 치명적인 wound 상처 marvel 놀라다   5 utter 말하다 haughty 오만한 allow 허락하다   6 dwell 살다   7 saint 성도 conquer 이기다 tribe 족속   8 lamb 어린 양 slay 죽이다   10 be taken captive 사로잡히다 sword 칼 endurance 인내

36
월   일

땅에서 올라온 짐승

요한계시록 13:11-18 • 새찬송 285장 | 통일 209장

• 말씀묵상 전에 성령님의 인도하심을 구하는 기도를 드리십시오.

> **본문요약 |** 땅에서 또 다른 짐승이 올라오는데 이 짐승은 바다에서 올라온 짐승을 경배하게 한다. 이 짐승은 이적을 행하고, 바다짐승의 모습을 한 우상을 만들도록 해서 그 우상에게 경배하지 않는 자들을 죽인다. 또한 모든 사람에게 표를 받게 하여 이 표가 없는 사람들에게 경제적 제재를 가하는데 그 표는 육백육십육이다.

11 내가 보매 또 다른 짐승이 땅에서 올라오니 어린 양 같이 두 뿔이 있고 용처럼 말을 하더라

12 그가 먼저 나온 짐승의 모든 권세를 그 앞에서 행하고 땅과 땅에 사는 자들을 처음 짐승에게 경배하게 하니 곧 죽게 되었던 상처가 나은 자니라

13 큰 이적을 행하되 심지어 사람들 앞에서 불이 하늘로부터 땅에 내려오게 하고

14 짐승 앞에서 받은 바 이적을 행함으로 땅에 거하는 자들을 미혹하며 땅에 거하는 자들에게 이르기를 칼에 상하였다가 살아난 짐승을 위하여 우상을 만들라 하더라

15 그가 권세를 받아 그 짐승의 우상에게 생기를 주어 그 짐승의 우상으로 말하게 하고 또 짐승의 우상에게 경배하지 아니하는 자는 몇이든지 다 죽이게 하더라

16 그가 모든 자 곧 작은 자나 큰 자나 부자나 가난한 자나 자유인이나 종들에게 그 오른손에나 이마에 표를 받게 하고

17 누구든지 이 표를 가진 자 외에는 매매를 못하게 하니 이 표는 곧 짐승의 이름이나 그 이름의 수라

18 지혜가 여기 있으니 총명한 자는 그 짐승의 수를 세어 보라 그것은 사람의 수니 그의 수는 육백육십육이니라

1. 오늘 하나님께서 나에게 주신 깨달음은 무엇입니까?

2. 말씀을 어떻게 내 삶에 구체적으로 적용해야 합니까?

절별 해설

11 또 다른 짐승이 땅에서 올라오니 구약에서 땅에서 올라와 하나님을 대적하는 짐승은 베헤못이며(욥 40:15-24) 본서의 다른 곳에서는 '거짓 선지자'로 불린다(16:13; 19:20). 용은 하나님, 바다에서 올라온 짐승은 그리스도, 땅에서 올라온 짐승은 성령을 흉내 내며 거짓된 삼위일체를 형성한다.
어린 양 같이 두 뿔이 있고 '뿔'은 권세와 능력을 상징하며 두 개의 뿔을 통해 마치 성령과 같이 바다짐승을 증거하는 역할을 함을 비유한다.
용처럼 말을 하더라 거짓의 아비인 사탄의 거짓말하는 능력을 그대로 전수받아 사람들을 거짓으로 속이고 진리를 왜곡하는 세력임을 보여준다.

12 처음 짐승에게 경배하게 하니 육지에서 올라온 짐승은 예수님을 증거하는 성령을 흉내 낸다. 이는 당시 황제를 신격화하여 우상으로 섬기던 당시의 로마 종교를 배경으로 한다.

13 큰 이적 엘리야가 하늘에서 불을 내린 이적(왕하 1:10)이나 교회를 상징하는 두 증인의 불이 원수를 삼켜 버린 이적(11:5)을 흉내 내는 이 짐승은 우상 숭배자를 만들어 낸다.

14 우상을 만들라 느부갓네살 왕이 만들었던 황금 신상처럼(단 3:1) 이 짐승은 경배하는 자와 경배하지 않는 자들을 구별하기 위해 우상을 만든다.

15 우상에게 생기를 주어 로마의 이방 종교 제사장들은 우상이 말을 하는 것처럼 속여 숭배를 종용했다. 말세에는 거짓 기사와 표적들로 많은 사람이 미혹될 것이다(마 24:24).

16 오른손에나 이마에 '오른손'은 행동, '이마'는 생각의 비유로서 사람들의 행동과 생각이 마귀의 영향력 아래 있음을 의미한다.
표를 받게 하고 '표'는 문서에 찍는 인이나 주인의 소유권을 나타내는 낙인 등을 의미한다. 하나님은 그의 백성에게 자신의 소유권을 나타내는 표를 주신다(7:3). 이와 같이 마귀는 사람들의 행동이나 생각 등을 통해 그들이 자신의 소유물임을 드러낸다.

17 매매를 못하게 하니 마귀의 방법을 따라 살지 않을 때 겪게 되는 경제적 어려움을 의미한다. 마귀의 생존 방법은 자기 이익을 극대화하기 위해 남을 파괴하는 삶의 양식이다.
짐승의 이름 이름은 존재의 정체성이므로 '짐승의 이름'은 마귀의 삶의 양식을 말한다.

18 지혜 하나님의 백성만이 가질 수 있는 영적 분별력이다.

---

11 그 뒤에 나는 또 한 짐승이 땅에서 올라오는 것을 보았습니다. 그 짐승은 어린 양처럼 뿔이 두 개 있었는데, 용처럼 말했습니다.

12 이 두 번째 짐승은 첫 번째 짐승 앞에 서서 첫 번째 짐승과 똑같은 힘을 행사하였습니다. 그 힘으로 치명적인 상처를 입었다가 살아난 첫 번째 짐승에게, 이 땅의 살아 있는 모든 사람들이 무릎 꿇도록 강요했습니다.

13 두 번째 짐승은 큰 기적을 행하였는데, 사람들이 보는 앞에서 불이 하늘에서부터 땅으로 내려오게 하기도 하였습니다.

14 이 짐승은 이런 기적들을 행하여서 사람들을 현혹시켰습니다. 이 모든 것은 첫 번째 짐승을 경배하게 하기 위한 수단이었습니다. 또 사람들에게 칼에 맞고도 죽지 않은 첫 번째 짐승의 우상을 만들어 섬기도록 명령하였습니다.

15 두 번째 짐승은 그 우상에게 생명을 불어넣어 우상이 말을 하게 하고, 그 우상에게 절하지 않는 사람들은 다 죽이라고 명령하였습니다.

16 그 짐승은 높은 자나 낮은 자나, 부자나 가난한 자나, 노예나 자유인이나 다 그들의 오른손이나 이마에 표를 받게 하였습니다.

17 그래서 이 표가 없는 자는 아무것도 사거나 팔 수 없게 하였는데, 이 표는 짐승의 이름이나 그 이름을 뜻하는 숫자입니다.

18 지혜가 있는 자는 이 숫자의 의미를 알 수 있을 것입니다. 그 숫자는 사람의 숫자이며, 육백육십육입니다.

육백육십육 완전수인 7에 1이 모자란 불완전수인 6을 세 번 반복함으로, 하나님처럼 되고자 하는 마귀와 인간의 모방이 철저하게 불완전하다는 사실을 강조한다.

저자의 **묵상**

본서에 나오는 숫자를 문자적으로 받아들이거나 특정 인물이나 사건에 대입하면 심각한 해석적 오류가 발생한다. 가장 대표적인 예가 666이다. 과거에는 이 숫자를 네로 황제, 교황, 히틀러 등으로 보기도 했고, 현대에는 바코드나 베리칩으로 해석하는 사람들이 있다. 이런 해석으로 성도들을 미혹하는 자들이 바로 거짓 선지자이다.

요한계시록은 예수님의 재림 직전 몇 년을 위해 기록된 책이 아니다. 교회 시대 내내 마귀와 세상 권력과 거짓 종교가 거짓된 삼위일체를 이루는 것을 보여준다. 마귀가 어떻게 성도를 핍박하고 유혹하는지를 보여줌으로써, 성도들이 영적 분별력을 가지고 믿음의 싸움을 할 수 있도록 돕기 위해 기록되었다. 666은 세상 사람들뿐 아니라 성도마저도 스스로 하나님처럼 되기 위해 세상의 힘을 의존하는 시도를 한다면 반드시 실패할 것을 보여주는 숫자이다. 잘못된 해석으로 성도의 신앙을 흔드는 거짓 선지자의 미혹을 주의해야 한다.

> **무릎 기도** 하나님, 바른 영적 분별력을 주셔서 마귀의 거짓에 속아 넘어가지 않도록 도우소서. 세상 힘을 의지하라고 유혹하는 속임수를 분별하여 주만을 의지하게 하소서.

ESV - Revelation 13

11 Then I saw another beast rising out of the earth. It had two horns like a lamb and it spoke like a dragon.

12 It exercises all the authority of the first beast in its presence,* and makes the earth and its inhabitants worship the first beast, whose mortal wound was healed.

13 It performs great signs, even making fire come down from heaven to earth in front of people,

14 and by the signs that it is allowed to work in the presence of* the beast it deceives those who dwell on earth, telling them to make an image for the beast that was wounded by the sword and yet lived.

15 And it was allowed to give breath to the image of the beast, so that the image of the beast might even speak and might cause those who would not worship the image of the beast to be slain.

16 Also it causes all, both small and great, both rich and poor, both free and slave,* to be marked on the right hand or the forehead,

17 so that no one can buy or sell unless he has the mark, that is, the name of the beast or the number of its name.

18 This calls for wisdom: let the one who has understanding calculate the number of the beast, for it is the number of a man, and his number is 666.*

* 13:12 Or *on its behalf*
* 13:14 Or *on behalf of*
* 13:16 For the contextual rendering of the Greek word *doulos*, see Preface
* 13:18 Some manuscripts *616*

11 horn 뿔 lamb 어린 양　12 authority 권세　in one's presence 면전에서　inhabitant 주민　mortal 치명적인　wound 상처　heal 치료하다　14 allow 허락하다　deceive 속이다　dwell 살다　sword 칼　15 slay 죽이다　16 slave 노예　mark 표시하다　forehead 이마　18 call for …을 필요로 하다　wisdom 지혜　calculate 계산하다

37

월   일

십사만 사천이 부르는 새 노래

요한계시록 14:1-5 · 새찬송 286장 | 통일 218장

• 말씀묵상 전에 성령님의 인도하심을 구하는 기도를 드리십시오.

> **본문요약 |** 요한은 시온산에서 어린 양과 함께 있는 십사만 사천의 성도들을 본다. 이마에는 어린 양과 여호와의 이름이 쓰여 있는데 그들은 하나님 앞에서 새 노래로 찬양을 부른다. 이 찬양은 속량함을 받은 십사만 사천 외에는 배울 수 없는 노래이다. 이들은 순결하고 어린 양의 인도를 따르며 흠이 없는 자들이다.

1 또 내가 보니 보라 어린 양이 시온 산에 섰고 그와 함께 십사만 사천이 서 있는데 그들의 이마에는 어린 양의 이름과 그 아버지의 이름을 쓴 것이 있더라

2 내가 하늘에서 나는 소리를 들으니 많은 물 소리와도 같고 큰 우렛소리와도 같은데 내가 들은 소리는 거문고 타는 자들이 그 거문고를 타는 것 같더라

3 그들이 보좌 앞과 네 생물과 장로들 앞에서 새 노래를 부르니 땅에서 속량함을 받은 십사만 사천 밖에는 능히 이 노래를 배울 자가 없더라

4 이 사람들은 여자와 더불어 더럽히지 아니하고 순결한 자라 어린 양이 어디로 인도하든지 따라가는 자며 사람 가운데에서 속량함을 받아 처음 익은 열매로 하나님과 어린 양에게 속한 자들이니

5 그 입에 거짓말이 없고 흠이 없는 자들이더라

1. 오늘 하나님께서 나에게 주신 깨달음은 무엇입니까?

2. 말씀을 어떻게 내 삶에 구체적으로 적용해야 합니까?

절별 해설

1 또 내가 보니 마귀와 교회의 영적 전투(11–13장) 이후에 새로운 내용이 시작됨을 알린다.

어린 양이 시온 산에 섰고 구약에서 '시온산'은 메시아가 임할 때 그의 백성을 모아 통치하실 장소이며(미 4:7) 열방의 왕들을 심판하실 장소이다(시 2:6–12). 신약에서는 하늘의 예루살렘, 즉 하나님의 백성이 하나님의 통치를 받는 하나님 나라를 상징한다(히 12:22).

십사만 사천 7장에 나왔던 모든 하나님의 백성을 의미하는 숫자이다(7:4).

어린 양의 이름과 그 아버지의 이름 짐승의 이름이 새겨진 세상 사람들과 대조적으로 하나님 백성의 이마에는 그들이 예수님과 하나님의 소유임이 적혀 있다.

2 많은 물 소리, 큰 우렛소리 '많은 물 소리'는 하나님의 음성의 장엄함(겔 1:25)을, '큰 우렛소리'는 심판의 강력함(욥 26:14)을 뜻한다. 성도들의 찬양이 하나님의 통치와 심판의 소리처럼 장엄하게 묘사된 이유는 이들이 예수님과 함께 세상을 통치하기 때문이다(20:6).

거문고를 타는 것 본서에서 거문고와 함께 나오는 찬양이 세 번 등장한다(5:8–10; 15:2–4). 이 찬양들은 하나님의 승리와 예수님의 구속을 기린다. '속량함을 받은 하나님의 백성이 시온에 돌아와 노래하며 기뻐할 것'이라는 이사야의 예언이 성취된 것이다(사 35:10).

3 새 노래 구약에서 '새 노래'는 적들에 대한 하나님의 승리를 찬양하거나(시 40:3) 창조에 대한 감사를 표현할 때(시 33:3) 사용되었다. 이곳에서 성도들은 마귀에 대한 하나님의 승리를 기뻐하며 성도를 재창조하실 것을 새 노래로 찬양한다.

속량 '(빚 등의 이유로 노예로 팔린 자를) 값을 주고 되사다'라는 뜻이다. 하나님이 죄의 삯으로 인해 마귀와 사망의 노예가 된 인간을 예수님의 피 값으로 다시 사셨음을 의미한다(롬 3:24).

이 노래를 배울 자가 없더라 죽을 수밖에 없는 노예였다가 예수님의 속량으로 구원받아 생명을 얻은 성도들만 하나님의 은혜를 찬양할 수 있음을 의미한다.

4 순결한 자 구약에서 우상 숭배는 음행(삿 8:33)이나 간음(렘 13:27)으로 여겨진다. '순결한 자'는 우상 숭배를 하지 않고 어린 양의 신부로 영적 순결을 지키는 성도이다.

어린 양이 어디로 인도하든지 따라가는 자 자기를 부인하고 자기 십자가를 지며 예수님의 가르침을 따라 사는 성도들을 의미한다(막 8:34).

5 거짓말이 없고 '거짓말'은 마귀의 가장 대표적인 특징이다(요 8:44). 성도들은 이와 반대로 진리를 따라 살아가는 자들이다.

---

1 그 후에 나는 어린 양을 보았습니다. 어린 양은 시온산에 서 있었습니다. 그 곁에는 이마에 그분의 이름과 아버지의 이름이 새겨진 십사만 사천 명이 서 있었습니다.

2 그리고 폭포 소리 같기도 하고, 큰 천둥소리 같기도 한 소리가 하늘로부터 들려왔습니다. 그것은 사람들이 거문고를 타는 소리 같았습니다.

3 그들은 보좌와 네 생물과 장로들 앞에서 새 노래를 불렀습니다. 그 새 노래는 이 땅에서 구원함을 받은 십사만 사천 명 외에는 아무도 부를 수가 없습니다.*

4 이들은 여자와 더불어 죄를 짓지 않고, 자신을 깨끗이 지킨 자들입니다. 그들은 어린 양이 가는 곳이라면 어디든지 따라가는 자들이며, 하나님과 어린 양에게 첫 제물로 바쳐진 이 땅의 사람들 가운데 구원받은 자들입니다.

5 그들에게선 거짓을 찾을 수 없으며, 흠 없는 자들입니다.

* 14:3 배울 사람이 없습니다.

저자의 **묵상**

그리스도에 속한 자는 우상 숭배를 거부하고, 예수님의 인도를 따라 살며, 거짓말을 하지 않고, 흠이 없는 자라고 한다. 그렇다면 마귀에게 속한 자는 우상 숭배를 하고, 마귀가 시키는 대로 살며, 진리를 거부하고, 흠이 많은 자일 것이다. 모든 성도 안에는 이 두 가지 모습이 공존한다. 하나님을 섬기면서도 돈을 사랑하고, 예수님께 순종하려 하지만 세상이 시키는 대로 살아간다. 진리를 사랑할 때도 있지만 세상의 거짓말에 이끌리며, 의롭다고 인정을 받지만 흠이 많은 존재이기 때문이다. 그렇다면 우리는 그리스도에게 속한 자인가 아니면 마귀에게 속한 자인가?

우리는 그리스도에게 속하였다. 그러나 우리의 옛사람은 마귀에게 속했던 과거의 습관 때문에 여전히 마귀의 영향력 아래 있는 것처럼 보인다. 우리는 하나님의 인도를 받으면서도 여전히 애굽 노예의 삶을 그리워하며 반역하던 이스라엘 백성과 닮아 있다. 지금 우리는 이 옛사람이 노예의 습관을 완전히 벗어 버리며 죽임을 당하기까지 광야를 걸어가고 있는 것이다.

> **무릎기도** | 하나님, 저의 옛사람의 모습은 예수님이 아닌 마귀에게 속한 자처럼 살아갑니다. 옛사람이 철저히 십자가에 못 박혀 죽어서 예수님에게 속한 자로 살아가게 하소서.

ESV - Revelation 14

1 Then I looked, and behold, on Mount Zion stood the Lamb, and with him 144,000 who had his name and his Father's name written on their foreheads.

2 And I heard a voice from heaven like the roar of many waters and like the sound of loud thunder. The voice I heard was like the sound of harpists playing on their harps,

3 and they were singing a new song before the throne and before the four living creatures and before the elders. No one could learn that song except the 144,000 who had been redeemed from the earth.

4 It is these who have not defiled themselves with women, for they are virgins. It is these who follow the Lamb wherever he goes. These have been redeemed from mankind as firstfruits for God and the Lamb,

5 and in their mouth no lie was found, for they are blameless.

1 behold 보다 lamb 어린 양 forehead 이마   2 roar 굉음   3 throne 보좌 creature 생물 elder 장로 except …외에는 redeem from …에서 구원하다   4 defile 더럽히다 virgin 처녀 firstfruits 첫 수확물   5 blameless 죄 없는

38
월   일

최후 심판에 관한 세 천사의 선포

요한계시록 14:6–13 • 새찬송 288장 | 통일 204장

• 말씀묵상 전에 성령님의 인도하심을 구하는 기도를 드리십시오.

> **본문요약 ㅣ** 모든 사람에게 선포될 복음을 가진 천사가 공중에 날아가며 하나님을 두려워하며 경배하라고 선포한다. 두 번째 천사는 바벨론이 심판당할 것을 선포한다. 세 번째 천사는 우상 숭배하는 자들은 하나님의 진노의 포도주를 마시며 영원한 고난을 받게 될 것이라고 경고한다. 성도들은 수고를 그치고 쉬게 될 것이 선포된다.

6 또 보니 다른 천사가 공중에 날아가는데 땅에 거주하는 자들 곧 모든 민족과 종족과 방언과 백성에게 전할 영원한 복음을 가졌더라

7 그가 큰 음성으로 이르되 하나님을 두려워하며 그에게 영광을 돌리라 이는 그의 심판의 시간이 이르렀음이니 하늘과 땅과 바다와 물들의 근원을 만드신 이를 경배하라 하더라

8 또 다른 천사 곧 둘째가 그 뒤를 따라 말하되 무너졌도다 무너졌도다 큰 성 바벨론이여 모든 나라에게 그의 음행으로 말미암아 진노의 포도주를 먹이던 자로다 하더라

9 또 다른 천사 곧 셋째가 그 뒤를 따라 큰 음성으로 이르되 만일 누구든지 짐승과 그의 우상에게 경배하고 이마에나 손에 표를 받으면

10 그도 하나님의 진노의 포도주를 마시리니 그 진노의 잔에 섞인 것이 없이 부은 포도주라 거룩한 천사들 앞과 어린 양 앞에서 불과 유황으로 고난을 받으리니

11 그 고난의 연기가 세세토록 올라가리로다 짐승과 그의 우상에게 경배하고 그의 이름 표를 받는 자는 누구든지 밤낮 쉼을 얻지 못하리라 하더라

12 성도들의 인내가 여기 있나니 그들은 하나님의 계명과 예수에 대한 믿음을 지키는 자니라

13 또 내가 들으니 하늘에서 음성이 나서 이르되 기록하라 지금 이후로 주 안에서 죽는 자들은 복이 있도다 하시매 성령이 이르시되 그러하다 그들이 수고를 그치고 쉬리니 이는 그들의 행한 일이 따름이라 하시더라

1. 오늘 하나님께서 나에게 주신 깨달음은 무엇입니까?

2. 말씀을 어떻게 내 삶에 구체적으로 적용해야 합니까?

절별 해설

6 공중 땅에 대한 하늘의 심판이 선포되는 하늘과 땅의 중간 지대를 의미한다(8:13).

영원한 복음 영원하다는 것은 효력이 영구적임을 뜻한다. 이는 신자들에게는 구원의 복된 소식이지만 불신자들에게는 심판의 내용이다.

7 하나님을 두려워하며 그에게 영광을 돌리라 진정으로 회개한 자의 태도로서 심판이 이르기 전에 아직 회개하지 않은 사들에게 회개를 촉구하는 것이다.

하늘과 땅과 바다와 물들 온 세상을 비유한 것으로 하나님의 심판의 대상이 되는 첫 창조의 기초를 의미한다. 하나님은 첫 창조를 무너뜨리고 새 창조를 이루실 것이다.

8 큰 성 바벨론 구약의 바벨론은 하나님의 백성을 유혹하고 핍박했던 강한 세력으로 여러 차례 멸망이 예언되었다(사 21:9). 신약에서는 로마가 바벨론으로 비유된다(벧전 5:13). 본서에서 바벨론은 성도를 유혹하고 핍박하는 세상을 상징하며 이곳의 선포는 17–18장에 나오는 바벨론 심판에 대한 전조적인 선언이다.

음행 우상 숭배(겔 23:14)는 하나님의 심판의 이유이다.

진노의 포도주 하나님을 떠나게 만들고 세상의 쾌락을 추구하게 한 우상 숭배를 상징한다(호 4:11). 또한 피를 부르는 죽음의 심판이 임할 것을 보여주는 이중적인 의미이다(16:19).

9 짐승과 그의 우상에게 경배하고 이마와 손에 표를 받는 것과 우상 숭배가 같은 행위라고 언급된다. 짐승의 표는 그 사람이 영적으로 마귀에게 속했다는 증거이다.

10 섞인 것이 없이 부은 포도주 고대에는 물을 2–3배 타서 희석시킨 포도주를 마셨다. 그러나 이들에게 부어지는 하나님의 심판은 순수한 진노 그 자체이다.

불과 유황 하나님의 심판을 상징하는 도구들이다(사 34:9).

11 밤낮 쉼을 얻지 못하리라 13절에서 성도들이 수고를 그치고 쉬게 될 것이라는 약속과 정반대의 의미로 영원히 쉼이 없는 심판이 선포된다.

12 성도들의 인내 '인내'의 원어에는 '소망이 있기 때문에 기다릴 수 있다'는 의미가 들어 있다(약 1:3). 6–11절의 선포에 대해 성도가 세상의 고난을 인내할 수 있는 이유를 제시한다. 성도는 구원의 소망을 가지고 인내할 수 있기 때문에(13절) 말씀과 믿음을 지킬 수 있는 것이다.

13 주 안에서 죽는 자들 순교한 자들뿐 아니라 믿음으로 예수님과 연합된 채 죽음을 맞이하는 모든 성도를 의미한다(갈 2:20).

6 그 후, 나는 한 천사가 하늘 높이 날아가는 것을 보았습니다. 그 천사는 땅 위에 있는 모든 나라와 민족과 부족에게 전할 영원한 기쁜 소식을 가지고 가는 중이었습니다.

7 천사는 큰 소리로 외쳤습니다. "하나님을 두려워하고, 그분에게 찬양을 드려라. 하나님께서 온 세상을 심판하실 때가 왔으니, 하늘과 땅과 바다와 샘을 만드신 그분을 경배하여라."

8 또 한 천사가 그 뒤를 이어 날아가며 외쳤습니다. "바빌론이 무너졌다. 큰 성 바빌론이 무너졌다. 모든 민족에게 부도덕한 짓을 하게 하여 하나님의 진노를 사게 한 대가를 받았다."

9 두 천사의 뒤를 이어 세 번째 천사가 큰 소리로 외쳤습니다. "누구든지 짐승과 우상에게 경배하고, 이마나 손에 짐승의 표를 받는 자는

10 하나님의 진노의 포도주를 마시게 될 것이다. 그 진노의 포도주는 물을 타지 않은 독한 술이다. 그들은 거룩한 천사들과 어린 양이 보는 앞에서 유황불로 고통을 겪게 될 것이다.

11 그 고통의 연기는 밤낮 쉬지 않고 피어올라서, 짐승과 우상에게 경배하고 짐승의 표를 받은 자들을 괴롭힐 것이다.

12 그러므로 하나님의 거룩한 백성은 하나님의 명령을 지키고, 예수님을 끝까지 믿고 따르면서 참고 견뎌야 할 것이다."

13 또 나는 하늘에서 들리는 음성을 들었습니다. "이것을 기록하여라. 이제부터 주님을 믿고 주 안에서 죽은 자를 기뻐할 때가 왔다." 그러자 성령께서도 "그렇다. 그들은 괴로운 수고에서 벗어날 것이다. 이는 그들의 착한 행실이 영원히 남아 있기 때문이다." 하고 말씀하셨습니다.

최후의 심판 선포에서 하나님을 경외하라는 말씀과 바벨론과 우상 숭배자들에 대한 심판이 동시에 선포되는 것은 이 둘이 서로 연관되어 있기 때문이다. 하나님을 두려워하지 않는 자들은 자신의 욕망을 채워 줄 수 있을 것 같은 대상을 숭배하게 되어 있다. 즉 우상 숭배는 하나님을 경외하지 않는 자의 자연스러운 귀결이다.

성도는 늘 하나님을 경외함과 우상 숭배의 기로에 서 있다. 하나님을 경외하기 위해서는 하나님만이 우리의 유일한 행복의 근원이며 가장 귀한 분이심을 믿어야 한다. 하나님을 경외하지 않으면 그 자리는 자연스럽게 세상의 힘이 차지하게 된다. 세상은 남보다 성공하고, 높아지고, 부자가 되고, 자녀가 좋은 학교에 가는 것이 행복이며 그렇게 되지 못하면 불행하다고 속인다. 결국 세상의 힘을 추구하다 우상 숭배에 빠지는 것은 안식을 빼앗기고 불행에 이르는 길이다.

> **무릎기도** 하나님, 주님만을 가장 귀한 분으로 여기고 경외하게 하소서. 세상의 힘이 유혹할 때에도 중심이 흔들리지 않도록 붙드셔서 안식을 누리게 하소서.

ESV - Revelation 14

6 Then I saw another angel flying directly overhead, with an eternal gospel to proclaim to those who dwell on earth, to every nation and tribe and language and people.

7 And he said with a loud voice, "Fear God and give him glory, because the hour of his judgment has come, and worship him who made heaven and earth, the sea and the springs of water."

8 Another angel, a second, followed, saying, "Fallen, fallen is Babylon the great, she who made all nations drink the wine of the passion* of her sexual immorality."

9 And another angel, a third, followed them, saying with a loud voice, "If anyone worships the beast and its image and receives a mark on his forehead or on his hand,

10 he also will drink the wine of God's wrath, poured full strength into the cup of his anger, and he will be tormented with fire and sulfur in the presence of the holy angels and in the presence of the Lamb.

11 And the smoke of their torment goes up forever and ever, and they have no rest, day or night, these worshipers of the beast and its image, and whoever receives the mark of its name."

12 Here is a call for the endurance of the saints, those who keep the commandments of God and their faith in Jesus.*

13 And I heard a voice from heaven saying, "Write this: Blessed are the dead who die in the Lord from now on." "Blessed indeed," says the Spirit, "that they may rest from their labors, for their deeds follow them!"

* 14:8 Or wrath
* 14:12 Greek and the faith of Jesus

6 eternal 영원한 proclaim 선포하다 dwell 살다 tribe 족속   7 judgment 심판   8 passion 격노 immorality 부도덕 9 mark 표시 forehead 이마   10 wrath 분노 torment 괴롭히다 sulfur 유황 in the presence of …의 면전에서 lamb 어린양   12 call for …을 필요로 하다 endurance 인내 saint 성도 commandment 계명   13 labor 수고 deed 행위

39 마지막 추수의 환상

요한계시록 14:14-20 • 새찬송 300장 | 통일 406장

월   일

• 말씀묵상 전에 성령님의 인도하심을 구하는 기도를 드리십시오.

> **본문요약 |** 영광스러운 예수님은 금 면류관을 쓰고 예리한 낫을 가지고 다 익어 거둘 때가 된 땅의 곡식을 추수하신다. 또 다른 천사도 예리한 낫으로 땅의 포도송이들을 거둔다. 이 천사가 낫을 휘둘러 포도를 거두어 하나님의 진노의 큰 포도주 틀에 던지자 그 틀에서 피가 말굴레까지 닿고, 천육백 스다디온까지 퍼진다.

14 또 내가 보니 흰 구름이 있고 구름 위에 인자와 같은 이가 앉으셨는데 그 머리에는 금 면류관이 있고 그 손에는 예리한 낫을 가졌더라

15 또 다른 천사가 성전으로부터 나와 구름 위에 앉은 이를 향하여 큰 음성으로 외쳐 이르되 당신의 낫을 휘둘러 거두소서 땅의 곡식이 다 익어 거둘 때가 이르렀음이니이다 하니

16 구름 위에 앉으신 이가 낫을 땅에 휘두르매 땅의 곡식이 거두어지니라

17 또 다른 천사가 하늘에 있는 성전에서 나오는데 역시 예리한 낫을 가졌더라

18 또 불을 다스리는 다른 천사가 제단으로부터 나와 예리한 낫 가진 자를 향하여 큰 음성으로 불러 이르되 네 예리한 낫을 휘둘러 땅의 ¹⁾포도송이를 거두라 그 포도가 익었느니라 하더라

19 천사가 낫을 땅에 휘둘러 땅의 포도를 거두어 하나님의 진노의 큰 포도주 틀에 던지매

20 성 밖에서 그 틀이 밟히니 틀에서 피가 나서 말 굴레에까지 닿았고 천육백 ²⁾스다디온에 퍼졌더라

1. 오늘 하나님께서 나에게 주신 깨달음은 무엇입니까?

2 말씀을 어떻게 내 삶에 구체적으로 적용해야 합니까?

1) 헬, 포도나무 2) 한 스다디온은 약 192미터임

절별 해설

14 구름 위에 인자와 같은 이 '구름'은 하나님의 영광을 상징하며(출 16:10) '인자와 같은 이'는 메시아로 오실 예수님을 의미한다(단 7:13). 본서에서는 예수님이 초림 때와는 달리 영광스러운 심판주로 묘사되기 때문에 구름과 함께하시는 분으로 나온다(1:7).

예리한 낫 본문에서 심판이 곡식 추수에 비유되기 때문에 심판의 도구 역시 예리한 낫의 이미지를 차용한다(사 18:5).

15 땅의 곡식이 다 익어 구약성경에서 추수의 비유는 하나님의 심판을 의미한다(호 6:11). 특별히 바벨론을 심판할 때 추수의 비유가 사용되었고(렘 51:33), 예수님도 마지막 심판을 추수로 비유하셨다(마 13:39).

16 땅의 곡식이 거두어지니라 14–16절의 추수는 성도의 구원에 관한 측면을 묘사한다. 따라서 예수님이 직접 심판을 행하시면서 하나님의 진노로 인한 파괴와 멸망의 묘사가 없다(마 13:30).

17 또 다른 천사 천사가 하는 추수는 불의한 자들의 심판에 초점이 맞추어져 있다.

18 불을 다스리는 다른 천사 이 천사가 나오는 제단은 성도들의 기도와 관계가 있는 곳이다(6:9–10; 8:3). 본절의 불을 다스리는 천사는 향로에 불을 담아 땅에 쏟는 심판을 행하는 천사와 동일하다(8:5).

땅의 포도송이를 거두라 포도의 추수는 심판을 의미한다. 포도의 색이 피의 색과 같은 붉은색이기 때문에 포도의 추수가 마지막 심판의 비유로 사용된다(사 63:2–3).

포도가 익었느니라 심판의 대상이 되는 자들의 죄악이 절정에 달했음을 의미한다(욜 3:13).

19 하나님의 진노의 큰 포도주 틀에 던지매 '큰 포도주 틀'은 하나님의 심판이 크심을 의미한다. 고대에는 포도를 추수하여 큰 포도주 틀에 넣고 사람들이 발로 밟아서 포도즙을 낸 뒤에 병에 저장하여 포도주를 만들었다. 이처럼 죄인들을 포도주 틀에 넣어서 발로 밟아 심판하신다는 것이다(사 63:6).

20 성 밖에서 악인들은 하나님이 통치하시는 예루살렘성 밖에서 심판을 당하게 된다.

피가 나서 말 굴레에까지 닿았고 예수님이 백마를 타고 오셔서 하나님의 진노의 포도주 틀을 밟아 심판을 하실 때 그 결과가 얼마나 준엄한지를 보여준다(19:11,15).

천육백 스다디온 약 307km로서 모든 세상을 의미하는 4의 제곱에 완전수 10의 제곱이 곱해져서 하나님의 심판이 세상 전역에 미치게 됨을 의미한다.

14 눈앞에 흰 구름이 펼쳐지며, 그 구름 위에 한 분이 앉아 계신 것이 보였습니다. 그분은 '사람의 아들'이라고 불리는 예수님 같았습니다. 그분은 머리에 금관을 쓰고, 손에는 날카로운 낫을 들고 계셨습니다.

15 그때, 한 천사가 성전에서 나오더니, 구름 위에 앉아 계시는 분에게 외쳤습니다. "낫을 들어 추수를 시작하십시오. 곡식이 무르익어 거둘 때가 되었습니다."

16 그러자 그분은 땅 위로 낫을 휘둘렀고, 곡식은 추수되었습니다.

17 또 다른 천사가 하늘 성전에서 나왔습니다. 이 천사의 손에도 날카로운 낫이 하나 들려 있었습니다.

18 그때, 제단에서 불을 관리하는 천사 하나가 나오더니, 낫을 들고 있는 천사에게 외쳤습니다. "낫을 들어 포도를 수확하십시오. 포도밭의 포도송이들이 무르익었습니다."

19 천사가 낫을 휘두르자, 땅 위의 포도가 거둬져, 하나님의 진노의 술틀 속으로 던져졌습니다.

20 성 밖에 놓여진 포도주 틀 속에서 포도송이들은 으깨졌고, 피가 포도주 틀 밖으로 흘러넘쳤습니다. 그 피는 말굴레에까지 이르렀고, 천육백 스타디온* 밖까지 흘러나갔습니다.

* 14:20 1,600스타디온은 약 296km에 해당된다.

저자의 **묵상**

본문에는 예수님이 행하시는 추수와 천사가 행하는 추수가 각각 다른 것처럼 묘사된다. 그러나 이것은 최후 심판을 다른 측면에서 묘사한 것이다. 예수님이 행하시는 추수는 성도들의 구원의 측면을, 천사가 행하는 추수는 악인들의 심판의 측면을 묘사한다. 마지막 심판은 의인들에게는 하나님 나라가 완성되며 구원이 성취되는 기쁨의 순간이다. 반면에 악인들에게는 무서운 파멸과 고통을 마주해야 하는 절망의 순간일 것이다.

본서는 어느 책보다 심판에 대한 약속이 풍성하게 담겨 있으며 세상과 악인들의 핍박으로 고통당하는 성도들에게 미래에 대한 소망을 주는 책이다. 하나님이 반드시 마지막 심판을 통해 성도를 구원하시고 악인을 심판하심을 믿는다면 현재의 고난을 이겨 낼 수 있기 때문이다. 고난 중에 있는 성도라면 마지막 때에 하나님이 공의의 심판을 행하실 것을 소망하며 이겨 낼 수 있다.

> **무릎기도** | 하나님, 최후의 심판을 통해 악인을 심판하고 의인을 구원하신다는 약속을 믿게 하소서. 고난 중에 낙심하지 말고 주가 이루실 마지막 날을 소망하게 하소서.

ESV - Revelation 14

14 Then I looked, and behold, a white cloud, and seated on the cloud one like a son of man, with a golden crown on his head, and a sharp sickle in his hand.

15 And another angel came out of the temple, calling with a loud voice to him who sat on the cloud, "Put in your sickle, and reap, for the hour to reap has come, for the harvest of the earth is fully ripe."

16 So he who sat on the cloud swung his sickle across the earth, and the earth was reaped.

17 Then another angel came out of the temple in heaven, and he too had a sharp sickle.

18 And another angel came out from the altar, the angel who has authority over the fire, and he called with a loud voice to the one who had the sharp sickle, "Put in your sickle and gather the clusters from the vine of the earth, for its grapes are ripe."

19 So the angel swung his sickle across the earth and gathered the grape harvest of the earth and threw it into the great winepress of the wrath of God.

20 And the winepress was trodden outside the city, and blood flowed from the winepress, as high as a horse's bridle, for 1,600 stadia.*

* 14:20 About 184 miles; *a stadion* was about 607 feet or 185 meters

---

14 behold 보다 sickle 낫 15 temple 성전 reap 수확하다 harvest 수확 ripe 익은 16 swing 휘두르다 18 altar 제단 authority 권한 cluster 송이 vine 포도나무 19 winepress 포도즙 틀 wrath 분노 20 tread 밟다 bridle 말굴레

 40 대접 심판의 소개

요한계시록 15:1-8 · 새찬송 303장 | 통일 403장

월　일

• 말씀묵상 전에 성령님의 인도하심을 구하는 기도를 드리십시오.

> **본문요약 ┃** 하늘의 이적 가운데 일곱 천사가 마지막 재앙을 가진 것을 보게 된다. 요한은 성도들이 모세의 노래, 어린 양의 노래를 부르며 하나님이 이루신 구원을 찬양하는 것을 본다. 또 하늘에 성전이 열리며 일곱 천사가 하나님의 진노를 담은 금 대접 일곱을 받는 것을 보게 된다.

1 또 하늘에 크고 이상한 다른 ¹⁾이적을 보매 일곱 천사가 일곱 재앙을 가졌으니 곧 마지막 재앙이라 하나님의 진노가 이것으로 마치리로다

2 또 내가 보니 불이 섞인 유리 바다 같은 것이 있고 짐승과 그의 우상과 그의 이름의 수를 이기고 벗어난 자들이 유리 바다 가에 서서 하나님의 거문고를 가지고

3 하나님의 종 모세의 노래, 어린 양의 노래를 불러 이르되
　주 하나님 곧 전능하신 이시여 하시는 일이 크고 놀라우시도다 ²⁾만국의 왕이시여 주의 길이 의롭고 참되시도다

4 　ㄱ주여 누가 주의 이름을 두려워하지 아니하며 영화롭게 하지 아니하오리이까 오직 주만 거룩하시니이다 주의 의로우신 일이 나타났으매 만국이 와서 주께 경배하리이다
　하더라

5 또 이 일 후에 내가 보니 하늘에 증거 장막의 성전이 열리며

6 일곱 재앙을 가진 일곱 천사가 성전으로부터 나와 맑고 빛난 ³⁾세마포 옷을 입고 가슴에 금 띠를 띠고

7 네 생물 중의 하나가 영원토록 살아 계신 하나님의 진노를 가득히 담은 금 대접 일곱을 그 일곱 천사들에게 주니

8 하나님의 영광과 능력으로 말미암아 성

전에 연기가 가득 차매 일곱 천사의 일곱 재앙이 마치기까지는 성전에 능히 들어갈 자가 없더라

1. 오늘 하나님께서 나에게 주신 깨달음은 무엇입니까?

2 말씀을 어떻게 내 삶에 구체적으로 적용해야 합니까?

---

1) 또는 표적　2) 어떤 사본에, 만 대에　3) 어떤 사본에, 보석
ㄱ. 렘 10:7

1 다른 이적 본서에서 세 번째 등장하는 이적(12:1,3)으로 일곱 대접 심판이다.

2 불이 섞인 유리 바다 '유리 바다'는 하나님의 완전하신 통치로 평화와 질서가 유지되는 상태를 비유한다(4:6). 유리 바다에 '불이 섞인' 것은 이스라엘 백성을 위협하던 홍해가 하나님의 권능으로 마른 사건과 같이 하나님 백성의 구원이 '새 출애굽(New Exodus)' 사건임을 보여주기 위함이다.

3 모세의 노래 모세는 하나님이 애굽 군대로부터 이스라엘 백성을 구원하신 감격을 노래로 만들었다(출 15:1–18). 이 노래에서 모세는 하나님이 용사가 되셔서 그의 백성을 노예로 삼고 핍박하는 원수를 멸하셨음을 찬양하며 여호와 하나님의 유일성과 위대함을 높인다. 이곳에서 성도들이 부를 찬양 역시 같은 내용이기 때문에 모세의 노래라고 불린다.
어린 양의 노래 어린 양의 승리를 노래한다는 의미로 제목을 지은 것이다.

4 만국이 와서 주께 경배하리이다 3–4절의 찬양은 특별히 시편과 선지서의 여러 구절을 인용했다(시 86:9; 119:9; 139:14; 145:17; 렘 10:7; 암 4:13; 말 1:11 등). 이 인용구들은 하나님께서 그의 백성을 구원하심을 찬양하며 하나님께 영광을 돌리는 내용이다.

5 증거 장막의 성전 '증거 장막'은 이스라엘 백성이 광야에 있을 때 법궤가 있던 성막을 의미한다(민 17:7). 성막을 증거 장막이라고 불렀던 이유는 성막 안에 하나님의 언약과 율법을 증거하는 십계명 돌판이 있었기 때문이다(히 9:4). 이 땅의 성막과 성전은 하늘 성전의 예표가 되는 모형이다(히 8:5). 이 성전이 열렸다는 것은 하나님이 언약을 지키는 분이시며, 언약 밖에 있는 자들에게 심판이 시작되었음을 알리는 징표이다.

6 세마포 옷을 입고 가슴에 금 띠를 띠고 '세마포 옷'은 제사장들이 입었던 에봇을 의미하며(출 28:4), '가슴에 금 띠'는 왕권을 상징한다(단 10:5). 이 천사들은 제사장적 왕권을 가지신 예수님의 권한을 위임받아 심판을 행하게 되었다.

7 금 대접 성도들의 기도가 담겨 있던 금 대접과 같은 대접이다(5:8). 마지막이 대접 심판인 것은 성도의 기도가 악인들을 심판하는 도구가 됨을 보여준다.

8 성전에 연기가 가득 차매 구약성경에서 '연기'는 하나님의 임재의 영광을 가리는 휘장 역할을 했다(사 4:5).
성전에 능히 들어갈 자가 없더라 심판을 완전히 마치기까지는 심판을 위해 준비된 하나님의 영광과 능력이 너무나 크기 때문에 그 앞에 설 자가 없다.

---

1 나는 하늘에서 크고 놀라운 또 다른 신기한 광경을 보았습니다. 일곱 천사가 마지막 재앙인 일곱 재난을 내릴 준비를 하고 있었습니다. 이 재난이 끝나면, 하나님의 진노도 끝이 날 것입니다.

2 나는 불이 섞인 유리 바다 같은 것을 보았습니다. 짐승과 그의 우상과 그의 이름을 상징하는 숫자와 싸워 이긴 사람들이 그 바다 곁에 서 있었습니다. 그들은 손에 하나님이 주신 거문고를 들고,

3 하나님의 종 모세와 어린 양의 노래를 부르고 있었습니다.
　"크고 놀라운 일을 행하신 주님, 주 여호와 만군의 하나님, 주님께서 하시는 모든 일은 올바르고 참되십니다. 모든 나라의 왕이신 주님.

4 만민이 주님을 경배합니다. 주님을 찬양합니다. 오직 주님만이 거룩하신 분이십니다. 모든 백성이 주님 앞에 나와 경배합니다. 이는 주님은 의로우시고 공평하시며, 아무 흠도 없으신 신실한 하나님이시기 때문입니다."

5 이 광경 후에 나는 하늘의 성전인 언약의 장막이 열리는 것을 보았습니다.

6 그 안에서 일곱 가지 재난을 내릴 일곱 천사가 나왔습니다. 그들은 깨끗하고 빛나는 모시옷을 입고, 가슴에는 금 띠를 두르고 있었습니다.

7 그때, 네 생물 중 하나가 일곱 천사에게 금 대접을 하나씩 주었습니다. 그 대접에는 영원히 살아계신 하나님의 진노가 가득 담겨 있었습니다.

8 성전은 하나님의 영광과 능력에서 나오는 연기로 가득 찼습니다. 어느 누구도 일곱 천사의 일곱 재난이 끝나기까지는 성전에 들어갈 수 없었습니다.

저자의 **묵상**

본서에는 구약의 출애굽 사건을 배경으로 한 내용이 많이 나온다. 출애굽 사건은 하나님이 어떻게 하나님의 백성을 구원하시는지를 보여주는 대표적인 구원의 모형이기 때문이다. 애굽은 하나님의 백성이 노예처럼 억압받는 세상의 모형이며, 애굽 왕 바로는 세상에서 왕 노릇 하며 하나님의 백성을 핍박하는 마귀의 모형이다. 유월절 사건은 하나님의 백성이 어린 양 예수님의 피로 마귀에게서 벗어나게 됨을 보여준다. 홍해가 갈라짐은 성도가 하나님의 강력한 능력으로 마귀의 영향력에서 자유를 얻게 됨을 의미한다. 광야에서 40년을 보내며 출애굽 한 첫 세대가 다 죽은 뒤에야 가나안에 들어가는 것은, 성도가 광야 같은 인생을 지나며 노예근성에 물든 옛사람이 죽임을 당하고 성령으로 새롭게 태어나 성장하는 과정에 대한 청사진이다. 하나님은 출애굽한 이스라엘 백성의 역사를 통해 앞으로 예수님을 통해 구원받을 모든 성도의 영적 여정을 생생하게 보여주고자 하신 것이다.

> **무릎기도** 하나님, 마귀의 지배로부터 구원하여 하나님의 백성 삼아 주셔서 감사합니다. 광야 같은 세상에서 주의 자녀답게 성장하여 온전히 하나님만을 의지하고 찬양하게 하소서.

ESV - Revelation 15

1 Then I saw another sign in heaven, great and amazing, seven angels with seven plagues, which are the last, for with them the wrath of God is finished.

2 And I saw what appeared to be a sea of glass mingled with fire—and also those who had conquered the beast and its image and the number of its name, standing beside the sea of glass with harps of God in their hands.

3 And they sing the song of Moses, the servant of God, and the song of the Lamb, saying, "Great and amazing are your deeds, O Lord God the Almighty! Just and true are your ways, O King of the nations!*

4 Who will not fear, O Lord, and glorify your name? For you alone are holy. All nations will come and worship you, for your right-eous acts have been revealed."

5 After this I looked, and the sanctuary of the tent* of witness in heaven was opened,

6 and out of the sanctuary came the seven angels with the seven plagues, clothed in pure, bright linen, with golden sashes around their chests.

7 And one of the four living creatures gave to the seven angels seven golden bowls full of the wrath of God who lives forever and ever,

8 and the sanctuary was filled with smoke from the glory of God and from his power, and no one could enter the sanctuary until the seven plagues of the seven angels were finished.

* 15:3 Some manuscripts *the ages*
* 15:5 Or *tabernacle*

1 plague 재앙 wrath 분노   2 appear …인 것 같다 mingle with …와 섞다 conquer 이기다   3 servant 종 lamb 어린 양 deed 행위 almighty 전능한   4 righteous 의로운 reveal 나타내다   5 sanctuary 성전 witness 증거   6 clothe in …을 입히다 sash 띠 chest 가슴   7 creature 생물   8 be filled with …로 가득 차다

41

월 일

첫 번째부터 네 번째까지의 대접 심판

요한계시록 16:1–9 · 새찬송 310장 | 통일 410장

• 말씀묵상 전에 성령님의 인도하심을 구하는 기도를 드리십시오.

본문요약 | 하나님의 진노의 일곱 대접이 부어진다. 첫 번째 재앙으로 짐승의 표를 받은 자들에게 종기가 난다. 두 번째 재앙으로 바다가 죽은 자의 피같이 되어 모든 생물이 죽는다. 세 번째 재앙으로 물 근원이 피가 된다. 네 번째 재앙으로 해가 불로 사람들을 태운다. 그러나 이런 재앙에도 불구하고 사람들은 회개하지 않고 하나님을 비방한다.

1 또 내가 들으니 성전에서 큰 음성이 나서 일곱 천사에게 말하되 너희는 가서 하나님의 진노의 일곱 대접을 땅에 쏟으라 하더라

2 첫째 천사가 가서 그 대접을 땅에 쏟으매 짐승의 표를 받은 사람들과 그 우상에게 경배하는 자들에게 악하고 독한 종기가 나더라

3 둘째 천사가 그 대접을 바다에 쏟으매 바다가 곧 죽은 자의 피 같이 되니 바다 가운데 모든 생물이 죽더라

4 셋째 천사가 그 대접을 강과 물 근원에 쏟으매 피가 되더라

5 내가 들으니 물을 차지한 천사가 이르되 전에도 계셨고 지금도 계신 거룩하신 이여 이렇게 심판하시니 의로우시도다

6 그들이 성도들과 선지자들의 피를 흘렸으므로 그들에게 피를 마시게 하신 것이 합당하니이다 하더라

7 또 내가 들으니 제단이 말하기를 그러하다 주 하나님 곧 전능하신 이시여 심판하시는 것이 참되시고 의로우시도다 하더라

8 넷째 천사가 그 대접을 해에 쏟으매 해가 권세를 받아 불로 사람들을 태우니

9 사람들이 크게 태움에 태워진지라 이 재앙들을 행하는 권세를 가지신 하나님의 이름을 비방하며 또 회개하지 아니하고 주께 영광을 돌리지 아니하더라

1. 오늘 하나님께서 나에게 주신 깨달음은 무엇입니까?

2. 말씀을 어떻게 내 삶에 구체적으로 적용해야 합니까?

절별 해설

1 큰 음성 마지막 심판을 명령하시는 하나님의 음성으로 여겨진다(사 66:6).

2 악하고 독한 종기 '종기'는 애굽에 내린 여섯 번째 재앙이다(출 9:9). 애굽에 내린 심판은 하나님의 백성을 노예로 삼고 있는 마귀의 세력을 파함으로 백성들을 구원하신 하나님의 능력을 보여준다. 첫 번째 대접 재앙 또한 마귀와 결탁한 자들에 대한 하나님의 심판이다.

3 바다가 곧 죽은 자의 피 같이 되니 이는 두 번째 나팔 심판과 유사하며(8:8-9) 애굽에 내린 첫 번째 재앙과 같다(출 7:20). 애굽 사람들은 풍요를 가져오는 나일강을 신으로 섬겼다. 그렇기 때문에 하나님은 풍요의 신이 죽어 피를 흘리는 것 같은 재앙을 내리셨다.

4 강과 물 근원에 쏟으매 '근원'은 '물의 원천'이며(요 4:14) 이는 세 번째 나팔 재앙과 유사하다(8:10-11). 하나님은 영적 생명의 근원인 생수이시며(렘 2:13), 우상 숭배는 생명의 근원인 하나님을 버리고 다른 것으로 생명을 얻으려는 행위이다(렘 17:13). 따라서 물 근원이 피로 변하는 것은 우상 숭배로 영적 갈급함을 채우려는 인간의 시도가 소용없음을 의미한다.

5 물을 차지한 천사 바람을 주관하는 천사(7:1)나 불을 다스리는 천사(14:18)와 같이 첫 창조의 결과를 주관하는 천사이다. 이 천사는 자신이 주관하던 물이 피로 변하는 심판이 내려졌지만 이렇게 심판하시는 하나님의 의로우심을 찬양한다.

6 성도들과 선지자들의 피를 흘렸으므로 5절 심판의 이유다. 세상의 악인들이 성도들과 선지자들을 핍박하고 죽였기 때문에 바벨론의 악행에 대한 정당한 심판이라는 것이다(17:6). 이처럼 하나님의 심판은 악에 대하여 정확히 상응되게 내려진다.

7 제단이 말하기를 '제단'은 순교당한 영혼들의 기도(6:9-10)와 성도들의 기도(8:3-5)에 등장하는 장소이다. 하나님의 심판이 성도의 기도에 대한 응답임을 보여준다.

8 해에 쏟으매 '해'는 첫 창조의 중요한 근원이면서 세상 사람들의 대표적인 우상 숭배의 대상이다(대하 33:5). 사람들이 우상처럼 의존하는 대상이 오히려 그들을 해치는 도구가 될 것을 의미한다. 그러나 성도는 해나 뜨거운 기운에 상하지 않을 것이 약속되었다(7:16).

9 하나님의 이름을 비방하며 심판을 받는 자들은 물에서 올라온 짐승이 하나님을 비방하는 것(13:5)과 똑같은 행동을 한

1 나는 또 성전에서 일곱 천사에게 이렇게 외치는 큰 음성을 들었습니다. "가서 하나님의 진노가 담겨 있는 일곱 대접을 땅에 쏟아라."

2 첫째 천사가 대접을 땅에 쏟았습니다. 그러자 짐승의 표를 받고 그 우상에게 경배한 자들의 몸에 더럽고 몹시 아픈 종기가 생겼습니다.

3 둘째 천사가 대접을 바다에 쏟았습니다. 그러자 바다가 죽은 사람의 피같이 되어 바다에 사는 모든 생물이 죽었습니다.

4 셋째 천사가 대접을 강과 샘에 쏟았습니다. 그러자 강물과 샘물도 피로 변했습니다.

5 나는 물을 관리하는 천사가 하나님께 말하는 소리를 들었습니다.
 "지금도 계시고 전에도 계셨던 거룩하신 주님, 악한 자들을 벌하시는 주님의 심판은 정당하십니다.

6 그들이 주님의 성도들과 예언자들의 피를 흘렸으니, 그들이 피를 마시는 것은 당연한 대가입니다."

7 나는 또 제단에서 나오는 소리를 들었습니다.
 "그렇습니다. 전능하신 주 하나님, 주님의 판단은 참되고 공평하십니다."

8 넷째 천사가 대접을 해를 향해 쏟아붓자, 사람을 태워 버릴 만큼 뜨거운 열기가 쏟아 내렸습니다.

9 사람들은 그 뜨거운 불길에 타면서도 하나님의 이름을 모독하였습니다. 이 모든 재난을 내리시는 분이 하나님임을 알면서도, 사람들은 회개하지 않고, 하나님께 영광을 돌리지도 않았습니다.

다. 이를 통해 우상 숭배자들이 마귀와 같은 존재가 되었음을 보여준다. 심판을 받아도 회개하지 않고 오히려 하나님을 비방하는 모습은 이들이 받는 심판이 마땅한 것임을 반증한다.

저자의 **묵상**

하나님은 자기 형상으로 만드신 인간이 하나님만을 영적 생명의 근원으로 삼고 사랑하기를 원하신다. 그런데 인간은 죄로 인해 하나님 자리에 다른 대상을 올려놓고 그것을 하나님처럼 의지한다. 인간이 우상으로 삼는 대상이 항상 악한 것만은 아니다. 사람들이 가장 흔하게 우상으로 삼는 대상은 자기 가족이다. 자녀를 우상으로 삼아 그 자녀의 성공을 통해 자기의 존재감을 높이려는 많은 부모들은 자신이 우상 숭배를 하는 줄도 모른 채 깊이 빠져 있다. 우상이 나쁜 것처럼 보이지 않아야 효과가 더 강력하다. 그렇기에 자녀 우상에 빠진 부모들은 해악을 경험하면서도 자신의 잘못은 깨닫지 못하고 자녀에게 그 탓을 돌리곤 한다. 우상 숭배에 대한 하나님의 심판은 지금도 일어나고 있다. 신자나 불신자나 모두 우상 숭배를 한다. 그러나 성도는 심판의 때에 우상 숭배를 회개하지만 성도가 아닌 자들은 끝까지 하나님을 비방하며 회개하지 않는다는 차이가 있을 뿐이다.

> **무릎 기도** │ 하나님, 하나님의 자리에 다른 것을 올려놓고 섬기는 우상 숭배를 회개합니다. 오직 하나님만을 높이고 경배하게 하소서.

ESV - Revelation 16

1 Then I heard a loud voice from the temple telling the seven angels, "Go and pour out on the earth the seven bowls of the wrath of God."

2 So the first angel went and poured out his bowl on the earth, and harmful and painful sores came upon the people who bore the mark of the beast and worshiped its image.

3 The second angel poured out his bowl into the sea, and it became like the blood of a corpse, and every living thing died that was in the sea.

4 The third angel poured out his bowl into the rivers and the springs of water, and they became blood.

5 And I heard the angel in charge of the waters* say, "Just are you, O Holy One, who is and who was, for you brought these judgments.

6 For they have shed the blood of saints and prophets, and you have given them blood to drink. It is what they deserve!"

7 And I heard the altar saying, "Yes, Lord God the Almighty, true and just are your judgments!"

8 The fourth angel poured out his bowl on the sun, and it was allowed to scorch people with fire.

9 They were scorched by the fierce heat, and they cursed* the name of God who had power over these plagues. They did not repent and give him glory.

* 16:5 Greek *angel of the waters*
* 16:9 Greek *blasphemed*; also verses 11, 21

1 temple 성전 wrath 분노   2 sore 상처 bear 몸에 지니다 mark 표시   3 corpse 시체   5 in charge of …를 담당하는
6 shed 흘리다 saint 성도 prophet 선지자 deserve …을 받을 만하다   7 altar 제단 almighty 전능하신 judgment 심판
8 allow 허용하다 scorch 태워 버리다   9 fierce 거센 curse 저주하다 plague 재앙 repent 회개하다

42

월   일

다섯 번째와 여섯 번째 대접 심판

요한계시록 16:10-16 • 새찬송 320장 | 통일 350장

• 말씀묵상 전에 성령님의 인도하심을 구하는 기도를 드리십시오.

본문요약 ┃ 다섯째 천사가 대접을 짐승의 왕좌에 쏟자 사람들은 아픈 것과 종기로 하나님을 비방하고 회개하지 않는다. 여섯째 천사가 대접을 유브라데강에 쏟자 동방에서 오는 왕들의 길이 예비된다. 개구리 같은 더러운 영이 이적을 행하여 전쟁을 위해 왕들을 아마겟돈으로 모은다. 또한 예수님이 도둑같이 오실 것이 예고된다.

10 또 다섯째 천사가 그 대접을 짐승의 왕좌에 쏟으니 그 나라가 곧 어두워지며 사람들이 아파서 자기 혀를 깨물고

11 아픈 것과 종기로 말미암아 하늘의 하나님을 비방하고 그들의 행위를 회개하지 아니하더라

12 또 여섯째 천사가 그 대접을 큰 강 유브라데에 쏟으매 강물이 말라서 동방에서 오는 왕들의 길이 예비되었더라

13 또 내가 보매 개구리 같은 세 더러운 영이 용의 입과 짐승의 입과 거짓 선지자의 입에서 나오니

14 그들은 귀신의 영이라 이적을 행하여 온 천하 왕들에게 가서 하나님 곧 전능하신 이의 큰 날에 있을 전쟁을 위하여 그들을 모으더라

15 보라 내가 도둑 같이 오리니 누구든지 깨어 자기 옷을 지켜 벌거벗고 다니지 아니하며 자기의 부끄러움을 보이지 아니하는 자는 복이 있도다

16 세 영이 히브리어로 아마겟돈이라 하는 곳으로 왕들을 모으더라

1. 오늘 하나님께서 나에게 주신 깨달음은 무엇입니까?

2. 말씀을 어떻게 내 삶에 구체적으로 적용해야 합니까?

10 짐승의 왕좌에 쏟으니 '짐승의 왕좌'는 마귀가 사람들을 지배하기 위해 사용하는 세상 권세의 중심을 의미한다(2:13).
어두워지며 무저갱에서 나온 연기로 인해 세상이 어두워진 결과이다(9:2). 사람들이 영적으로 어두워져 총명을 잃어버리고 영적 무지에 사로잡혀 영적 생명이 없는 상태를 말한다(엡 4:17-18).

11 하나님을 비방하고 죄로 인해 강퍅해진 사람들의 태도는 곧 심판의 이유가 된다.

12 큰 강 유브라데 유브라데강은 이스라엘의 북쪽 경계였던 국경선이다(수 1:4). 영적으로는 하나님 백성의 나라와 세상 나라를 구분 짓는 경계선이다.
강물이 말라서 하나님이 홍해를 마르게 하셔서 애굽과 전쟁을 하시고(출 14:21), 요단강을 마르게 하셔서 가나안 백성과 전쟁을 하신 것처럼(수 3:17) 하나님과 세상의 전쟁이 준비가 되었음을 의미한다.
동방에서 오는 왕들 '동방'은 저주받은 장소로서(창 4:16) '왕들'은 하나님을 대적하는 세상 사람들의 대표를 의미한다.

13 개구리 같은 세 더러운 영 '개구리'는 율법에 의하면 부정한 짐승(레 11:10)으로 애굽에 재앙을 가져왔다(출 8:6). 또한 개구리는 의미 없이 큰 소리로 우는 짐승이다. 이것은 더러운 영이 천하 왕들을 선동하여 재앙으로 심판을 받게 하는 이미지를 보여준다.
용, 짐승, 거짓 선지자 이들은 각각 하나님, 예수님, 성령님의 역할을 하는 마귀의 삼위일체로서 세상 사람들을 노예로 삼아 하나님을 대적하게 만드는 영적 근원이다.

14 큰 날에 있을 전쟁 구약성경에는 마지막 때에 열방이 이스라엘과 전쟁을 위해 모일 것이라고 여러 곳에 예언되어 있다(슥 12:3; 겔 39:2).

15 내가 도둑 같이 오리니 성경은 예수님의 재림이 기대하지 않았을 때에 일어나게 될 것임을 여러 곳에서 경고하고 있다(마 24:42-44; 살전 5:2).
복이 있도다 본서에 나오는 일곱 가지 복(1:3; 14:13; 19:9; 20:6; 22:7,14) 가운데 세 번째 복이다.

16 아마겟돈 히브리어 '하르마게돈'을 헬라어로 음역한 것으로 '므깃도의 산'이라는 뜻이며 이스라엘 북쪽 므깃도 평원 근처에 위치한 갈멜산을 말한다. 갈멜산은 선지자 엘리야와 바알·아세라 숭배자 850명과의 영적 싸움이 벌어졌던 장소이다(왕상 18:19).

10 다섯째 천사가 대접을 짐승의 왕좌에 쏟아붓자, 어둠이 짐승의 나라를 뒤덮었습니다. 사람들은 고통 때문에 혀를 깨물었습니다.

11 그들은 자기들이 당하는 고통과 아픔을 하나님 탓으로 돌리며 저주하였습니다. 그러면서 회개하지도 않고, 악한 행위에서 돌이키지도 않았습니다.

12 여섯째 천사가 대접을 큰 유프라테스 강에 쏟아부었습니다. 그러자 강물이 다 마르고 동방의 왕들이 쳐들어올 수 있는 길이 열렸습니다.

13 또 용과 짐승과 거짓 예언자의 입에서 개구리같이 생긴 악한 영 셋이 튀어나오는 것을 보았습니다.

14 이 악한 영들은 귀신들의 영이었습니다. 그들은 기적을 행할 수 있는 능력이 있었습니다. 그 영들은 전능하신 하나님의 큰 심판 날에 대비하여 함께 싸울 온 세계의 왕들을 모으러 나갔습니다.

15 그때, 한 음성이 들렸습니다. "보아라! 내가 생각지도 못한 때에 도둑같이 너희들에게 갈 것이다. 깨어서 옷을 단정히 입고 있는 자는 복이 있으리니, 벌거벗은 채 부끄러움을 당하지 않게 될 것이다."

16 그 악한 영들은 히브리 말로 아마겟돈이라는 곳에 왕들을 다 집결시켰습니다.

저자의 **묵상**

운석의 충돌로 지구가 멸망할 위기를 다룬 '아마겟돈'이란 영화가 있다. 이처럼 아마겟돈은 교회를 다니지 않는 사람들에게도 유명한 단어이다. 성도 중에도 종말을 이 영화처럼 이해하는 사람들이 많다. 운석이 떨어지거나, 핵폭발이 일어나거나, 전염병이 돌아서 지구 종말이 임할 것이라고들 상상하며 이런 상상의 근거를 본서에서 찾는다.

요한계시록은 앞으로 벌어질 무서운 재난을 기록한 책이 아니다. 아마겟돈은 구약성경에서 하나님의 선지자 엘리야가 바알과 아세라 선지자들과 영적 전쟁을 벌였던 갈멜산을 말한다. 따라서 아마겟돈 전쟁은 지금도 벌어지고 있는 성도와 세상의 영적 전쟁, 즉 우상 숭배와의 싸움을 의미한다. 예수님의 재림이 가까울수록 영적 전쟁은 더 치열해질 것이다. 그리고 그 결국은 만왕의 왕이신 예수님의 승리로 끝날 것이 예정되어 있다. 전쟁의 결국을 확실히 믿는 성도라면 우상 숭배를 거부하고 승리하실 예수님의 편에 서서 끝까지 싸워야 할 것이다.

> **무릎기도** 하나님, 종말에 관한 잘못된 두려움으로 불안해하지 않게 하소서. 예수님이 이루실 마지막 승리를 믿음으로 세상의 우상 숭배와 담대하게 싸워 이길 수 있게 하소서.

ESV - Revelation 16

10 The fifth angel poured out his bowl on the throne of the beast, and its kingdom was plunged into darkness. People gnawed their tongues in anguish

11 and cursed the God of heaven for their pain and sores. They did not repent of their deeds.

12 The sixth angel poured out his bowl on the great river Euphrates, and its water was dried up, to prepare the way for the kings from the east.

13 And I saw, coming out of the mouth of the dragon and out of the mouth of the beast and out of the mouth of the false prophet, three unclean spirits like frogs.

14 For they are demonic spirits, performing signs, who go abroad to the kings of the whole world, to assemble them for battle on the great day of God the Almighty.

15 ("Behold, I am coming like a thief! Blessed is the one who stays awake, keeping his garments on, that he may not go about naked and be seen exposed!")

16 And they assembled them at the place that in Hebrew is called Armageddon.

10 throne 보좌　plunge into …에 처넣다　gnaw 물어뜯다　anguish 고통　　11 curse 저주하다　sore 상처　repent 회개하다　deed 행위　13 prophet 선지자　14 demonic 악마의　assemble 모으다　almighty 전능하신　15 behold 보다　garment 옷　naked 벌거벗은　exposed 노출된

43

월　일

일곱 번째 대접 심판

요한계시록 16:17-21　•　새찬송 336장 | 통일 383장

• 말씀묵상 전에 성령님의 인도하심을 구하는 기도를 드리십시오.

> **본문요약 ǀ** 일곱째 천사가 대접을 공중에 쏟자 성전에서 큰 음성이 나서 '되었다'고 하신다. 하나님의 강력한 위엄과 영광을 보여주는 자연 현상들이 있고 엄청나게 큰 지진이 일어난다. 그 결과로 바벨론은 세 갈래로 갈라지고 만국이 무너지게 된다. 하늘에서는 큰 우박이 내리고 사람들은 하나님을 비방한다.

17 일곱째 천사가 그 대접을 공중에 쏟으매 큰 음성이 성전에서 보좌로부터 나서 이르되 되었다 하시니

18 번개와 음성들과 우렛소리가 있고 또 큰 지진이 있어 얼마나 큰지 사람이 땅에 있어 온 이래로 이같이 큰 지진이 없었더라

19 큰 성이 세 갈래로 갈라지고 만국의 성들도 무너지니 큰 성 바벨론이 하나님 앞에 기억하신 바 되어 그의 맹렬한 진노의 포도주 잔을 받으매

20 각 섬도 없어지고 산악도 간 데 없더라

21 또 무게가 한 [1]달란트나 되는 큰 우박이 하늘로부터 사람들에게 내리매 사람들이 그 우박의 재앙 때문에 하나님을 비방하니 그 재앙이 심히 큼이러라

1. 오늘 하나님께서 나에게 주신 깨달음은 무엇입니까?

2. 말씀을 어떻게 내 삶에 구체적으로 적용해야 합니까?

1) 약 60킬로그램

17 공중에 쏟으매 '공중'은 권세를 잡은 마귀의 통치 영역을 말한다(엡 2:2). 공중에 대접을 쏟는 것은 마귀와 그를 추종하는 무리에게 엄중한 심판이 가해짐을 의미한다.

되었다 '(계획했던 일이) 완성되었다'라는 의미로 하나님의 심판 계획이 완성되었기 때문에 이제 구원 또한 성취됨을 의미한다.

18 번개, 음성들, 우렛소리 하나님이 임재하실 때의 위엄과 영광을 보여주기 위해 동반되는 자연 현상이다(출 19:16; 계 4:5).

큰 지진 하나님의 현현은 죄인들에게는 무서운 심판으로 나타난다(학 2:6). 그래서 이곳에서 하나님의 임하심과 동시에 이제까지 없던 엄청나게 큰 지진이 발생한다. 이 지진은 첫 창조의 결과인 세상의 기초를 뒤흔들어서 그 기초가 없이 존재할 수 없는 모든 세상 사람을 심판하기 위한 것이다.

19 큰 성이 세 갈래로 갈라지고 '큰 성'은 세상을 상징하는 바벨론이다. 성이 세 갈래로 갈라졌다는 것은 회복할 수 없이 완전히 파괴되었음을 의미한다.

하나님 앞에 기억하신 바 되어 하나님이 바벨론의 죄악을 잊지 않으셨음을 의미한다. 바벨론은 성도를 핍박하고 죽였으며(17:6), 온갖 더러운 영들이 모이는 곳이었다(18:2). 땅의 왕들이 그로 더불어 음행했고(18:3), 또한 상인들로 하여금 사치하게 했다(18:3). 하나님은 이 모든 바벨론의 죄악을 기억하시기에 반드시 심판하실 것이다.

진노의 포도주 잔 '포도주'는 바벨론이 열국과 음행할 때 마시게 했던 도구였다(17:2). 그 음행의 도구가 또한 하나님의 진노로 심판의 도구가 된다(14:10). 포도주의 붉은색은 바벨론이 피를 흘리며 심판당하는 모습을 보여주는 상징이다.

20 섬도 없어지고 산악도 간 데 없더라 섬과 산악이 사라지는 것은 구약에서 여호와의 날이 임할 때 나타나는 자연 현상이다(시 97:5; 사 40:4). 첫 창조로 만들어진 자연의 기초가 사라지고 새 창조가 나타날 때가 되었음을 보여준다.

21 무게가 한 달란트 '한 달란트'는 구약 시대에는 약 34kg, 바벨론은 약 60kg, 신약 시대 헬라 계통에서는 약 20kg이었다. '우박'은 애굽에 내린 일곱 번째 재앙이며(출 9:19) 하나님이 하나님 백성을 공격하는 원수들을 심판하신 도구이다(수 10:11).

하나님을 비방하니 극심한 재앙에도 불구하고 하나님의 선택을 받지 못한 세상 사람들은 마음이 강퍅해져서 하나님을 비방하고 회개하지 않는다.

17 일곱째 천사가 대접을 공중에 쏟아붓자, 성전 보좌에서부터 큰 음성이 울려 나왔습니다. "다 끝났다."

18 그리고는 천둥과 번개가 치며, 큰 지진이 일어났습니다. 그 지진은 역사가 생긴 이래 가장 큰 지진이었습니다.

19 큰 성이 세 조각이 나고, 온 나라의 도시들이 무너졌습니다. 하나님께서는 큰 성 바빌론의 죄악을 잊지 않으시고, 하나님의 진노의 포도주 잔을 들이키게 하셨습니다.

20 모든 섬들이 사라지고, 산들도 자취를 감추었습니다.

21 무게가 한 달란트나 되는 큰 우박들이 하늘에서 쏟아졌습니다. 사람들은 우박 때문에 재난이 너무나 커서, 하나님을 향해 저주를 퍼부었습니다. 너무나 끔찍한 재난이었습니다.

인간은 나약한 존재이다. 스스로 하나님이 되고자 애쓰지만 하나님이 만들어 주신 세상의 기초가 없이는 생존이 불가능하다. 만일 첫 창조의 산물인 땅, 물, 공기, 햇빛이 사라진다면 모든 인간은 멸망할 것이다. 그래서 본서의 심판이 인간의 기초를 뒤흔드는 방식으로 임하는 것으로 묘사된다. 해가 어두워지고, 지진이 일어나고, 별들이 떨어지고, 물이 오염되어 먹지 못하게 된다면 그것을 기반으로 살아가는 인간 자체가 사라질 것이기 때문이다.

은혜를 받지 못한 세상 사람들은 세상의 기초가 흔들려도 절대로 회개하지 않는다. 이 모든 생존의 기초는 하나님이 은혜로 주신 것인데 그것을 거두어 가실 때 오히려 하나님을 비방하며 대적한다. 이때 은혜를 받은 성도만이 회개하며 하나님을 경배하게 된다. 삶의 기초가 흔들릴 때 그 사람이 어떻게 반응하는가에 따라 진정 성도인가 아닌가가 드러나는 것이다.

> **무릎기도** | 하나님, 삶의 기반이 흔들릴 때 그 자리에서 연약함을 깨닫고 회개하게 하소서. 높아지려는 죄악을 회개하며 오직 하나님만을 높이고 의지하게 하소서.

ESV - Revelation 16

17 The seventh angel poured out his bowl into the air, and a loud voice came out of the temple, from the throne, saying, "It is done!"

18 And there were flashes of lightning, rumblings,* peals of thunder, and a great earthquake such as there had never been since man was on the earth, so great was that earthquake.

19 The great city was split into three parts, and the cities of the nations fell, and God remembered Babylon the great, to make her drain the cup of the wine of the fury of his wrath.

20 And every island fled away, and no mountains were to be found.

21 And great hailstones, about one hundred pounds* each, fell from heaven on people; and they cursed God for the plague of the hail, because the plague was so severe.

* 16:18 Or *voices*, or *sounds*
* 16:21 Greek *a talent in weight*

17 temple 성전 throne 보좌 18 rumbling 우르르거리는 소리 a peal of thunder 천둥 earthquake 지진 19 split into …로 분열하다 drain 마시다 fury 격노 wrath 분노 20 flee 도망하다 21 hailstone 우박 curse 저주하다 plague 재앙 severe 극심한

큰 음녀의 영적 정체

요한계시록 17:1-6 · 새찬송 15장 | 통일 55장

• 말씀묵상 전에 성령님의 인도하심을 구하는 기도를 드리십시오.

본문요약 | 요한은 큰 음녀가 받을 심판을 본다. 큰 음녀는 세상의 왕들과 음행하고 세상 사람들을 음행에 빠뜨렸다. 이 음녀는 바다에서 올라온 짐승을 타고 자신을 화려하게 치장했다. 음녀의 이름은 큰 바벨론이며 땅의 음녀와 가증한 것들의 어미이다. 이 음녀는 성도들의 피에 취하였다. 음녀가 탄 짐승은 적그리스도적 존재임이 드러난다.

1 또 일곱 대접을 가진 일곱 천사 중 하나가 와서 내게 말하여 이르되 이리로 오라 많은 물 위에 앉은 큰 음녀가 받을 심판을 네게 보이리라

2 땅의 임금들도 그와 더불어 음행하였고 땅에 사는 자들도 그 음행의 포도주에 취하였다 하고

3 곧 성령으로 나를 데리고 광야로 가니라 내가 보니 여자가 붉은 빛 짐승을 탔는데 그 짐승의 몸에 하나님을 모독하는 이름들이 가득하고 일곱 머리와 열 뿔이 있으며

4 그 여자는 자주 빛과 붉은 빛 옷을 입고 금과 보석과 진주로 꾸미고 손에 금 잔을 가졌는데 가증한 물건과 그의 음행의 더러운 것들이 가득하더라

5 그의 이마에 이름이 기록되었으니 비밀이라, 큰 바벨론이라, 땅의 음녀들과 가증한 것들의 어미라 하였더라

6 또 내가 보매 이 여자가 성도들의 피와 예수의 증인들의 피에 취한지라 내가 그 여자를 보고 놀랍게 여기고 크게 놀랍게 여기니

1. 오늘 하나님께서 나에게 주신 깨달음은 무엇입니까?

2. 말씀을 어떻게 내 삶에 구체적으로 적용해야 합니까?

절별 해설

1 일곱 대접을 가진 17:1-19:5에는 바벨론이 받을 심판이 나오는데 이것은 16장의 대접 심판의 내용을 구체적으로 바벨론에 적용한 것이다.

많은 물 하나님과 그의 백성을 대적하는 세상을 의미한다(시 18:16).

큰 음녀 바벨론은 사람들을 우상 숭배에 빠뜨리는 영적 음행의 근원이기에 큰 음녀라 불린다.

2 땅의 임금들 세상의 힘과 권세를 가지고 있는 통치자들을 의미한다.

땅에 사는 자들 짐승과 그의 우상에게 절하며 짐승의 표를 받은 자들이다(13:14).

3 광야 마귀의 세력이 교회를 공격하기 위해 활동하는 영역이다(12:14).

여자가 붉은 빛 짐승을 탔는데 '붉은 빛 짐승'은 바다에서 올라온 적그리스도적 존재이다(13:1). 이 짐승이 붉은 이유는 붉은 용과 관계있기 때문이며(12:3) 바벨론이 이 짐승을 탄 것은 바벨론과 적그리스도가 서로 연합하여 세상을 지배하기 때문이다.

짐승의 몸에 하나님을 모독하는 이름들 처음 바다에서 올라온 짐승이 소개될 때 머리에만 새겨졌던 하나님을 모독하는 이름들이(13:1) 이제 몸에까지 가득하게 된다. 이것은 이 존재가 세상과 연합하여 활동하는 동안 하나님을 모독하는 일에 애썼음을 보여준다.

4 자주 빛과 붉은 빛 옷 당시에 구하기 힘든 비싼 옷을 입고 보석을 장식한 모습은 세상 사람들을 유혹하는 바벨론의 경제적인 힘과 화려함을 상징적으로 보여준다.

금 잔 음행의 포도주를 세상 사람들에게 먹이기 위한 도구이다(2절). 바벨론이 사람들을 경제적 부요와 세상의 쾌락에 중독되도록 만들어 우상 숭배로 이끄는 도구이다.

5 비밀이라 '영적 해석이 있어야지만 알 수 있는 신비'를 뜻한다(골 1:26). 바벨론의 본질은 영적 분별력이 있어야만 깨달을 수 있는 영적 차원에 속한 것임을 의미한다.

큰 바벨론 바벨론의 첫 번째 이름으로, 느부갓네살 왕이 자신의 능력으로 건설한 바벨론이 그 위엄과 영광을 드러낸다고 자랑할 때 사용된 단어이다(단 4:30). 느부갓네살 왕은 이 자랑 이후 쫓겨나서 들짐승처럼 사는 심판을 받았다.

땅의 음녀들과 가증한 것들의 어미 바벨론의 두 번째 이름으로, 바벨론이 우상 숭배의 영향력을 온 세상에 퍼트리는 주범임을 보여준다.

6 성도들의 피와 예수의 증인들의 피에 취한지라 바벨론은 우상 숭배를 거부하며 예수님만 증거하는 성도들을 핍박하며 죽이기까지 한다. 이것이 바벨론의 심판의 이유이다.

1 대접을 들고 있던 일곱 천사 중 하나가 내게 와서 이렇게 말하였습니다. "나를 따라오너라. 많은 물 위에 앉은 큰 음녀가 받을 심판을 네게 보여주겠다.

2 세상의 왕들이 그 여자와 함께 음란한 죄를 짓고, 온 세상 사람들도 그녀가 주는 음란의 포도주에 취하였다."

3 그리고 천사는 성령의 도우심으로 나를 광야로 이끌고 갔습니다. 거기서 나는 붉은 짐승 위에 올라타고 앉아 있는 한 여자를 보았습니다. 그 짐승의 몸에는 하나님을 모독하는 말들이 가득 쓰여 있었고, 일곱 머리와 열 뿔이 있었습니다.

4 그 여자는 보라색과 붉은색의 옷을 입고 금과 보석과 진주로 온몸을 치장하고 있었습니다. 그리고 손에는 금잔이 하나 들려 있었는데, 그 안에는 음란하고 더러운 것들과 악한 것들이 가득 담겨 있었습니다.

5 그 여자의 이마에는 수수께끼 같은 의미를 담은 이름이 하나 새겨져 있었습니다. 그것은 '큰 바빌론, 음녀와 이 땅의 악한 것들의 어머니'라고 씌어진 것이었습니다.

6 그 여자는 예수님의 증인들의 피와 성도들의 피를 마시고 취해 있었습니다. 나는 그 여자를 보면서 소름이 오싹 끼쳤습니다.

성도는 바벨론 같은 세상에서 유혹과 핍박을 경험한다. 그런데 지금 시대에는 핍박은 없고 유혹이 넘쳐난다. 바벨론이 사람들을 우상 숭배의 영적 음행으로 이끄는 방법은 늘 세상의 부요와 쾌락을 통해서다. 예나 지금이나 사람들은 눈에 보이는 부요로 자신의 쾌락을 높이는 방법에 쉽게 유혹을 받는다. 그래서 세상이 부요하고 물질이 풍요해질수록 사람들의 영적 우상 숭배는 더 깊어지기 마련이다.

바벨론의 유혹은 강력하다. 성도 중에도 어떻게 하면 더 많은 돈을 벌 수 있는가에 집중하는 사람들이 많다. 매일 부동산과 주식과 로또 생각을 하면서 일확천금을 꿈꾼다. 바벨론의 유혹에 사로잡힌 사람은 과거보다 풍요로워졌지만 오히려 불만족은 더 증가한다. 기쁨은 사라지고 미래에 대한 불안은 점점 커져 간다. 이것이 바로 바벨론이 주는 음행의 포도주를 마시고 취한 상태이다. 지금 이런 상태에 있는 성도라면 빨리 음행을 회개하고 깨어나야 할 것이다.

> **무릎기도** 하나님, 바벨론의 포도주에 취하여 참된 만족과 기쁨을 잃어버렸음을 회개합니다. 영적으로 깨어 유혹을 거부하며 온전히 하나님만을 의존하는 자가 되게 하소서.

ESV - Revelation 17

1 Then one of the seven angels who had the seven bowls came and said to me, "Come, I will show you the judgment of the great prostitute who is seated on many waters,

2 with whom the kings of the earth have committed sexual immorality, and with the wine of whose sexual immorality the dwellers on earth have become drunk."

3 And he carried me away in the Spirit into a wilderness, and I saw a woman sitting on a scarlet beast that was full of blasphemous names, and it had seven heads and ten horns.

4 The woman was arrayed in purple and scarlet, and adorned with gold and jewels and pearls, holding in her hand a golden cup full of abominations and the impurities of her sexual immorality.

5 And on her forehead was written a name of mystery: "Babylon the great, mother of prostitutes and of earth's abominations."

6 And I saw the woman, drunk with the blood of the saints, the blood of the martyrs of Jesus.* When I saw her, I marveled greatly.

* 17:6 Greek *the witnesses to Jesus*

1 judgment 심판 prostitute 창녀   2 commit 범하다 immorality 부도덕 dweller 주민   3 wilderness 광야 scarlet 진홍색의 blasphemous 모독적인 horn 뿔   4 array 치장하다 adorn 꾸미다 abomination 혐오스러운 것 impurity 불결   5 forehead 이마   6 saint 성도 martyr 순교자 marvel 놀라다

45

월   일

일곱 머리와 열 뿔 가진 짐승의 비밀

요한계시록 17:7-13 • 새찬송 343장 | 통일 443장

• 말씀묵상 전에 성령님의 인도하심을 구하는 기도를 드리십시오.

> **본문요약 |** 천사는 여자와 일곱 머리와 열 뿔 가진 짐승의 비밀을 알려 준다. 짐승은 예수님을 흉내 낸 존재로 세상 사람들은 그를 놀랍게 여기게 된다. 일곱 머리는 일곱 왕이고 그중 하나는 앞으로 와서 잠시 머물 것이 예언된다. 열 뿔은 열 왕이고 짐승과 더불어 권세를 받아 한 뜻으로 짐승에게 줄 것이다.

7 천사가 이르되 왜 놀랍게 여기느냐 내가 여자와 그가 탄 일곱 머리와 열 뿔 가진 짐승의 비밀을 네게 이르리라

8 네가 본 짐승은 전에 있었다가 지금은 없으나 장차 무저갱으로부터 올라와 멸망으로 들어갈 자니 땅에 사는 자들로서 창세 이후로 그 이름이 생명책에 기록되지 못한 자들이 이전에 있었다가 지금은 없으나 장차 나올 짐승을 보고 놀랍게 여기리라

9 지혜 있는 뜻이 여기 있으니 그 일곱 머리는 여자가 앉은 일곱 산이요

10 또 일곱 왕이라 다섯은 망하였고 하나는 있고 다른 하나는 아직 이르지 아니하였으나 이르면 반드시 잠시 동안 머무르리라

11 전에 있었다가 지금 없어진 짐승은 여덟째 왕이니 일곱 중에 속한 자라 그가 멸망으로 들어가리라

12 네가 보던 열 뿔은 열 왕이니 아직 나라를 얻지 못하였으나 다만 짐승과 더불어 임금처럼 한동안 권세를 받으리라

13 그들이 한 뜻을 가지고 자기의 능력과 권세를 짐승에게 주더라

1. 오늘 하나님께서 나에게 주신 깨달음은 무엇입니까?

2. 말씀을 어떻게 내 삶에 구체적으로 적용해야 합니까?

절별 해설

7 왜 놀랍게 여기느냐 요한은 음녀 바벨론에 관한 환상의 의미를 아직 명확하게 이해하지 못하고 있었다. 이에 천사는 음녀의 정체를 설명하고자 한다.

8 전에 있었다가 지금은 없으나 장차 무저갱으로부터 올라와 예수님이 '이제도 계시고 전에도 계셨고 장차 오실 이'(1:4)인 것과 대조되는 표현으로 이 짐승은 적그리스도임을 보여준다. 이 짐승이 '지금은 없는' 이유는 예수님의 십자가 승리로 인해 세상에 이전과 같은 강력한 영향력을 미치지 못하기 때문이다. **놀랍게 여기리라** 예수님을 믿지 않는 불신자들은 앞으로 강력한 영향력을 미칠 짐승을 놀랍게 여기며 숭배하게 될 것이라는 의미이다. 예수님의 재림이 가까울수록 마귀의 영향력이 점점 강력해져서 세상 사람들이 우상 숭배에 더 깊이 빠질 것이다.

9 지혜 있는 뜻 영적 세계를 이해할 수 있는 지혜를 가진 자는 마귀의 속임수를 분별하여 그 참된 영적 의미를 깨달아 알 수 있다(단 12:10). **일곱 머리** 머리는 세상을 다스리는 권세를 비유한다(단 7:4-7). '일곱 머리'는 역사 가운데 등장한 모든 권세를 의미한다.

10 일곱 왕 '일곱'은 완전수로서 일곱 왕은 짐승의 도구가 되는 역사상 존재한 모든 나라들이다. **다섯은 망하였고 하나는 있고** 역사상 존재했던 앗수르나 바벨론과 같은 강력한 세상 권세들이 사라져도 새로운 권세가 다시 나타남을 의미한다. **아직 이르지 아니하였으나** 이제까지 나타나지 않았던 가장 강력한 권세가 교회 시대에 등장할 것이 예언된다.

11 여덟째 왕 '여덟'은 완전수 일곱 이후에 새롭게 시작하는 부활을 상징한다(막 16:9). 이 짐승은 예수님의 부활을 패러디하여 새롭게 세상 권세를 행사하기 위해 나타날 것이 예고된다(13:3).

12 열 뿔은 열 왕 '열'은 상징적 숫자로 짐승의 권세를 따르는 세상의 통치자들을 말한다. **아직 나라를 얻지 못하였으나** 열 뿔은 일곱 번째 머리에만 달려 있다. 일곱 번째 머리가 나오지 않아서 이들 또한 아직 권세를 갖지 못한 상태이다.

13 한 뜻을 가지고 세상 권세를 행사하는 자들이 마귀와 연합한 상태임을 보여준다. 이들은 사람들로 하여금 우상 숭배에 빠지게 만들고 하나님을 대적하도록 짐승과 연합한다.

7 그러자 천사가 내게 이렇게 말하였습니다. "왜 놀라느냐? 이 여자가 누구이며, 또 이 여자를 태우고 있는 짐승이 무엇을 의미하는지 내가 가르쳐 주겠다.

8 네가 본 짐승은 전에는 살아 있었으나, 이제는 죽었다. 그러나 곧 다시 살아나 끝없는* 구덩이에서 올라왔다가 영원히 멸망하게 될 것이다. 세상이 창조된 이래, 생명책에 기록되지 않은 사람들은 그 짐승을 다시 보고 놀랄 것이다. 왜냐하면 죽은 줄 알았던 짐승이 다시 나타났기 때문이다.

9 이것을 이해하려면, 지혜가 필요하다. 네가 본 짐승의 그 일곱 머리는 여자가 앉아 있는 일곱 언덕과 일곱 왕을 뜻하는 것이다.

10 그중에 이미 다섯 왕은 죽었고, 한 왕은 살아 있으며, 일곱째 왕은 아직 오지 않았다. 마지막에 올 이 왕은 잠시 동안만 통치하게 될 것이다.

11 이전에는 살아 있었으나, 지금은 죽은 저 짐승은 여덟 번째 왕이다. 이미 그는 일곱 왕 가운데 하나이며, 곧 멸망하고 말 것이다.

12 네가 본 짐승의 그 열 뿔은 열 명의 왕을 가리킨다. 이 왕들은 아직 통치를 시작하지 않았다. 그러나 잠시 동안, 짐승과 함께 다스릴 권세를 받게 될 것이다.

13 이 왕들은 한 목적을 가지고, 짐승에게 자기들의 능력과 권세를 줄 것이다.

---

* 17:8 바닥이 없는

강한 힘을 가진 권세는 반드시 사람들을 강력히 억압하며 우상 숭배로 이끈다. 구약 시대의 바벨론과 요한이 살던 시대의 로마가 대표적이다. 그래서 본서에서 바벨론은 모든 세상 권세를 대표하는 이름으로 등장한다. 강력한 국가 권력을 유지하기 위해 꼭 필요한 것은 하나의 집단적인 숭배의 대상으로 백성을 묶는 것이다. 바벨론은 마르둑 신을, 로마는 황제를 숭배의 대상으로 삼았다. 강력한 국가가 정한 신을 따르는 자들에게는 보상이 주어지지만 그렇지 않은 자들에게는 박해가 뒤따른다. 절대적 국가 권력이 사람들을 영적으로 지배하는 마귀의 도구가 되는 것은 자연스러운 일이다. 로마뿐 아니라 강력한 국가 권력은 지금도 집단화된 숭배의 대상을 만들어 우상화한다. 독일의 히틀러가 순수 아리안주의를 내세워 수백만의 유대인을 학살하고, 중국의 모택동이 공산주의를 앞세워 수천만을 죽인 것이 대표적인 예다. 이런 강력한 민족주의와 국가주의의 도래는 영적 어두움의 영향력이 강력해지는 증거이다.

> **무릎 기도** 하나님, 세상 권세를 통해 사람들을 우상 숭배로 이끌며, 성도들을 핍박하는 마귀의 영향력을 잘 분별하게 하소서. 마귀의 유혹과 핍박을 이길 수 있게 도우소서.

ESV - Revelation 17

7 But the angel said to me, "Why do you marvel? I will tell you the mystery of the woman, and of the beast with seven heads and ten horns that carries her.

8 The beast that you saw was, and is not, and is about to rise from the bottomless pit* and go to destruction. And the dwellers on earth whose names have not been written in the book of life from the foundation of the world will marvel to see the beast, because it was and is not and is to come.

9 This calls for a mind with wisdom: the seven heads are seven mountains on which the woman is seated;

10 they are also seven kings, five of whom have fallen, one is, the other has not yet come, and when he does come he must remain only a little while.

11 As for the beast that was and is not, it is an eighth but it belongs to the seven, and it goes to destruction.

12 And the ten horns that you saw are ten kings who have not yet received royal power, but they are to receive authority as kings for one hour, together with the beast.

13 These are of one mind, and they hand over their power and authority to the beast.

* 17:8 Greek *the abyss*

7 marvel 놀라다 horn 뿔   8 bottomless 바닥이 안 보이는 pit 구덩이 destruction 멸망 dweller 주민   9 call for …을 요구하다 wisdom 지혜   10 remain 머무르다   11 as for …에 관해 말하면 belong to …에 속하다   12 authority 권세

46

월   일

열 왕과 짐승의 공격으로 망하는 음녀

요한계시록 17:14-18 · 새찬송 314장 | 통일 511장

• 말씀묵상 전에 성령님의 인도하심을 구하는 기도를 드리십시오.

본문요약 | 열 왕과 짐승은 연합하여 어린 양과 싸운다. 어린 양은 세상의 절대 주권을 가진 분이시기 때문에 그들과 싸워 이기시며 그와 함께 있는 진실한 자들도 이긴다. 천사는 음녀가 앉은 물이 세상 사람들임을 알려 준다. 또한 열 뿔과 짐승이 음녀를 미워하여 망하게 할 것인데 이것은 하나님의 뜻대로 될 일임을 말한다.

14 그들이 어린 양과 더불어 싸우려니와 어린 양은 만주의 주시요 만왕의 왕이시므로 그들을 이기실 터이요 또 그와 함께 있는 자들 곧 부르심을 받고 택하심을 받은 진실한 자들도 이기리로다

15 또 천사가 내게 말하되 네가 본 바 음녀가 앉아 있는 물은 백성과 무리와 열국과 방언들이니라

16 네가 본 바 이 열 뿔과 짐승은 음녀를 미워하여 망하게 하고 벌거벗게 하고 그의 살을 먹고 불로 아주 사르리라

17 이는 하나님이 자기 뜻대로 할 마음을 그들에게 주사 한 뜻을 이루게 하시고 그들의 나라를 그 짐승에게 주게 하시되 하나님의 말씀이 응하기까지 하심이라

18 또 네가 본 그 여자는 땅의 왕들을 다스리는 큰 성이라 하더라

1. 오늘 하나님께서 나에게 주신 깨달음은 무엇입니까?

2. 말씀을 어떻게 내 삶에 구체적으로 적용해야 합니까?

14 어린 양과 더불어 싸우려니와 열 왕은 어린 양과 더불어 싸울 목적으로 연합했다. 이 구절은 마귀로부터 권세를 받은 짐승을 향해 '누가 능히 이와 더불어 싸우리요'(13:4)라고 물었던 질문에 대한 답이다. 예수님이 이 짐승과 싸워 이기실 수 있는 분임이 드러난다.

만주의 주시요 만왕의 왕이시므로 구약에서 하나님의 호칭으로 사용되던 표현(신 10:17)으로 예수님이 온 세상의 주권을 가진 유일한 분이심을 의미한다. 예수님의 절대적 주권을 선포하는 이유는 세상의 왕들이 짐승과 연합하여 싸움을 하더라도 절대로 예수님을 이길 수 없음을 보여주기 위함이다(19:16).

그와 함께 있는 자들 예수님뿐 아니라 성도 또한 세상의 왕들과 짐승과의 싸움에서 승리할 것이 예언된다. 이들이 예수님과 함께 승리의 자리에 설 수 있는 이유는 하나님으로부터 소명과 선택을 받았기 때문이다. 즉 성도가 얻게 되는 승리는 절대적으로 예수님의 승리를 은혜로 받은 것임을 보여준다.

15-18 음녀의 멸망을 묘사한다. 악의 세력은 잠시 연합하는 듯 보이나 서로 시기하고 증오한다. 결국 그들은 서로를 죽이고 멸망시킨다.

15 음녀가 앉아 있는 물 17:1과 이곳에서 음녀는 '많은 물 위에 앉은' 것으로 소개된다. 많은 물은 바벨론이 유브라데 강가에 있었던 지형적 특징을 배경으로 한다(렘 51:13).

백성, 무리, 열국, 방언 본서에 7번 나오며(5:9; 7:9; 10:11; 11:9; 13:7; 14:6) 세상의 모든 사람을 가리키는 표현이다. 바벨론의 영향력이 온 세상에 미침을 의미한다.

16 음녀를 미워하여 망하게 하고 서로 연합하였던 짐승과 음녀는 싸우기 시작한다. 마귀의 연합은 반드시 붕괴되며 내분에 의해 멸망하게 된다. 마귀는 자신의 목적을 위해 세상을 사용하지만 결국 하나님의 개입으로 뜻대로 되지 않을 때 세상을 망하게 할 것이다.

17 자기 뜻대로 할 마음을 그들에게 주사 열 왕과 짐승이 음녀를 미워하고 멸망시키는 이유는 하나님의 계획과 주권에 따른 결과임을 보여준다. 하나님은 마귀의 세력까지도 심판의 도구로 사용하심으로 악인들을 심판하고 하나님의 나라를 세우신다.

18 땅의 왕들을 다스리는 큰 성 17장은 반복해서 바벨론이 세상의 왕들을 다스리는 존재라고 소개한다(1,3,7절). 그런 바벨론이 권세를 부리던 세력의 반역과 배신으로 망하게 된다. 악의 세력의 연합이 얼마나 허무한가를 알 수 있다.

14 그들은 어린 양을 대적해 전쟁을 일으킬 것이다. 그러나 결국 만왕의 왕이시요, 만주의 주님이신 어린 양이 승리를 거두고 부름받아 선택된 충성된 주님의 병사들도 승리할 것이다."

15 천사는 다시 내게 말했습니다. "네가 본 물, 음녀가 앉아 있던 그 물은 세계의 모든 민족과 나라를 가리킨다.

16 짐승과 그 열 뿔, 즉 열 왕이 음녀를 미워하여 그녀가 가진 것을 다 빼앗고, 벌거벗겨 그녀의 살을 먹으며, 그녀를 불에 태워 죽일 것이다.

17 하나님께서는 열 왕들이 짐승에게 권력을 넘겨주는 데 한마음이 되게 하여, 그분의 뜻을 이루어 가실 것이다. 하나님이 계획하신 모든 일이 다 이루어질 때까지, 그들이 통치할 것이다.

18 네가 본 그 여인은 이 세상 왕들을 다스리는 큰 도시를 뜻한다."

적그리스도를 상징하는 짐승이 세상을 미워하고 망하게 하는 모습은 악의 자기 파괴적 속성을 보여준다. 악의 가장 강력한 속성은 이기적 욕심이다(요 8:44). 적그리스도가 세상과 연합하는 이유는 세상을 통해 자기의 욕심을 이룰 수 있다고 생각하기 때문이다. 역사 내내 세상은 사람들이 하나님을 대적하며 우상 숭배에 빠지게 만드는 역할을 충실하게 수행한다. 그러나 마귀는 마지막 순간에 하나님의 뜻에 따라 세상을 망하게 할 것이다. 이것은 세상 속에서 우상 숭배에 빠져 하나님을 거역하며 살아가는 모든 사람에게 닥칠 심판이기도 하다.

이렇게 멸망이 예정되어 있는 세상을 사랑하는 성도들이 많다. 세상은 마귀로부터도 버림을 받고 멸망받을 것이다. 자신이 사랑하는 세상의 것들이 육신의 정욕과 안목의 정욕과 이생의 자랑의 대상이 아닌지 고민해야 한다. 이것들을 사랑하게 되면 하나님의 사랑에서 멀어지기 때문이다(요일 2:15-16).

> **무릎 기도** 하나님, 육신의 정욕과 안목의 정욕과 이생의 자랑에서 벗어나게 하소서. 멸망할 세상에 대한 사랑을 버리고 하나님만을 온전히 사랑하게 하소서.

ESV - Revelation 17

14 They will make war on the Lamb, and the Lamb will conquer them, for he is Lord of lords and King of kings, and those with him are called and chosen and faithful."

15 And the angel* said to me, "The waters that you saw, where the prostitute is seated, are peoples and multitudes and nations and languages.

16 And the ten horns that you saw, they and the beast will hate the prostitute. They will make her desolate and naked, and devour her flesh and burn her up with fire,

17 for God has put it into their hearts to carry out his purpose by being of one mind and handing over their royal power to the beast, until the words of God are fulfilled.

18 And the woman that you saw is the great city that has dominion over the kings of the earth."

* 17:15 Greek *he*

14 lamb 어린 양　conquer 이기다　faithful 충실한　15 prostitute 창녀　multitude 군중　16 horn 뿔　desolate 황폐한　naked 벌거벗은　devour 먹어 치우다　flesh 살　17 carry out ⋯을 수행하다　purpose 목적　fulfill 성취하다　18 have dominion over ⋯을 지배하다

47

바벨론이 심판받는 이유

요한계시록 18:1-8 • 새찬송 297장 | 통일 191장

• 말씀묵상 전에 성령님의 인도하심을 구하는 기도를 드리십시오.

본문요약 ㅣ 영광스러운 천사가 큰 음성으로 바벨론의 멸망을 선포한다. 바벨론은 음행으로 만국을 무너뜨렸고, 왕들과 상인들을 음행에 빠지게 만들었다. 하늘에서 나는 음성은 하나님의 백성에게 바벨론에서 나와서 재앙을 받지 말라고 요청한다. 하나님이 바벨론에 그 죄악대로 합당하게 갚아 주실 것이 선포된다.

1 이 일 후에 다른 천사가 하늘에서 내려오는 것을 보니 큰 권세를 가졌는데 그의 영광으로 땅이 환하여지더라

2 힘찬 음성으로 외쳐 이르되 무너졌도다 무너졌도다 큰 성 바벨론이여 귀신의 처소와 각종 더러운 영이 모이는 1)곳과 각종 더럽고 가증한 새들이 모이는 1)곳이 되었도다

3 그 음행의 진노의 포도주로 말미암아 만국이 무너졌으며 또 땅의 왕들이 그와 더불어 음행하였으며 땅의 상인들도 그 사치의 세력으로 치부하였도다 하더라

4 또 내가 들으니 하늘로부터 다른 음성이 나서 이르되 내 백성아, 거기서 나와 그의 죄에 참여하지 말고 그가 받을 재앙들을 받지 말라

5 그의 죄는 하늘에 사무쳤으며 하나님은 그의 불의한 일을 기억하신지라

6 그가 준 그대로 그에게 주고 그의 행위대로 갑절을 갚아 주고 그가 섞은 잔에도 갑절이나 섞어 그에게 주라

7 그가 얼마나 자기를 영화롭게 하였으며 사치하였든지 그만큼 고통과 애통함으로 갚아 주라 그가 마음에 말하기를 나는 여왕으로 앉은 자요 과부가 아니라 결단코 애통함을 당하지 아니하리라 하니

8 그러므로 하루 동안에 그 재앙들이 이르리니 곧 사망과 애통함과 흉년이라 그가 또한 불에 살라지리니 그를 심판하시는 주 하나님은 강하신 자이심이라

1) 또는 옥

1. 오늘 하나님께서 나에게 주신 깨달음은 무엇입니까?

2. 말씀을 어떻게 내 삶에 구체적으로 적용해야 합니까?

절별 해설

1 그의 영광 천사가 영광 중에 큰 음성으로 음행을 떠나라고 이야기하는 이 장면은 에스겔이 본 하늘 성전 환상을 배경으로 한다(겔 43:2-9). 에스겔의 환상에서 하나님은 음행으로 더러워진 옛 성전을 허물고 새 성전을 만들겠다고 말씀하신다. 본서에서는 바벨론의 세상이 허물어지고 새 하늘과 새 땅이 새롭게 창조될 것으로 계시된다.

2 무너졌도다 큰 성 바벨론이여 14:8에도 나왔던 구절로 이사야의 예언을 인용한 것이다(사 21:9). 역사적 바벨론이 예언대로 멸망한 것처럼 영적 바벨론 또한 망하게 될 것이다.
더럽고 가증한 새들이 모이는 곳이 되었도다 바벨론의 멸망 이후에 이곳이 황량하고 더러운 폐허가 되었음을 보여준다(사 13:21).

3 그 사치의 세력으로 치부하였도다 구약성경에서 두로가 무역으로 큰 부요를 얻고 다른 나라의 왕들을 풍족하게 한 것을 배경으로 한다(겔 27:12). 세상 사람들이 경제적 부요 때문에 바벨론을 거부하지 못했음을 보여준다.

4 내 백성아, 거기서 나와 이 구절은 심판받게 될 바벨론으로부터 떠나라고 명령하는 선지서의 구절을 인용한 것이다(렘 51:45). 선지자들이 이스라엘 백성에게 떠나라고 명령하는 것은 곧 바벨론의 우상 숭배로부터 벗어나라는 뜻이다(사 48:20).

5 그의 죄는 하늘에 사무쳤으며 바벨론의 죄악이 너무 커서 하늘에 계신 하나님에게까지 도달했다(렘 51:9). 하나님이 바벨론을 심판하실 수밖에 없는 이유이다.

6 갑절을 갚아 주고 바벨론의 악행에 대한 합당한 징계가 임할 것이 선포된다. 선지서에서 바벨론에 대한 심판의 예언과 성취는 영적 바벨론에 대한 모형이다(시 137:8).

7 영화롭게 하였으며 사치하였든지 바벨론의 두 가지 죄악은 자기를 영화롭게 한 자아 숭배적 교만과 사치, 곧 물질주의적 욕망이다(사 47:7-8).
나는 여왕으로 앉은 자요 바벨론은 스스로를 세상의 왕으로 자처하며 마귀의 도구가 되어 사람들을 우상 숭배로 이끌었다.

8 불에 살라지리니 바벨론이 완전히 소멸하여 흔적도 찾아볼 수 없게 될 것을 의미한다(사 47:14).
주 하나님은 강하신 자이심이라 하나님은 능력이 크신 분이기에 바벨론에 대한 심판은 반드시 성취될 것이다(렘 50:34).

1 그 후에 나는 다른 한 천사가 하늘에서 내려오는 것을 보았습니다. 이 천사는 큰 권세를 가졌는데, 그 영광의 광채 때문에 온 땅이 환하게 밝아졌습니다.

2 그 천사는 위엄 있는 목소리로 크게 외쳤습니다.
"큰 성 바빌론이 무너졌다! 귀신의 소굴이 되고 악한 영들과 불결하고 흉칙한 새들의 동굴이 되었구나.

3 세상 모든 사람들이 음란의 독주에 취하고 세상 왕들이 그녀와 함께 음란한 죄를 짓는구나. 또 세상 장사꾼들도 그녀의 사치에 힘입어 큰 부를 누리는구나."

4 계속해서 하늘로부터 들려오는 또 다른 음성을 들었습니다.
"내 백성들아, 그 여자의 죄에 빠져들지 말고 나와라. 그러면 그녀와 함께 멸망당하지 않을 것이다.

5 그 성의 죄가 하늘에까지 닿았고, 하나님께서는 그녀의 죄악을 기억하신다.

6 그녀가 다른 사람에게 준 만큼 돌려주고, 그녀가 행한 것의 배로 갚아 주어라. 사람들에게 많은 재앙의 잔을 부어 준 만큼 두 배로 채워 그녀에게 마시게 하여라.

7 그녀가 마음껏 사치와 영화를 누렸으니, 그만큼의 고통과 슬픔으로 갚아 주어라. 그녀가 속으로 말하기를 '나는 여왕의 왕좌에 앉아 있다. 나는 과부와는 다르다. 내게는 결코 슬픔이 없을 것이다'라고 하였다.

8 그러므로 끔찍한 이 일들이 단 하루 만에 그녀에게 임할 것이다. 죽음과 슬픔과 기근이 찾아오고, 그녀는 불에 타 죽고 말 것이다. 전능하신 하나님의 심판이 내리기 때문이다."

바벨론이 스스로를 영화롭게 하고 사치하였던 것을 통해 바벨론적 삶의 양식이 무엇인가 보여준다. 바로 교만과 물질주의적 욕망이다. 이것은 세속주의의 본질이다. 자신을 높이고자 물질적 부요를 극단적으로 추구하는 것은 마귀의 삶의 양식이다. 바벨론의 음행의 포도주에 취한 세상 사람들은 오히려 이런 삶을 이상적인 삶으로 여긴다. 다른 사람보다 부유해서 물질주의적 사치를 누리며 살아가는 사람들은 많은 이들의 부러움의 대상이 된다. 그러나 영적 지혜가 있는 성도는 바로 이것이 마귀의 속임수이며, 바벨론의 음행의 포도주에 취한 상태임을 깨달아야 한다. 하나님은 바벨론적 세상 속에서 살아가는 그의 백성을 향해 지금도 외치고 계신다. "내 백성아, 거기서 나와 그의 죄에 참여하지 말고 그가 받을 재앙들을 받지 말라"(4절). 영적으로 민감해져서 지금도 우리를 향해 외치시는 하나님의 음성에 민감하게 반응해야 할 것이다.

> **무릎기도** 하나님, 바벨론과 같은 세상 속에서 자주 유혹받습니다. 자아 숭배와 물질적 욕망에 취해 하나님의 음성을 듣지 못하는 상태가 되지 않도록 귀를 열어 주소서.

ESV - Revelation 18

1 After this I saw another angel coming down from heaven, having great authority, and the earth was made bright with his glory.

2 And he called out with a mighty voice, "Fallen, fallen is Babylon the great! She has become a dwelling place for demons, a haunt for every unclean spirit, a haunt for every unclean bird, a haunt for every unclean and detestable beast.

3 For all nations have drunk* the wine of the passion of her sexual immorality, and the kings of the earth have committed immorality with her, and the merchants of the earth have grown rich from the power of her luxurious living."

4 Then I heard another voice from heaven saying, "Come out of her, my people, lest you take part in her sins, lest you share in her plagues;

5 for her sins are heaped high as heaven, and God has remembered her iniquities.

6 Pay her back as she herself has paid back others, and repay her double for her deeds; mix a double portion for her in the cup she mixed.

7 As she glorified herself and lived in luxury, so give her a like measure of torment and mourning, since in her heart she says, 'I sit as a queen, I am no widow, and mourning I shall never see.'

8 For this reason her plagues will come in a single day, death and mourning and famine, and she will be burned up with fire; for mighty is the Lord God who has judged her."

* 18:3 Some manuscripts *fallen by*

1 authority 권위　2 mighty 힘이 있는　dwell 살다　demon 악마　haunt 소굴　detestable 혐오스러운　3 immorality 부도덕　commit 범하다　merchant 상인　4 lest …하지 않도록　take part in …에 참여하다　plague 재앙　5 heap 쌓다　iniquity 죄　6 deed 행위　7 measure 양　torment 고통　mourning 슬픔　widow 과부　8 famine 기근

48

월 일

바벨론의 멸망에 대한 삼중적 애가

요한계시록 18:9–19 • 새찬송 321장 | 통일 351장

• 말씀묵상 전에 성령님의 인도하심을 구하는 기도를 드리십시오.

본문요약 I 세상의 왕들은 바벨론의 멸망을 보고 울고 가슴을 치며 애곡한다. 땅의 상인들도 바벨론의 멸망을 보고 애통하는데 더 이상 그들의 상품을 사는 자가 없기 때문이다. 선원들과 바다에서 일하는 자들 또한 애통하며 티끌을 머리에 뿌리고 갑자기 멸망당한 바벨론에 대해 울며 애곡한다.

---

9 그와 함께 음행하고 사치하던 땅의 왕들이 그가 불타는 연기를 보고 위하여 울고 가슴을 치며

10 그의 고통을 무서워하여 멀리 서서 이르되 화 있도다 화 있도다 큰 성, 견고한 성 바벨론이여 한 시간에 네 심판이 이르렀다 하리로다

11 땅의 상인들이 그를 위하여 울고 애통하는 것은 다시 그들의 상품을 사는 자가 없음이라

12 그 상품은 금과 은과 보석과 진주와 세마포와 자주 옷감과 비단과 붉은 옷감이요 각종 향목과 각종 상아 그릇이요 값진 나무와 구리와 철과 대리석으로 만든 각종 그릇이요

13 계피와 향료와 향과 향유와 유향과 포도주와 감람유와 고운 밀가루와 밀이요 소와 양과 말과 수레와 종들과 사람의 영혼들이라

14 바벨론아 네 영혼이 탐하던 과일이 네게서 떠났으며 맛있는 것들과 빛난 것들이 다 없어졌으니 사람들이 결코 이것들을 다시 보지 못하리로다

15 바벨론으로 말미암아 치부한 이 상품의 상인들이 그의 고통을 무서워하여 멀리 서서 울고 애통하여

16 이르되 화 있도다 화 있도다 큰 성이여 세마포 옷과 자주 옷과 붉은 옷을 입고 금과 보석과 진주로 꾸민 것인데

17 그러한 부가 한 시간에 망하였도다 모든 선장과 각처를 다니는 선객들과 선원들과

바다에서 일하는 자들이 멀리 서서

18 그가 불타는 연기를 보고 외쳐 이르되 이 큰 성과 같은 성이 어디 있느냐 하며

19 티끌을 자기 머리에 뿌리고 울며 애통하여 외쳐 이르되 화 있도다 화 있도다 이 큰 성이여 바다에서 배 부리는 모든 자들이 너의 보배로운 상품으로 치부하였더니 한 시간에 망하였도다

1. 오늘 하나님께서 나에게 주신 깨달음은 무엇입니까?

2. 말씀을 어떻게 내 삶에 구체적으로 적용해야 합니까?

절별 해설

9-19 음녀 바벨론의 멸망에 대한 왕들(9-10절)과 상인들(11-17a절)과 선원들(17b-19절)의 애통을 묘사한다. 이들 중 누구도 바벨론을 위해 애통하는 자는 없다. 모두 자신들의 이해관계로 음녀와 관계를 맺었다가, 그 관계가 끊기기 때문에 당하는 손실로 인해 애통해한다. 이들은 모두 화를 당할까봐 '멀찍이 서서' 애통한다.

9 울고 가슴을 치며 본문에는 바벨론의 멸망에 대해서 슬퍼하며 노래하는 세 편의 애가가 기록되어 있다. 애가를 부르는 왕들(9-10절), 상인들(11-17a절), 선원들(17b-19절)은 바벨론 덕분에 유익을 누리던 무리이다.

10 무서워하여 멀리 서서 바벨론의 파멸은 너무나 참혹하고 두려운 것이어서 그때까지 음행하던 왕들은 멀리 서서 애가를 부른다.
화 있도다 '화가 있다'고 노래하는 것은 애가의 전형적인 형식이다(사 24:16). 이곳에서는 화가 있음을 반복함으로 바벨론의 멸망으로 인한 슬픔과 두려움이 큼을 보여준다.

11 땅의 상인들 바벨론의 멸망으로 상인들은 더 이상 물건을 팔 곳이 없어서 애가를 부른다. 성경에서 '상인'은 탐욕을 위해 다른 사람을 속이는 세상 사람들을 대표한다(호 12:7).

12-13 이곳에 소개되는 29가지의 상품 목록 중 15개는 에스겔서에 나오는 두로의 상품 목록과 일치한다(겔 27:7-25). 이 목록은 요한 당시의 부자들과 귀족들을 위한 로마의 무역품이다. 이 물건들을 여섯 가지 카테고리로 분류하자면 보석류, 비싼 옷감, 건축 및 집 장식 재료, 향료와 향수, 음식, 동물과 노예이다. 이는 현대의 사치품 목록과도 일치한다. 이것은 바벨론이 사람들을 물질적 쾌락으로 중독되게 하여 물질주의적 의존과 사치에서 벗어나지 못하게 만드는 영향력이 있음을 보여준다.
사람의 영혼들 영혼을 가진 사람마저도 가축과 같이 노예로 팔리는 상황을 의미한다.

14 네 영혼이 탐하던 과일 바벨론이 경제적 부요로 자신을 만족시키는 일에 헌신함을 의미한다.

16 금과 보석과 진주 구약에서 에스겔이 경제적으로 부요했던 두로를 묘사한 모습과 일치한다(겔 28:13). 이런 보석들은 바벨론의 화려함을 보여준다.

17 선객들과 선원들과 바다에서 일하는 자들 바다를 통해 바벨론으로 상품을 운반하는 자들로, 이 내용은 두로의 멸망을

9 그 여자와 함께 음란한 죄를 짓고, 사치를 일삼던 세상의 왕들은, 그녀의 몸이 불에 탈 때, 피어나는 연기를 보고 슬퍼하며 목 놓아 울 것입니다.

10 그녀가 당하는 고통을 무서워하여 멀리 서서 이렇게 말할 것입니다.
"끔찍하다! 끔찍하다! 강한 바빌론성이 이렇게 되다니! 순식간에 멸망이 찾아왔구나."

11 땅 위의 장사꾼들도 그녀 때문에 슬퍼할 것입니다. 왜냐하면 더 이상 자신들의 물건을 사 줄 사람이 없기 때문입니다.

12 그들이 팔았던 물건은 금, 은, 보석, 진주, 모시, 자주 옷감, 비단, 붉은 옷감, 각종 향나무, 상아로 만든 물건, 값진 목재, 청동, 철, 대리석,

13 계피, 향료, 향수, 향유, 유향, 포도주, 올리브기름, 고운 밀가루, 밀, 소, 양, 말, 수레, 종, 그리고 사람의 목숨까지도 있었습니다.

14 장사꾼들은 말할 것입니다. "바빌론아, 네가 그렇게도 탐내던 좋은 것들이 네 곁에서 다 떠나 버렸구나. 네가 가졌던 모든 부와 호화스런 것들이 사라졌으니, 네가 다시는 이런 것을 볼 수 없겠구나."

15 그녀 덕택에 부자가 된 장사꾼들은, 자기들에게도 화가 미칠까 두려워 가까이 가지 못하고 멀리서 바라보며 슬프게 울 것입니다.

16 그리고 이렇게 말할 것입니다.
"끔찍하다! 큰 성이 이렇게 무너지다니! 고급 모시옷과 자줏빛, 붉은빛 옷으로 치장하고 금과 보석과 진주로 꾸민, 네 모습은 어디로 갔는가?

17 한순간에 그 큰 부가 다 사라져 버렸구나!"
모든 선장과 승객들과 선원들과 바다에서 일하는 사람들이, 바빌론에서부터 멀리 떨어져서,

18 불에 타는 성을 바라보며 큰 소리로 말

예언하는 에스겔서를 배경으로 한다(겔 27:28-33).

18 이 큰 성과 같은 성이 어디 있느냐 해운업에 종사하던 자들은 왕들과 상인들보다 더 크게 충격을 받는다. 이들은 바벨론을 불안한 바다와는 달리 자신들이 돌아가 쉴 견고한 집처럼 생각했기 때문이다.

19 티끌을 자기 머리에 뿌리고 극심한 슬픔을 표현하는 고대인들의 행동이다(겔 27:30).

할 것입니다. "이 세상에 저만큼 화려했던 도시가 또 있었을까?"

19 그들은 머리에 재를 뒤집어쓰고, 슬피 울며 외칠 것입니다.

"끔찍하다! 저 큰 성이 저렇게 무너지다니! 바다에서 배를 소유한 자들은 모두 저 성의 재물로 말미암아 다 부자가 되었는데! 그 부도 한 순간에 사라지고 마는구나!"

저자의 **묵상**

12-13절의 상품 리스트는 예나 지금이나 바벨론적 삶을 살아가는 모든 사람이 소유하고 소비하기를 열망하는 것이다. 주변의 많은 나라와의 전쟁을 통해 수많은 식민지를 보유했던 로마의 사치는 극에 달했다. 부자들은 자신의 능력과 부를 자랑하기 위해 비싼 값을 주고서라도 남들이 갖지 못한 사치품을 얻기 위해 애썼다. 예를 들어 상아는 고급 식탁의 다리로 사용되었는데 로마의 정치가로 알려진 키케로(Cicero)가 상아 다리로 만들어진 식탁을 현재 화폐로 25억 원에 구매했다고 자랑한 기록이 남아 있다. 로마인들의 상아에 대한 집착 때문에 당시 시리아 지방에서 흔히 볼 수 있었던 코끼리는 로마 시대에 멸종되어 버렸다. 현대인들이 보석이나 비싼 옷 등의 명품을 사거나 고급 음식을 먹은 뒤에 SNS에 올려 자랑하는 것과 똑같은 모습이다. 결국 바벨론적 삶의 양식은 현재도 고대 로마와 같은 방식으로 유행하고 있다. 참된 성도라면 이런 물질주의적 사치와 쾌락 추구의 우상 숭배를 회개하고 벗어나야 할 것이다.

무릎 기도 | 하나님, 좋은 물건을 소유하는 것으로 기쁨과 만족의 근거를 삼는 물질주의와 우상 숭배를 회개합니다. 물질보다 귀한 영혼의 가치를 바라보는 자가 되게 하소서.

9 And the kings of the earth, who committed sexual immorality and lived in luxury with her, will weep and wail over her when they see the smoke of her burning.

10 They will stand far off, in fear of her torment, and say, "Alas! Alas! You great city, you mighty city, Babylon! For in a single hour your judgment has come."

11 And the merchants of the earth weep and mourn for her, since no one buys their cargo anymore,

12 cargo of gold, silver, jewels, pearls, fine linen, purple cloth, silk, scarlet cloth, all kinds of scented wood, all kinds of articles of ivory, all kinds of articles of costly wood, bronze, iron and marble,

13 cinnamon, spice, incense, myrrh, frankincense, wine, oil, fine flour, wheat, cattle and sheep, horses and chariots, and slaves, that is, human souls.*

14 "The fruit for which your soul longed has gone from you, and all your delicacies and your splendors are lost to you, never to be found again!"

15 The merchants of these wares, who gained wealth from her, will stand far off, in fear of her torment, weeping and mourning aloud,

16 "Alas, alas, for the great city that was clothed in fine linen, in purple and scarlet, adorned with gold, with jewels, and with pearls!

17 For in a single hour all this wealth has been laid waste." And all shipmasters and seafaring men, sailors and all whose trade is on the sea, stood far off

18 and cried out as they saw the smoke of her burning, "What city was like the great city?"

19 And they threw dust on their heads as they wept and mourned, crying out, "Alas, alas, for the great city where all who had ships at sea grew rich by her wealth! For in a single hour she has been laid waste.

* 18:13 Or *and slaves, and human lives*

---

9 commit 범하다 immorality 부도덕 weep 울다 wail 통곡하다   10 torment 고통 alas 아아, 슬프다! judgment 심판
11 merchant 상인 mourn 슬퍼하다 cargo 화물   12 article 물건   13 incense 향 myrrh 몰약 frankincense 유향 chariot
전차 slave 노예   14 long 갈망하다 delicacy 맛있는 음식 splendor 화려함   15 ware 상품   16 clothe in …을 입히다
adorn 꾸미다   17 be laid waste 황폐해 있다

• MEMO •

49

월   일

바벨론 멸망의 참상

요한계시록 18:20-24 • 새찬송 610장 | 통일 289장

• 말씀묵상 전에 성령님의 인도하심을 구하는 기도를 드리십시오.

본문요약 ㅣ 바벨론의 멸망에 세상 사람들은 애통해하지만, 모든 성도는 즐거워하라는 명령이 선포된다. 힘센 천사가 큰 돌을 바다에 던지며 바벨론이 이같이 던져져 보이지 않을 것이라고 말한다. 바벨론에서는 앞으로 모든 일상과 기쁨의 소리가 사라질 것이다. 바벨론이 심판당하는 이유는 성도들의 피를 흘렸기 때문이다.

20 하늘과 성도들과 사도들과 선지자들아, 그로 말미암아 즐거워하라 하나님이 너희를 위하여 그에게 심판을 행하셨음이라 하더라

21 이에 한 힘 센 천사가 큰 맷돌 같은 돌을 들어 바다에 던져 이르되 큰 성 바벨론이 이같이 비참하게 던져져 결코 다시 보이지 아니하리로다

22 또 거문고 타는 자와 풍류하는 자와 퉁소 부는 자와 나팔 부는 자들의 소리가 결코 다시 네 안에서 들리지 아니하고 어떠한 세공업자든지 결코 다시 네 안에서 보이지 아니하고 또 맷돌 소리가 결코 다시 네 안에서 들리지 아니하고

23 등불 빛이 결코 다시 네 안에서 비치지 아니하고 신랑과 신부의 음성이 결코 다시 네 안에서 들리지 아니하리로다 너의 상인들은 땅의 왕족들이라 네 복술로 말미암아 만국이 미혹되었도다

24 선지자들과 성도들과 및 땅 위에서 죽임을 당한 모든 자의 피가 그 성 중에서 발견되었느니라 하더라

1. 오늘 하나님께서 나에게 주신 깨달음은 무엇입니까?

2. 말씀을 어떻게 내 삶에 구체적으로 적용해야 합니까?

20 하늘 기뻐하라는 명령에 '하늘'이 포함된 이유는 바벨론의 멸망으로 온 세상이 마귀의 통치에서 벗어나 하나님의 통치 아래 놓이게 되었기 때문이다(롬 8:21).

성도들과 사도들과 선지자들 하나님의 백성을 총체적으로 이야기한다. 이들은 앞에서 언급된 애곡하던 왕들, 상인들, 해운에 종사하는 사람들과 대조적으로 바벨론의 멸망으로 인해 기뻐한다.

그로 말미암아 즐거워하라 바벨론의 멸망을 기뻐하라는 예레미야서의 인용이다(렘 51:48).

21 한 힘 센 천사 본서에서 세 번째 등장하는 힘센 천사이다(5:2; 10:1). 앞서 등장했던 힘센 천사는 구원과 심판이 기록된 두루마리와 관계된 천사였다. 이곳에서 힘센 천사가 다시 등장하는 것은 바벨론의 심판이 두루마리에 기록된 구원의 완성을 보여주기 때문이다.

비참하게 던져져 21-24절은 18:9-20에 선포된 바벨론의 멸망을 다른 방식으로 설명한다. 바벨론이 물에 던져져 심판당하는 모습은 예레미야서의 장면을 인용한 것이다. 하나님은 예레미야에게 바벨론의 심판에 관해 기록하게 하신 뒤에 그 책을 유브라데강에 던지라고 말씀하신다(렘 51:63-64).

22-23 들리지 아니하고 바벨론에서 사라질 다섯 가지가 나열된다. 첫 번째는 음악 소리로 이것은 사람들을 즐겁게 하는 오락의 소멸을 의미한다(겔 26:13). 두 번째는 세공업자로 경제의 몰락을 의미한다. 세 번째는 맷돌 소리로 음식을 구할 수 없는 극도의 빈곤을 의미한다. 네 번째는 등불 빛으로 사람들이 밤에 불을 켜는 일상적인 일마저도 할 수 없는 환경을 보여준다(렘 25:10). 다섯 번째는 신랑과 신부의 음성으로 인간의 기쁨의 이유가 사라질 것을 의미한다(렘 7:34). 바벨론에서 이 다섯 가지가 사라진다는 것은 모든 인간의 일상적인 삶이 바벨론의 심판으로 함께 소멸됨을 보여준다. 즉 세상과 짝하여 살아가던 자들도 같이 심판을 받아 멸망하게 되는 것이다.

너의 상인들은 땅의 왕족들이라 상인들은 경제적 부요함으로 자신들이 왕과 같다고 생각하던 자들이다. 이들은 바벨론의 시스템 안에서 스스로를 높이고 쾌락을 추구했다.

복술 '마법'이나 '주술'이라는 뜻으로 우상을 달래서 자신이 원하는 것을 얻어 내는 미신 행위이다(왕하 9:22).

24 모든 자의 피 바벨론성은 하나님 백성의 희생으로 피가 흘려진 곳이기 때문에 바벨론이 심판을 받아 영원히 소멸되는 것이 합당하다.

20 하늘이여, 이로 말미암아 기뻐하여라! 거룩한 백성과 사도들과 예언자들아, 기뻐하여라! 그 성의 악한 행위를 하나님께서 심판하셨다!

21 그때, 한 힘센 천사가 맷돌 같은 큰 돌을 집어 들어 바다에 던지며 이렇게 말했습니다.

"큰 성 바빌론을 이렇게 던져 버릴 것이다. 그리하여 그 성이 다시는 일어나지 못할 것이다.

22 즐거운 음악도 그치고, 거문고와 퉁소와 나팔 소리도 네 귀에 다시는 들리지 않을 것이다. 일하는 자도 보이지 않고, 맷돌 가는 소리도 그칠 것이다.

23 또 등불 빛이 다시는 비치지 않으며, 신랑 신부의 즐거운 소리도 듣지 못할 것이다. 그 성의 장사꾼들은 세상을 휩쓸고 다니며 큰돈을 벌었고, 네 속임수에 모든 나라가 속임을 당하였다.

24 이제 예언자와 거룩한 백성들과 이 땅에서 죽임당한 사람들의 피의 대가를 치러야 한다."

오락을 즐기며, 경제 활동을 하고, 밥을 먹고, 밤에 불을 켜고, 남녀가 결혼을 하는 것은 인간 역사 내내 지속되어 온 가장 일상적인 일들이다. 역사가 시작된 이래 멈춘 적 없었던 이 모든 활동이 멈춘다는 것은 인간의 삶과 역사가 사라질 것을 의미한다. 이러한 예언은 모든 인류에게 충격적이면서 두려운 말씀일 것이다. 그러나 세상 사람들은 이 말씀을 믿지 않는다. 쾌락과 즐거움을 주는 세상이 하나님의 심판으로 사라질 수 있다는 것을 생각하지 않는다. 그러나 반드시 그날이 올 것이다. 왜냐하면 이 바벨론적 세상이 소멸해야 하나님이 새롭게 창조하신 새 하늘과 새 땅이 도래할 것이기 때문이다. 즉 바벨론이 소멸한다는 약속은 완전한 하나님 나라의 완성에 대한 약속이기도 하다. 따라서 성도는 심판으로 우리의 일상이 사라지는 것을 두려워할 필요가 없다. 세상이 소멸되면 성도는 온전한 영광 가운데 하나님 나라가 임하는 것을 누릴 수 있기 때문이다. 그렇기에 성도는 심판에 대한 하나님의 약속에 기뻐할 수 있다.

> **무릎 기도** | 하나님, 세상의 멸망에 대한 약속의 말씀에 두려워하지 않고 오히려 기뻐하게 하소서. 일상이 끝나고 도래할 하나님 나라의 영광스러운 날을 맞이할 준비를 하게 하소서.

ESV - Revelation 18

20 Rejoice over her, O heaven, and you saints and apostles and prophets, for God has given judgment for you against her!"

21 Then a mighty angel took up a stone like a great millstone and threw it into the sea, saying, "So will Babylon the great city be thrown down with violence, and will be found no more;

22 and the sound of harpists and musicians, of flute players and trumpeters, will be heard in you no more, and a craftsman of any craft will be found in you no more, and the sound of the mill will be heard in you no more,

23 and the light of a lamp will shine in you no more, and the voice of bridegroom and bride will be heard in you no more, for your merchants were the great ones of the earth, and all nations were deceived by your sorcery.

24 And in her was found the blood of prophets and of saints, and of all who have been slain on earth."

20 rejoice over …을 기뻐하다 saint 성도 apostle 사도 prophet 선지자 judgment 심판 21 mighty 힘센 millstone 맷돌 violence 격렬함 22 craftsman 장인 23 bridegroom 신랑 bride 신부 merchant 상인 deceive 속이다 sorcery 마술 24 slay 죽이다

50
월　　일

바벨론 심판에 대한 할렐루야 찬양

요한계시록 19:1-5 · 새찬송 195장 | 통일 175장

• 말씀묵상 전에 성령님의 인도하심을 구하는 기도를 드리십시오.

> **본문요약 ㅣ** 하늘에서 허다한 무리가 할렐루야를 외치며 하나님의 구원과 영광과 능력을 찬양한다. 또한 음행으로 땅을 더럽힌 음녀를 심판하신 것이 참되고 의로움을 찬양한다. 이십사 장로와 네 생물은 엎드려 하나님께 경배하며 아멘 할렐루야를 외친다. 보좌에서 나는 음성은 모두 하나님을 찬송하라고 명령한다.

1　이 일 후에 내가 들으니 하늘에 허다한 무리의 큰 음성 같은 것이 있어 이르되 할렐루야 구원과 영광과 능력이 우리 하나님께 있도다
2　그의 심판은 참되고 의로운지라 음행으로 땅을 더럽게 한 큰 음녀를 심판하사 자기 종들의 피를 그 음녀의 손에 갚으셨도다
하고
3　두 번째로 할렐루야 하니 그 연기가 세세토록 올라가더라
4　또 이십사 장로와 네 생물이 엎드려 보좌에 앉으신 하나님께 경배하여 이르되 아멘 할렐루야 하니
5　보좌에서 음성이 나서 이르시되 하나님의 종들 곧 그를 경외하는 너희들아 작은 자나 큰 자나 다 우리 하나님께 찬송하라
하더라

1. 오늘 하나님께서 나에게 주신 깨달음은 무엇입니까?

2. 말씀을 어떻게 내 삶에 구체적으로 적용해야 합니까?

절별 해설

1 하늘에 허다한 무리 하나님의 마지막 심판으로 완전한 구원을 얻게 된 모든 하나님의 백성을 의미한다. 7장에서 하나님의 구원을 찬양한 아무도 셀 수 없는 큰 무리(7:10)와 같지만 이곳의 찬양은 하나님의 심판에 강조점이 있다.

할렐루야 '여호와를 찬양하라'는 의미로 히브리 찬양의 전형적인 어구이다. 시편 113-118편은 할렐루야 찬양의 대표적인 예다.

구원과 영광과 능력 찬양의 내용은 하나님이 심판을 통해 이루신 구원이다. 또한 그 결과로 나타난 하나님의 영광과 심판을 통해 보여주신 하나님의 능력이다. 결국 바벨론에 대한 심판은 하나님이 누구신가를 온 세상에 드러내는 기회이다.

2 그의 심판은 참되고 의로운지라 앞에서 제단이 하나님의 심판이 참되고 의롭다고 했듯이(16:7) 이곳에서는 하늘에 허다한 무리가 같은 내용을 찬양한다. '참되다'는 하나님의 심판이 그의 언약적 신실하심에 따라 이루어졌음을 말한다. '의롭다'는 불의를 심판하는 하나님의 의로우심에 따라 나타난 결과이다.

음행으로 땅을 더럽게 한 온 세상을 유혹하여 우상 숭배에 빠지게 만든 것을 의미한다(17:2). 이런 행위는 하나님의 첫 창조를 더럽혀 하나님의 창조 목적을 변질시켰다.

자기 종들의 피 다섯 번째 인이 떼어졌을 때 순교자들은 자신들의 피를 갚아 달라고 하나님께 간구한다(6:9-11). 하나님은 그때 잠시 동안 기다리라고 말씀하셨는데 이제 바벨론을 심판하심으로 기도에 대한 응답이 이루어진다.

3 그 연기 바벨론이 불타서 나오는 연기로 영원히 황무하게 되었음을 뜻한다(사 34:10).

4 이십사 장로와 네 생물 이들은 본서에서 반복해서 하나님 앞에 엎드려 경배하는 존재이다(4:10; 5:14; 7:11; 11:16). 하나님을 가장 가까운 곳에서 섬기는 이들은 하나님의 위엄과 영광에 압도되어 계속해서 하나님 앞에 엎드려 경배한다.

아멘 할렐루야 시편 제4권(90-106편)의 마지막 구절을 인용한 것이다(시 106:48). 시편 106편은 열방으로부터의 구원을 간구하는 내용으로 이제 시편의 간구가 성취됨을 보여준다.

5 보좌에서 음성이 나서 본서에는 무생물인 제단, 뿔 혹은 보좌에서 음성이 나오는 장면이 있다(9:13; 16:7). 이는 하나님의 명령이나 뜻을 전하는 도구들이다.

하나님의 종들 곧 그를 경외하는 너희들아 '하나님의 종들 … 찬송하라'는 시편 113:1을, '그를 경외하는 너희들아 작은 자나 큰 자나'는 시편 115:13을 인용한 것이다.

1 그 후에 나는 하늘에서 수많은 사람들이 부르는 노래 소리를 들었습니다.
"할렐루야! 구원과 영광과 능력을 하나님께 돌려 드리자.

2 그분의 심판은 참되고 공평하다. 하나님께서는 이 땅을 음란으로 더럽힌 음녀를 심판하셨다. 하나님의 종들을 죽인 대가를 치르게 하신 것이다."

3 그들은 계속 찬송하였습니다.
"할렐루야! 그녀를 태우는 연기가 영원히 그치지 않을 것이다."

4 그리고 이십사 명의 장로와 네 생물이 보좌에 앉으신 하나님께 엎드려 경배하였습니다. "아멘, 할렐루야!"

5 보좌에서 한 음성이 들렸습니다.
"하나님을 섬기는 자들아, 하나님을 찬양하라! 높은 자든지, 낮은 자든지, 그분께 영광 돌리는 모든 자들아, 하나님을 찬양하라!"

하나님이 이루시는 구원에 성도들이 직접 개입할 수 없는 이유는 구원이 완성되었을 때 오직 하나님만이 찬양을 받으셔야 하기 때문이다. 많은 성도들이 '구원은 은혜로 받지만 성화에는 인간의 노력과 참여가 꼭 필요하다'고 오해한다. 그러나 성화 역시 구원의 한 부분이다. 성화가 노력으로 이루어진다면 구원이 오직 은혜로 이루어진다는 말씀(엡 2:8)은 잘못된 것이다. 성화 없이 구원은 완성될 수 없다. 그런데 이 성화의 핵심은 바로 바벨론적 세상과 음행하던 옛사람이 죽임을 당하고 성령으로 태어난 새사람이 성장하는 것이다. 성화를 도덕적, 종교적인 것으로 오해할 때 이것이 노력으로 가능하다고 착각하게 된다. 바벨론을 사랑하는 우리의 옛사람을 스스로는 절대 싸워 이길 수 없다. 세상을 사랑하는 우상 숭배의 죄를 깨닫고 회개함으로 옛 사람의 욕망으로부터 자유를 얻는 것은 오직 하나님의 개입으로만 가능하다. 따라서 성화 또한 철저한 하나님의 은혜의 결과이며 그래서 우리가 구원을 받게 되었을 때 하나님만 찬양하게 되는 것이다.

> **무릎기도** 하나님, 은혜로 구원받게 됨을 믿습니다. 세상을 사랑하는 옛사람이 죽임을 당하고 새사람으로 살아가는 자가 되도록 역사하시는 하나님을 찬양합니다.

ESV - Revelation 19

1 After this I heard what seemed to be the loud voice of a great multitude in heaven, crying out, "Hallelujah! Salvation and glory and power belong to our God,

2 for his judgments are true and just; for he has judged the great prostitute who corrupted the earth with her immorality, and has avenged on her the blood of his servants."

3 Once more they cried out, "Hallelujah! The smoke from her goes up forever and ever."

4 And the twenty-four elders and the four living creatures fell down and worshiped God who was seated on the throne, saying, "Amen. Hallelujah!"

5 And from the throne came a voice saying, "Praise our God, all you his servants, you who fear him, small and great."

1 seem …인 것 같다 multitude 군중 salvation 구원 belong to …에 속하다   2 judgment 심판 prostitute 창녀 corrupt 더럽히다 immorality 부도덕 avenge 복수하다 servant 종   4 elder 장로 creature 생물 throne 보좌

51

월   일

어린 양의 혼인 잔치에 초대받은 복

요한계시록 19:6-10 • 새찬송 211장 | 통일 346장

• 말씀묵상 전에 성령님의 인도하심을 구하는 기도를 드리십시오.

본문요약 ㅣ 허다한 무리의 음성이 하나님의 전능하신 통치를 찬양하며 어린 양의 혼인 기약이 이르렀음을 선포한다. 어린 양의 아내는 빛나고 깨끗한 세마포 옷을 입는다. 천사는 어린 양의 혼인 잔치에 청함을 받은 자가 복되며 이것이 하나님의 참되신 말씀이라고 말한다. 요한은 이 말에 천사에게 경배하려 하나 천사가 만류한다.

6 또 내가 들으니 허다한 무리의 음성과도 같고 많은 물 소리와도 같고 큰 우렛소리와도 같은 소리로 이르되
  할렐루야 주 우리 하나님 곧 전능하신 이가 통치하시도다
7 우리가 즐거워하고 크게 기뻐하며 그에게 영광을 돌리세 어린 양의 혼인 기약이 이르렀고 그의 아내가 자신을 준비하였으므로
8 그에게 빛나고 깨끗한 세마포 옷을 입도록 허락하셨으니 이 세마포 옷은 성도들의 옳은 행실이로다
  하더라
9 천사가 내게 말하기를 기록하라 어린 양의 혼인 잔치에 청함을 받은 자들은 복이 있도다 하고 또 내게 말하되 이것은 하나님의 참되신 말씀이라 하기로
10 내가 그 발 앞에 엎드려 경배하려 하니 그가 나에게 말하기를 나는 너와 및 예수의 증언을 받은 네 형제들과 같이 된 종이니 삼가 그리하지 말고 오직 하나님께 경배하라 예수의 증언은 예언의 영이라 하더라

1. 오늘 하나님께서 나에게 주신 깨달음은 무엇입니까?

2. 말씀을 어떻게 내 삶에 구체적으로 적용해야 합니까?

6 허다한 무리 앞에서 할렐루야 찬양을 부른 하나님의 백성 (19:1)과 같은 무리이다.

많은 물 소리, 큰 우렛소리 십사만 사천 명이 새 찬양을 부르 던 소리와 같다(14:2). '많은 물 소리'는 하나님의 음성의 장엄 함을(겔 1:24), '큰 우렛소리'는 하나님의 심판의 강력함을(욥 26:14) 의미한다.

할렐루야 첫 번째 할렐루야 찬양(19:1-2)은 바벨론을 심판하 신 하나님의 능력과 공의를 찬양한다. 이곳의 두 번째 할렐루 야 찬양은 어린 양의 혼인 잔치를 준비하신 하나님을 찬양한다.

전능하신 이 본서에서 9번이나 사용된 표현으로 로마 황제와 비교되는 하나님의 주권과 능력을 강조하기 위해 사용된 호칭 이다(1:8; 4:8 등).

7 어린 양의 혼인 기약 구약성경의 여러 곳에 하나님과 그의 백성의 관계가 결혼에 비유된다(사 54:5; 호 2:19). 본서의 다 른 곳은 교회를 '여자'(12:14)라고 칭하며 이곳에서는 교회를 예 수님과 약혼한 사이로 취급해 '아내'라고 부른다(고후 11:2). 고 대 이스라엘에서는 결혼 전 1년 정도의 약혼 기간을 가졌고 이 기간에도 서로를 남편과 아내로 불렀다(마 1:18). 결혼식 때 남 편은 아내의 집으로 찾아와 식을 올린 뒤 아내를 데리고 자기 의 집으로 떠났다(마 25:10). 교회인 성도는 이 땅에서 예수님 과 약혼한 신부와 같다. 교회는 예수님이 재림하실 때 혼인을 통해 예수님과 영원히 함께 살게 된다.

8 빛나고 깨끗한 세마포 옷 이 옷은 승리와 의로움의 상징 으로(15:6; 19:14) 음녀 바벨론이 입었던 '자주 빛과 붉은 빛 옷'(17:4)과 대조된다.

옳은 행실 '의로운 행위들'이라는 뜻으로 성도가 의롭게 된 것 은 예수님의 십자가의 피로 말미암은 결과이다(7:14).

9 청함을 받은 자들 어린 양의 아내는 이곳에서 혼인 잔치에 청함을 받은 자들로 나온다. 예수님의 신부가 되는 것은 하나 님의 주권적 선택을 통해서만 가능하다(마 22:14).

10 엎드려 경배하려 하니 요한이 천사에게 경배하려고 한 이 유는 천사를 통해 듣게 된 놀라운 진리의 말씀에 대한 경외와 놀람의 반응이다(22:8).

삼가 그리하지 말고 천사는 자신에게 경배하려는 요한에게 오 직 하나님만 경배하라고 말한다. 그 이유는 천사 또한 요한과 같이 예수님의 말씀을 전달하는 역할을 맡은 자이기 때문이다.

예수의 증언은 예언의 영이라 예수님을 증언하는 것은 그 예 언을 하라고 성령의 감동을 받은 것을 의미한다.

6 나는 또 수많은 사람들의 소리를 들었 습니다. 그 소리는 폭포 소리 같기도 하 고, 천둥소리 같기도 하였습니다. 그들은 이렇게 외치고 있었습니다.

"할렐루야! 전능하신 우리 주 하나 님이 다스리신다.

7 기뻐하고 즐거워하자. 하나님께 영 광을 돌리자. 어린 양의 결혼식이 가까웠다. 신부는 몸단장을 끝내고

8 빛나고 깨끗한 흰 모시옷을 입었으 니 그 옷은 성도들의 의로운 행위를 뜻한다."

9 천사는 내게 계속 말하였습니다. "어 린 양의 결혼 잔치에 초대받은 자는 복 이 있다고 기록하여라. 이는 하나님께서 친히 말씀하신 진리의 말씀이다."

10 내가 천사의 발 앞에 엎드려 경배하 려고 하자, 천사는 이를 말리며 이렇게 말하였습니다. "내게 경배하지 마라! 나 역시 예수님의 진리를 증언하는 너와 네 형제들과 똑같은 하나님의 종일 뿐이다. 하나님께 경배하여라! 이 모든 예언을 하게 하신 것은 예수님을 더 증언하기 위해서일 뿐이다."

저자의 **묵상**

하나님과 그의 백성의 비유 가운데 결혼의 비유가 많이 등장하는 이유는 결혼한 남녀의 관계가 사랑의 연합을 보여주기에 가장 좋은 예기 때문이다. 부모와 자식의 관계가 깊어도 부모를 떠나 두 사람이 한 몸을 이루는 결혼 관계보다 깊을 수는 없다(창 2:24). 이 땅에서는 죄 때문에 부부의 연합이 깨지는 경우가 많지만, 하나님 나라에서는 그리스도와 그의 신부인 교회 사이에 온전한 사랑의 연합이 이루어질 것이라고 이야기한다. 그리스도의 신부로 선택된 우리는 지금 예수님과 약혼한 사이로 정결한 신부로 준비되기 위한 과정을 지나고 있는 것이다. 예수님은 영적으로 음행하는 우리를 정결한 신부로 맞이하기 위해 지금 광야에서 양육하고 계신다. 영적 음행을 회개하고, 자신의 우상 숭배와 죄악을 벗어버린 자는 신랑 예수님이 다시 오실 때 기쁨으로 맞이할 수 있을 것이다.

> **무릎 기도** 하나님, 교회를 그리스도의 신부로 택해 주셔서 감사합니다. 예수님의 신부로서 정결하고 거룩하게 준비되도록 죄를 씻어 주시고, 우상 숭배에서 벗어나게 하소서.

ESV - Revelation 19

6 Then I heard what seemed to be the voice of a great multitude, like the roar of many waters and like the sound of mighty peals of thunder, crying out, "Hallelujah! For the Lord our God the Almighty reigns.

7 Let us rejoice and exult and give him the glory, for the marriage of the Lamb has come, and his Bride has made herself ready;

8 it was granted her to clothe herself with fine linen, bright and pure"— for the fine linen is the righteous deeds of the saints.

9 And the angel said* to me, "Write this: Blessed are those who are invited to the marriage supper of the Lamb." And he said to me, "These are the true words of God."

10 Then I fell down at his feet to worship him, but he said to me, "You must not do that! I am a fellow servant with you and your brothers who hold to the testimony of Jesus. Worship God." For the testimony of Jesus is the spirit of prophecy.

* 19:9 Greek *he said*

6 seem ···인 것 같다 multitude 군중 roar 굉음 mighty 강력한 a peal of thunder 천둥 almighty 전능하신 reign 통치하다 7 rejoice 기뻐하다 exult 무척 기뻐하다 lamb 어린 양 bride 신부 8 grant 허락하다 clothe oneself 옷을 입다 righteous 옳은 deed 행위 saint 성도 10 fellow 동료 servant 종 hold to ···를 지키다 testimony 증언 prophecy 예언

52

월 　 일

심판주 예수님과 패배한 마귀의 세력

요한계시록 19:11–21 • 새찬송 87장 | 통일 87장

• 말씀묵상 전에 성령님의 인도하심을 구하는 기도를 드리십시오.

> **본문요약 ┃** 백마를 타고 오시는 예수님은 충신과 진실로 소개되고 공의로 심판하며 싸우신다. 그의 입에서 예리한 검이 나와 만국을 심판하는데 만왕의 왕이요 만주의 주라 불린다. 짐승과 거짓 선지자는 유황불 붙는 못에 던져지고, 나머지는 예수님의 입에서 나오는 검에 죽어 새들이 그 살을 먹는다.

11 또 내가 하늘이 열린 것을 보니 보라 백마와 그것을 탄 자가 있으니 그 이름은 충신과 진실이라 그가 공의로 심판하며 싸우더라

12 그 눈은 불꽃 같고 그 머리에는 많은 관들이 있고 또 이름 쓴 것 하나가 있으니 자기밖에 아는 자가 없고

13 또 그가 피 뿌린 옷을 입었는데 그 이름은 하나님의 [1)]말씀이라 칭하더라

14 하늘에 있는 군대들이 희고 깨끗한 세마포 옷을 입고 백마를 타고 그를 따르더라

15 그의 입에서 예리한 검이 나오니 그것으로 만국을 치겠고 친히 그들을 철장으로 다스리며 또 친히 하나님 곧 전능하신 이의 맹렬한 진노의 포도주 틀을 밟겠고

16 그 옷과 그 다리에 이름을 쓴 것이 있으니 만왕의 왕이요 만주의 주라 하였더라

17 또 내가 보니 한 천사가 태양 안에 서서 공중에 나는 모든 새를 향하여 큰 음성으로 외쳐 이르되 와서 하나님의 큰 잔치에 모여

18 왕들의 살과 장군들의 살과 장사들의 살과 말들과 그것을 탄 자들의 살과 자유인들이나 종들이나 작은 자나 큰 자나 모든 자의 살을 먹으라 하더라

19 또 내가 보매 그 짐승과 땅의 임금들과 그들의 군대들이 모여 그 말 탄 자와 그의 군대와 더불어 전쟁을 일으키다가

20 짐승이 잡히고 그 앞에서 표적을 행하던 거짓 선지자도 함께 잡혔으니 이는 짐승의 표를 받고 그의 우상에게 경배하던 자들을 표적으로 미혹하던 자라 이 둘이 산 채로 유황불 붙는 못에 던져지고

21 그 나머지는 말 탄 자의 입으로부터 나오는 검에 죽으매 모든 새가 그들의 살로 배불리더라

1. 오늘 하나님께서 나에게 주신 깨달음은 무엇입니까?

2. 말씀을 어떻게 내 삶에 구체적으로 적용해야 합니까?

1) 헬, 로고스

11 백마와 그것을 탄 자 '백마'는 정복하는 왕으로 임하시는 예수님을 의미한다(6:2).

충신과 진실 '충신(Faithful)'은 예수님이 언약을 반드시 지키는 분이며(1:5), '진실(True)'은 하나님의 진리의 말씀이 참됨을 증명하는 분이심을 의미한다(3:14). 구약에서 "진리의 하나님"(사 65:16)으로 계시되었던 하나님이 예수님을 통해 모든 언약을 완성하신다는 뜻이다.

12 눈은 불꽃 같고 모든 것의 본질을 꿰뚫는 예수님의 전지하심을 의미하면서 무서운 심판의 위엄을 상징한다(단 10:6; 계 1:14).

많은 관들 '관'은 왕관을 의미한다. '많은'은 예수님이 만왕의 왕으로 붉은 용(12:3)이나 바다에서 올라오는 짐승(13:1)이 쓰고 있는 일곱 왕관을 압도하는 권세자임을 보여준다.

자기밖에 아는 자가 없고 예수님의 비밀 이름은 모든 피조물에게 감추어져 있다. 고대에 이름을 안다는 것은 그 본질과 능력을 알고 따라할 수 있음을 의미했다. 예수님의 본질과 능력은 어느 누구도 모방할 수 없이 탁월하고 고유함을 뜻한다.

14 하늘에 있는 군대들 이들은 앞에서 어린 양의 신부로 소개된 교회이다(19:8). 백마를 탄 것은 이들이 예수님의 승리를 넘겨받았음을 보여준다(17:14).

15 정복자로서 그리스도는 구약에서 다음과 같은 세 가지 모습으로 묘사된다.

예리한 검 메시아가 "그의 입의 막대기로 세상을 치며 그의 입술의 기운으로 악인을 죽일 것"(사 11:4)이라는 이사야의 예언이 성취된다. 예수님이 말씀의 권세로 악인들을 심판하실 것을 의미한다.

철장으로 다스리며 철장은 '쇠로 만든 몽둥이'다. 시편에서 메시아가 오시면 철장으로 악인들을 깨뜨리실 것을 예언한 말씀이 성취된다(시 2:9).

진노의 포도주 틀을 밟겠고 예수님이 행하시는 심판으로 악인들이 피를 흘리며 죽임을 당할 것을 의미한다(14:19–20; 16:19).

16 만왕의 왕이요 만주의 주 온 세상에 대한 예수님의 왕권과 주권을 의미한다(17:14).

17 하나님의 큰 잔치 구약성경에서 메시아의 잔치는 두 가지 상반된 이미지로 묘사된다. 한 가지는 기름과 포도주가 풍성하게 공급되는 성도들의 잔치이고(사 25:6), 다른 한 가지는 죽임을 당한 시체들의 살을 뜯어 먹는 새들의 잔치이다(겔 39:17).

19 전쟁을 일으키다가 귀신의 영이 하나님을 대적하기 위해 천하 왕들을 유혹하여 한곳으로 모아 일으킨 아마겟돈 전쟁을 의미한다(16:16).

11 나는 또 하늘이 열리고, 거기에 흰 말이 서 있는 것을 보았습니다. 그 말에는 정의로 심판하시고 싸우시는 '신실하시고 참된 분'이라고 불리는 분이 앉아 계셨습니다.

12 그분의 눈은 불꽃같이 빛나며, 머리에는 많은 왕관을 쓰고 계셨습니다. 몸에는 그분의 이름이 적혀 있었는데, 그분 외에는 그 이름을 알 수 있는 사람이 없었습니다.

13 그분은 피 묻은 옷을 입고 계셨습니다. 그분의 이름은 바로 '하나님의 말씀'이었습니다.

14 희고 깨끗한 옷을 입은 하늘의 군대가 흰말을 타고 그분의 뒤를 따르고 있었습니다.

15 그분은 입에 모든 나라를 쳐부술 날카로운 칼을 물고 계셨으며, 왕의 홀을 갖고 온 세상을 지배하시게 될 것입니다. 또한 두 발로 전능하신 하나님의 진노의 포도주 틀을 밟으실 것입니다.

16 그분의 옷과 다리에는 '만왕의 왕, 만주의 주'라는 칭호가 쓰여 있었습니다.

17 나는 또 태양빛 속에 한 천사가 서 있는 것을 보았는데, 그 천사는 큰 소리로 하늘을 나는 새들을 불러 모았습니다. "하나님께서 베푸신 큰 잔치에 다 오너라.

18 와서 왕들과 장군들과 위대한 용사들과 그 말들과 말 탄 자들과 자유인이나 노예나 높은 자나 낮은 자의 살을 먹어라!"

19 그때, 나는 짐승과 세상 왕들이 모여 말을 타신 분과 그 군대를 대항해 전쟁을 시작하려는 것을 보았습니다.

20 그러나 그 짐승은 거짓 예언자와 함께 붙잡혔습니다. 이 거짓 예언자는

20 짐승이 잡히고 이 짐승은 바다에서 올라온 짐승으로 적그리스도다(13:1).

거짓 선지자 땅에서 올라온 짐승으로 세상 사람들이 짐승과 그의 우상에게 경배하도록 만들었다(13:11). 거짓 선지자는 교회 안에 침투하여 성도들까지 미혹시켰다(마 24:24; 계 2:20).

유황불 붙는 못 유황불은 소돔과 고모라의 심판에서 나타나듯이 하나님의 무서운 심판을 상징한다(창 19:24). 유황불 붙은 못은 신약성경에서 지옥이라고 번역된 헬라어 '게헨나'와 같은 이미지다(마 5:22).

21 검에 죽으매 예수님의 입에서 나오는 검은 악인들의 생명을 좌우할 수 있는 권세를 가진 하나님의 말씀을 의미한다.

짐승을 위해 기적을 행하여 짐승의 표를 받은 사람들과 그 우상에게 절하던 자들을 미혹하던 자였습니다. 그들은 산 채로 유황이 타는 불못에 던져졌습니다.

21 그리고 그들을 따르던 군대는 말을 타신 분의 입에서 나오는 날카로운 칼에 찔려 죽어 새들의 먹이가 되고 말았습니다. 새들은 그 시체들을 배불리 뜯어 먹었습니다.

저자의 **묵상**

본문에서 예수님은 다양한 이름과 모습으로 소개된다. 이는 예수님의 권세와 능력을 보여준다. 예수님이 세상에 처음 오셨을 때는 세상의 힘과 반대되는 십자가의 능력을 보여주기 위해 약하고 힘없는 모습으로 오셨다. 그러나 이제 예수님은 악인들과 마귀를 심판하실 심판주로 이 땅에 다시 오실 것이다.

요한이 편지를 쓸 당시는 로마 황제가 세상에서 가장 강력한 왕인 것 같은 상황이었다. 성도들은 로마 황제를 '하나님이요 주님'이라 부르고 경배하라고 강요를 받았다. 요한은 그런 성도들에게 예수님이 세상 권세를 다 무찌르고 심판하실 만왕의 왕이요 만주의 주이심을 선포한다. 로마 황제는 사라졌지만 그 자리를 대체한 다양한 권세들이 숭배를 요구한다. 돈이 하나님 노릇을 하고, 정치 권력이 사람들의 운명을 좌우하는 것처럼 보인다. 그러나 본문은 이런 세상 속에서 믿음의 눈을 열어 참 권세자가 누구신가를 보라고 권한다. 예수님을 온 세상의 권세자로 믿는 성도만이 낙심하지 않고 인내할 수 있다.

> **무릎 기도** 하나님, 세상 권세를 두려워하며 돈을 섬기지 않게 하소서. 영적 눈을 열어 주셔서 예수님이 만왕의 왕이시며 만주의 주가 되심을 보게 하소서.

11 Then I saw heaven opened, and behold, a white horse! The one sitting on it is called Faithful and True, and in righteousness he judges and makes war.

12 His eyes are like a flame of fire, and on his head are many diadems, and he has a name written that no one knows but himself.

13 He is clothed in a robe dipped in* blood, and the name by which he is called is The Word of God.

14 And the armies of heaven, arrayed in fine linen, white and pure, were following him on white horses.

15 From his mouth comes a sharp sword with which to strike down the nations, and he will rule* them with a rod of iron. He will tread the winepress of the fury of the wrath of God the Almighty.

16 On his robe and on his thigh he has a name written, King of kings and Lord of lords.

17 Then I saw an angel standing in the sun, and with a loud voice he called to all the birds that fly directly overhead, "Come, gather for the great supper of God,

18 to eat the flesh of kings, the flesh of captains, the flesh of mighty men, the flesh of horses and their riders, and the flesh of all men, both free and slave,* both small and great."

19 And I saw the beast and the kings of the earth with their armies gathered to make war against him who was sitting on the horse and against his army.

20 And the beast was captured, and with it the false prophet who in its presence* had done the signs by which he deceived those who had received the mark of the beast and those who worshiped its image. These two were thrown alive into the lake of fire that burns with sulfur.

21 And the rest were slain by the sword that came from the mouth of him who was sitting on the horse, and all the birds were gorged with their flesh.

* 19:13 Some manuscripts *sprinkled with*
* 19:15 Greek *shepherd*
* 19:18 For the contextual rendering of the Greek word *doulos*, see Preface
* 19:20 Or *on its behalf*

11 behold 보다 righteousness 정의 make war 전쟁을 일으키다   12 flame 불꽃 diadem 왕관   13 clothe in …을 입히다 robe 옷 dip 적시다   14 array 치장하다   15 sword 칼 strike down …를 쓰러뜨리다 rule 통치하다 rod 지팡이 tread 밟다 winepress 포도즙 틀 fury 분노 wrath 진노 almighty 전능하신   16 thigh 넓적다리   17 overhead 하늘 높이   18 flesh 살 captain 지휘관 mighty 힘센 slave 노예   20 capture 붙잡다 false 거짓의 prophet 선지자 in one's presence 면전에서 deceive 속이다 mark 표시 sulfur 유황   21 slay 죽이다 gorge 잔뜩 먹다

• MEMO •

53

월 일

천년 왕국

요한계시록 20:1-6 · 새찬송 362장 | 통일 481장

• 말씀묵상 전에 성령님의 인도하심을 구하는 기도를 드리십시오.

본문요약 ㅣ 천사가 마귀를 잡아 결박하여 천 년 동안 무저갱에 집어넣어 만국을 미혹하지 못하게 한다. 또한 보좌에 앉은 자들이 심판하는 권세를 받고 천 년 동안 그리스도와 더불어 왕 노릇 한다. 천 년 동안 첫째 부활에 참여하는 자들은 복이 있고, 둘째 사망이 그들을 다스리지 못한다.

1 또 내가 보매 천사가 무저갱의 열쇠와 큰 쇠사슬을 그의 손에 가지고 하늘로부터 내려와서

2 용을 잡으니 곧 옛 뱀이요 마귀요 사탄이라 잡아서 천 년 동안 결박하여

3 무저갱에 던져 넣어 잠그고 그 위에 인봉하여 천 년이 차도록 다시는 만국을 미혹하지 못하게 하였는데 그 후에는 반드시 잠깐 놓이리라

4 또 내가 보좌들을 보니 거기에 앉은 자들이 있어 심판하는 권세를 받았더라 또 내가 보니 예수를 증언함과 하나님의 말씀 때문에 목 베임을 당한 자들의 영혼들과 또 짐승과 그의 우상에게 경배하지 아니하고 그들의 이마와 손에 그의 표를 받지 아니한 자들이 살아서 그리스도와 더불어 천 년 동안 왕 노릇 하니

5 (그 나머지 죽은 자들은 그 천 년이 차기까지 살지 못하더라) 이는 첫째 부활이라

6 이 첫째 부활에 참여하는 자들은 복이 있고 거룩하도다 둘째 사망이 그들을 다스리는 권세가 없고 도리어 그들이 하나님과 그리스도의 제사장이 되어 천 년 동안 그리스도와 더불어 왕 노릇 하리라

1. 오늘 하나님께서 나에게 주신 깨달음은 무엇입니까?

2. 말씀을 어떻게 내 삶에 구체적으로 적용해야 합니까?

절별 해설

1 무저갱 '바닥이 없는 깊은 구덩이'라는 뜻으로 본서에서 마귀가 잠시 갇혀 있는 장소이다(17:8). 마귀가 무저갱에 갇혀 있는 것은 예수님의 십자가 승리로 패배하여 이전과 같은 권세를 행사하지 못하는 상태를 의미한다.
열쇠와 큰 쇠사슬 사탄을 결박할 도구로 사탄의 권세가 제한받게 됨을 상징한다.

2 천 년 동안 결박하여 '천 년'은 상징적인 숫자로 예수님의 초림부터 재림까지의 모든 교회 시대를 총칭하며, 이러한 견해를 무천년주의(Amillennialism)라고 부른다. 예수님의 십자가 승리로 마귀의 활동이 교회 시대 내내 제한된 것을 '결박되었다'고 표현한 것이다.

3 천 년이 차도록 본서는 시간 순서대로 기록된 책이 아니다. 19장에서 적들에 대한 그리스도의 완전한 승리가 이루어졌으나, 20장에서는 이 승리가 있기 전 교회 시대에 벌어지는 '천 년의 기간', 즉 마귀의 권세가 제한받는 기간을 회고하듯 설명한다.
그 후에는 반드시 잠깐 놓이리라 천 년이라는 허락된 시간이 끝나면 마귀가 잠시 권세를 회복하는 것 같은 상황이 나타난다. 이때 마귀는 만국을 미혹하여 그리스도와 그의 교회를 향한 마지막 전쟁을 시작한다(16:16).

4 보좌들 예수님처럼 왕 노릇 하게 된 성도들의 영적 통치권을 보여주는 상징이다(5:10).
목 베임을 당한 자들의 영혼들 하나님의 제단 앞에서 순교당한 피를 갚아 달라고 기도했던 순교자들이다(6:9–10).
그리스도와 더불어 천 년 동안 왕 노릇 하니 '천년 왕국'의 근거가 되는 구절이다. '천 년'은 마귀가 무저갱에 갇힌 기간과 같은 기간인 교회 시대이다. 즉 교회 시대에 마귀의 활동이 제한된 이유는 성도들이 세상에서 왕 노릇 함으로 하나님의 나라를 확장해야 하기 때문이다. 여기서의 왕 노릇은 예수님처럼 섬기고 희생하는 것을 의미한다(막 10:45).

5 죽은 자들은 그 천 년이 차기까지 살지 못하더라 '죽은 자들'은 영적으로 죽은 자들인데 천 년이라는 긴 시간 동안에도 영적 생명을 얻지 못했다. 이들은 하나님의 말씀 때문에 희생하지도 않았고, 짐승과 그의 우상에게 경배함으로 짐승의 표를 받았다.
첫째 부활 이 세상에서 예수님을 믿어 영적 생명을 얻게 된 것을 의미한다. '둘째 부활'은 그리스도의 재림으로 성도의 육체가 부활하게 되는 것이다(살전 4:16–17).

6 둘째 사망 최후의 심판으로 인해 하나님과 영원히 단절되는 영적 죽음이다(21:8). '첫째 사망'은 이 세상에서 육신이 죽는 것을 의미한다.

1 나는 또 한 천사가 하늘에서 내려오는 것을 보았습니다. 그 천사는 끝없는 구덩이의 열쇠를 갖고 있었고, 손에는 큰 쇠사슬을 쥐고 있었습니다.

2 천사는 오래된 뱀, 곧 마귀인 용을 잡아 쇠사슬에 묶어 천 년 동안

3 끝없는* 구덩이에 던져 넣고, 입구를 막아 열쇠로 잠가 버렸습니다. 용은 천 년이 지나기까지 세상 사람들을 더 이상 유혹하지 못하게 되었습니다. 그러나 천 년이 지나면, 그 용은 잠시 동안 풀려날 것입니다.

4 또 나는 몇 개의 보좌에 앉은 사람들을 보았습니다. 그들은 심판하는 권세를 받은 자들이었습니다. 그들 앞에는 예수님을 증언하고, 하나님의 말씀을 전하다가 죽은 영혼들이 서 있었습니다. 이 영혼들은 짐승과 우상에게 절하지 아니하고, 이마나 손에 짐승의 표를 받지 않은 자들이었습니다. 이들은 다시 살아나서 그리스도와 함께 천 년 동안, 다스릴 것입니다.

5 그러나 나머지 죽은 자들은 천 년이 지나갈 때까지 살아나지 못했습니다. 이것이 첫째 부활입니다.

6 이 첫째 부활에 참여하는 자들은 복되고 거룩한 자들입니다. 그들에게는 두 번째 죽음이 있을 수 없습니다. 그들은 하나님과 그리스도의 제사장이 되어, 그분과 함께 천 년 동안, 왕 노릇 할 것입니다.

* 20:3 바닥이 없는

한국 교회의 성도들 가운데는 7년 대환난 이후에 천년 왕국이 임하며 그때에 성도들이 세상에서 왕이 되어 권세와 부요를 누리게 될 것이라고 오해하는 경우가 많다. 이런 오해와 착각의 첫 번째 이유는 본서에 사용된 숫자들의 상징성을 이해하지 못했기 때문이다. 상징적으로 의도된 숫자들을 문자적으로 받아들이자 해석에 오류가 생겨났다. 두 번째 이유는 성경적 왕 노릇을 오해했기 때문이다. 세상의 왕은 다른 사람의 노동력과 부를 독점하고 권세를 부리는 인간의 욕망이 집약된 존재이다. 이것이 바로 하나님처럼 되려고 선악과를 따 먹은 죄인이 꿈꾸는 모습이다. 그렇기에 예수님은 친히 이 땅에 오셔서 섬기고 희생하여 십자가에 죽으심으로 참된 하늘의 왕 노릇이 무엇인가를 보여주셨다. 즉 성도가 왕 노릇 한다는 것은 욕심을 버리고 예수님처럼 가장 낮아지는 것을 의미하는 것이다. 바로 지금이 우리가 다른 사람을 위해 섬기고 희생할 천년 왕국 시대이다.

> **무릎 기도** | 하나님, 왕 노릇을 욕심을 더 많이 채우는 모습으로 오해했던 죄악을 회개합니다. 참된 하늘의 왕이신 예수님처럼 낮아지고 희생하며 다른 사람을 사랑하게 하소서.

ESV - Revelation 20

1 Then I saw an angel coming down from heaven, holding in his hand the key to the bottomless pit* and a great chain.

2 And he seized the dragon, that ancient serpent, who is the devil and Satan, and bound him for a thousand years,

3 and threw him into the pit, and shut it and sealed it over him, so that he might not deceive the nations any longer, until the thousand years were ended. After that he must be released for a little while.

4 Then I saw thrones, and seated on them were those to whom the authority to judge was committed. Also I saw the souls of those who had been beheaded for the testimony of Jesus and for the word of God, and those who had not worshiped the beast or its image and had not received its mark on their foreheads or their hands. They came to life and reigned with Christ for a thousand years.

5 The rest of the dead did not come to life until the thousand years were ended. This is the first resurrection.

6 Blessed and holy is the one who shares in the first resurrection! Over such the second death has no power, but they will be priests of God and of Christ, and they will reign with him for a thousand years.

* 20:1 Greek *the abyss*; also verse 3

1 bottomless 바닥이 안 보이는 pit 구덩이　2 seize 붙잡다　ancient 오래된　serpent 큰 뱀　bind 묶다　3 seal 봉인하다　deceive 속이다　release 풀어 주다　4 throne 보좌　authority 권세　commit 위임하다　behead 목을 베다　testimony 증언　mark 표시　forehead 이마　come to life 살아 움직이다　reign 통치하다　5 resurrection 부활　6 priest 제사장

54

월   일

곡과 마곡의 전쟁과 백보좌 심판

요한계시록 20:7-15 • 새찬송 370장 | 통일 455장

• 말씀묵상 전에 성령님의 인도하심을 구하는 기도를 드리십시오.

본문요약 ǀ 천 년이 지난 후에 사탄이 놓여 곡과 마곡의 백성을 모아 싸움을 붙인다. 성도들을 공격하게 하는데 하늘에서 불이 내려와 그들을 태운다. 또한 마귀가 불과 유황 못에 던져진다. 흰 보좌가 펼쳐지고 모든 죽은 자들이 자기 행위대로 심판을 받는다. 생명책에 기록되지 않은 모든 자는 불못에 던져진다.

7 천 년이 차매 사탄이 그 옥에서 놓여

8 나와서 땅의 사방 백성 곧 곡과 마곡을 미혹하고 모아 싸움을 붙이리니 그 수가 바다의 모래 같으리라

9 그들이 지면에 널리 퍼져 성도들의 진과 사랑하시는 성을 두르매 하늘에서 불이 내려와 그들을 태워버리고

10 또 그들을 미혹하는 마귀가 불과 유황 못에 던져지니 거기는 그 짐승과 거짓 선지자도 있어 세세토록 밤낮 괴로움을 받으리라

11 또 내가 크고 흰 보좌와 그 위에 앉으신 이를 보니 땅과 하늘이 그 앞에서 피하여 간 데 없더라

12 또 내가 보니 죽은 자들이 큰 자나 작은 자나 그 보좌 앞에 서 있는데 책들이 펴 있고 또 다른 책이 펴졌으니 곧 생명책이라 죽은 자들이 자기 행위를 따라 책들에 기록된 대로 심판을 받으니

13 바다가 그 가운데에서 죽은 자들을 내주고 또 사망과 음부도 그 가운데에서 죽은 자들을 내주매 각 사람이 자기의 행위대로 심판을 받고

14 사망과 음부도 불못에 던져지니 이것은 둘째 사망 곧 불못이라

15 누구든지 생명책에 기록되지 못한 자는 불못에 던져지더라

1. 오늘 하나님께서 나에게 주신 깨달음은 무엇입니까?

2. 말씀을 어떻게 내 삶에 구체적으로 적용해야 합니까?

절별 해설

7 천 년이 차매 구속의 역사 가운데 하나님이 정하신 교회 시대가 끝이 남을 의미한다.

8 곡과 마곡 에스겔에 나오는 하나님의 백성을 공격하는 무리이다 (겔 38:2). 특정 지역 사람들이 아니라 사탄의 유혹에 넘어가 하나님과 그의 백성을 대적하는 모든 자를 의미한다.
싸움을 붙이리니 원어의 '그 전쟁(the war)'을 번역한 것으로 마귀가 땅의 임금들을 모아 예수님과 그의 군대를 대적해 싸우는 아마겟돈 전쟁을 의미한다(16:16; 19:19).

9 성도들의 진과 사랑하시는 성 '진'은 출애굽 한 이스라엘 백성이 광야에서 거했던 천막을 의미하며 동시에 광야에서 양육받는 교회를 의미한다(출 33:7). '사랑하시는 성'은 예루살렘성이며 또한 하나님이 사랑하시는 교회를 의미한다(시 78:68).
하늘에서 불이 내려와 '불'은 하나님의 심판을 상징하며(18:18) 에스겔에서 곡과 마곡의 연합군이 심판당하는 것을 배경으로 한다(겔 39:6).

10 마귀가 불과 유황 못에 던져지니 짐승과 거짓 선지자가 받은 심판과 동일한 심판이 마귀에게도 내려진다. '불과 유황 못'은 하나님을 대적하던 세력에게 내려지는 영원한 형벌을 의미한다.

11 크고 흰 보좌 보좌가 '큰' 것은 심판의 위엄을, '흰색'은 거룩함과 공의를 상징한다.
땅과 하늘이 그 앞에서 피하여 처음 하늘과 처음 땅이 사라짐으로 새 하늘과 새 땅이 임할 준비가 되었다(21:1). 이것은 첫 창조의 결과로 만들어진 세계에서 통용되던 모든 질서가 파괴되고 새로운 영적 질서가 임하게 될 것을 의미한다.

12 책들이 펴 있고 심판의 근거가 되는 인간의 행위를 기록한 책이다(단 7:10).
생명책 하나님의 은혜와 예수님의 구속으로 영생을 얻은 자들의 이름이 기록된 책이다(시 69:28).

13 바다가 그 가운데에서 죽은 자들을 내주고 '바다'는 매장되지 못한 시체가 있는 곳을 의미한다. 매장되지 못해 수치스러운 죽음을 당한 자도 전부 심판대 앞에 서야 함을 말한다.
사망과 음부 '사망'은 모든 죽은 자들이 처한 상태를, '음부'는 죽은 자들이 가는 장소를 의미한다(행 2:27). 즉 '사망과 음부'는 모든 죽은 자를 다스리는 권세를 의미한다.

14 사망과 음부도 불못에 던져지니 예수님의 완전한 승리와 통치로 인해 더 이상 죽음이 필요 없게 되었다. 이 때문에 죽은 자들을 관리하던 사망과 음부가 폐기됨을 뜻한다.
둘째 사망 '첫째 사망'은 육체적 죽음을, '둘째 사망'은 영적 죽음을 의미한다.

7 천 년이 지나면, 사탄은 감옥에서 풀려날 것입니다.

8 그리고는 온 세상에 있는 나라들, 곧 곡과 마곡을 꾀어 전쟁 준비를 할 것입니다. 모인 군대는 그 수가 너무 많아 바닷가의 모래 같을 것입니다.

9 그들은 진군하여 성도들의 진영과 하나님께서 사랑하시는 도시를 포위할 것입니다. 그러나 하늘에서 불이 내려와 그들을 불사를 것입니다.

10 그리고 그들을 꾀던 사탄은 유황이 타는 불못에 던져질 것입니다. 그곳은 이미 짐승과 거짓 예언자가 던져졌던 곳입니다. 사탄은 그곳에서 밤낮으로 영원토록 고통을 받을 것입니다.

11 또 나는 크고 흰 보좌와 그 위에 앉으신 분을 보았습니다. 땅과 하늘이 그분 앞에서 흔적도 없이 사라졌습니다.

12 그리고 높은 자든지 낮은 자를 막론하고 죽은 사람들이 모두 보좌 앞에 서 있는 것을 보았습니다. 생명책이 펴져 있고, 다른 책들도 펼쳐져 있었습니다. 죽은 사람들은 그 책에 기록되어 있는 대로, 각기 행한 행위에 따라 심판을 받았습니다.

13 바다와 죽음과 지옥도 그 안에 죽어 있던 자들을 다 토해 냈으며, 그들 역시 자기들의 행위대로 심판받았습니다.

14 죽음과 지옥이 불못에 던져졌습니다. 이 불못이 두 번째 죽음입니다.

15 생명책에 이름이 기록되지 않은 자들은 누구든지 다 불못에 던져졌습니다.

저자의 **묵상**

사람의 모든 행위를 기록한 책이 하늘에 존재한다는 것은 두려운 일이다. 하나님의 심판대 앞에서 우리가 부끄러움을 느끼게 될 행동이 얼마나 많은가! 그러나 심판대 앞에 생명책이 존재한다는 사실은 큰 안도감을 준다. 이 세상에서 추한 행동을 했더라도 하나님의 생명책에 기록된 자는 은혜로 구원을 얻기 때문이다. 성도의 추한 행동은 예수님의 보혈로 깨끗하게 되어 마치 예수님과 같이 의로운 행동만을 한 것처럼 간주되는 것이다.

구원이 은혜로만 이루어진다는 성경의 약속은 성도가 끝까지 붙들어야 할 중요한 진리이다. 만일에 이 은혜에서 떠나 자기 행위로 하나님의 인정을 얻으려고 하면 하나님 앞에서 부끄러운 모습이 그대로 드러나게 될 것이다. 인간의 행위로는 절대 하나님의 의의 기준을 통과할 수 없다. 따라서 성도는 자기 의를 내려놓고 오직 예수님의 의를 붙드는 믿음을 가져야 한다.

> **무릎 기도** │ 하나님, 심판대 앞에서 예수님의 의로 받아 주실 것을 믿게 하시니 감사합니다. 자기 의를 내려놓고 끝까지 예수님의 의만을 붙들고 하나님 앞에 서게 하소서.

ESV - Revelation 20

7 And when the thousand years are ended, Satan will be released from his prison

8 and will come out to deceive the nations that are at the four corners of the earth, Gog and Magog, to gather them for battle; their number is like the sand of the sea.

9 And they marched up over the broad plain of the earth and surrounded the camp of the saints and the beloved city, but fire came down from heaven* and consumed them,

10 and the devil who had deceived them was thrown into the lake of fire and sulfur where the beast and the false prophet were, and they will be tormented day and night forever and ever.

11 Then I saw a great white throne and him who was seated on it. From his presence earth and sky fled away, and no place was found for them.

12 And I saw the dead, great and small, standing before the throne, and books were opened. Then another book was opened, which is the book of life. And the dead were judged by what was written in the books, according to what they had done.

13 And the sea gave up the dead who were in it, Death and Hades gave up the dead who were in them, and they were judged, each one of them, according to what they had done.

14 Then Death and Hades were thrown into the lake of fire. This is the second death, the lake of fire.

15 And if anyone's name was not found written in the book of life, he was thrown into the lake of fire.

* 20:9 Some manuscripts *from God, out of heaven*, or *out of heaven from God*

7 release 풀어 주다 prison 감옥   8 deceive 속이다   9 march 행진하다 broad 넓은 plain 평지 surround 둘러싸다 saint 성도 consume 태워 버리다   10 sulfur 유황 false 거짓의 prophet 선지자 torment 괴롭히다   11 throne 보좌 presence 면전   13 give up 내주다

55

새 하늘과 새 땅

요한계시록 21:1-8 • 새찬송 309장 | 통일 409장

• 말씀묵상 전에 성령님의 인도하심을 구하는 기도를 드리십시오.

> **본문요약** | 새 하늘과 새 땅이 임하며, 하늘에서 새 예루살렘이 내려온다. 큰 음성은 하나님의 장막이 사람들과 함께 있어 모든 눈물을 닦아 주고 사망이나 애통함이나 아픈 것이 없을 것이라고 선포한다. 하나님이 만물을 새롭게 하시며 목마른 자에게 생명수 샘물을 주신다. 그러나 불신자들에게는 둘째 사망이 주어진다.

1 또 내가 새 하늘과 새 땅을 보니 처음 하늘과 처음 땅이 없어졌고 바다도 다시 있지 않더라

2 또 내가 보매 거룩한 성 새 예루살렘이 하나님께로부터 하늘에서 내려오니 그 준비한 것이 신부가 남편을 위하여 단장한 것 같더라

3 내가 들으니 보좌에서 큰 음성이 나서 이르되 보라 하나님의 장막이 사람들과 함께 있으매 하나님이 그들과 함께 계시리니 그들은 하나님의 백성이 되고 하나님은 친히 그들과 함께 [1)]계셔서

4 모든 눈물을 그 눈에서 닦아 주시니 다시는 사망이 없고 애통하는 것이나 곡하는 것이나 아픈 것이 다시 있지 아니하리니 처음 것들이 다 지나갔음이러라

5 보좌에 앉으신 이가 이르시되 보라 내가 만물을 새롭게 하노라 하시고 또 이르시되 이 말은 신실하고 참되니 기록하라 하시고

6 또 내게 말씀하시되 이루었도다 나는 알파와 오메가요 처음과 마지막이라 내가 생명수 샘물을 목마른 자에게 값없이 주리니

7 이기는 자는 이것들을 상속으로 받으리라 나는 그의 하나님이 되고 그는 내 아들이 되리라

8 그러나 두려워하는 자들과 믿지 아니하는 자들과 흉악한 자들과 살인자들과 음행하는 자들과 점술가들과 우상 숭배자들과 거짓말하는 모든 자들은 불과 유황으로 타는 못에 던져지리니 이것이 둘째 사망이라

1. 오늘 하나님께서 나에게 주신 깨달음은 무엇입니까?

2. 말씀을 어떻게 내 삶에 구체적으로 적용해야 합니까?

1) 어떤 사본에, '계셔서 그들의 하나님이 되시고'가 있음

절별 해설

1 새 하늘과 새 땅 이곳의 '새'는 질적으로 완전히 새롭다는 뜻이다. 하나님의 완전한 통치 아래 첫 창조와는 다른 새로운 질서가 있는 세상을 의미한다(사 65:17; 66:22).
처음 하늘과 처음 땅 첫 창조의 기초로서 죄로 인해 오염된 세상을 의미한다.
바다 성경에서 바다는 악의 세력이 거주하는 곳(시 74:13), 마귀의 근거지(13:1), 죽은 자들이 거하는 곳(20:13), 바벨론의 상품이 거래되는 곳(18:10) 등의 부정적 의미를 가진다. 새 하늘과 새 땅에서는 이런 바다가 사라져 더 이상 성도를 위협할 수 없음을 말한다.

2 새 예루살렘 하늘로부터 내려와 남편을 위해 단장하는 교회의 상징이다(19:7). 구약의 예루살렘이 하나님의 임재를 상징하는 성전이었던 것처럼 새 예루살렘인 교회는 영원히 하나님의 임재가 떠나지 않는 성전이 된다.

3 하나님의 장막이 사람들과 함께 있으매 하나님이 그의 백성과 영원히 함께하신다는 언약이 성취된다(레 26:11–12). 구약의 성막과 성전은 이 언약의 모형이었다. 신약에서 예수님은 성전으로 그의 백성과 함께하셨다(요 1:14). 오순절 성령 강림 이후에는 성령이 그의 백성의 성전이 되셨다(고전 3:16). 새 하늘과 새 땅에서는 하나님께서 직접 그의 백성과 영원히 함께하심으로 언약이 성취된다.

4 눈물, 사망, 애통, 곡하는 것, 아픈 것 죄와 사망으로 오염된 세상에서 모든 인간이 경험했던 옛 질서의 부산물이다. 이것들은 하나님이 그의 백성과 함께하실 때 사라지게 된다.

5 만물을 새롭게 하노라 하나님의 직접적인 말씀은 반드시 성취하겠다는 전능자의 의지가 반영되기 때문에 중요하다. '만물을 새롭게 하신다'는 하나님의 말씀은 새 창조 사역을 의미한다.

6 이루었도다 새 창조 사역이 이미 성취되었음을 의미한다.
알파와 오메가 '알파'는 헬라어의 첫 자음이며, '오메가'는 끝 자음이다(1:8). 본서에서 하나님과 예수님의 호칭으로 자주 등장하는 표현으로, 하나님이 창조의 근원이시며 또한 창조의 목적을 완성하는 분이심을 의미한다(22:13).
생명수 샘물 '생수'는 영적 생명을 상징한다(렘 2:13). '목마름'은 영적 갈망을 표현하며 인간의 갈망은 오직 하나님이 주시는 영적 생명인 성령을 통해서만 해갈될 수 있다(요 4:14).

7 그는 내 아들이 되리라 다윗 언약의 내용으로 성도가 예수님을 통해 하나님의 자녀로 입양되어 하나님 나라를 상속하게 됨을 의미한다(삼하 7:14; 롬 8:17).

8 둘째 사망 하나님과의 관계가 영원히 단절된 영적 죽음의 상태를 의미한다.

---

1 그 후, 나는 새 하늘과 새 땅을 보았습니다. 전에 있던 하늘과 땅은 사라지고 바다도 없어졌습니다.

2 그리고 거룩한 성, 새 예루살렘이 하나님이 계신 하늘로부터 내려오는 것을 보았습니다. 나는 마치 신랑을 위해 단장한 신부의 모습을 보는 듯했습니다.

3 보좌로부터 큰 음성이 들렸습니다. "이제 하나님의 집이 사람들 가운데 있게 될 것이다. 하나님께서 사람들과 함께 계시고, 그들은 하나님의 백성이 될 것이다. 하나님께서 친히 그들과 함께 계시며, 그들의 하나님이 되어서

4 그들의 눈에서 모든 눈물을 닦아 주실 것이다. 이제는 죽음도, 슬픔도, 울음도, 아픔도 없으며, 모든 옛것들이 다 사라질 것이다."

5 그때, 보좌에 계신 분이 말씀하셨습니다. "보아라, 내가 모든 것을 새롭게 하겠다! 내가 네게 하는 말은 진실하고 참되니 이것을 기록하여라."

6 또 그분은 이어서 말씀하셨습니다. "이제 다 이루었다! 나는 알파와 오메가이며, 처음과 마지막이다. 내가 목마른 자들에게 생명수 샘물을 거저 주겠다.

7 승리한 자들은 누구나 다 이것을 유업으로 받을 것이며, 나는 그의 하나님이 되고, 그는 나의 아들이 될 것이다.

8 그러나 비겁하고 믿지 않는 자, 악을 행하는 자, 살인하고 음란한 자, 마술을 행하고 우상 숭배하는 자, 거짓말하는 자들에게는 유황이 타는 불못이 예비되어 있을 것이다. 이것이 두 번째 죽음이다."

세상에 살아가면서 눈물을 흘리지 않는 사람은 없다. 가까운 사람의 죽음, 관계의 어려움으로 인한 고통, 경제적 불안, 그리고 크고 작은 일들로 우리는 눈물을 흘린다. 이런 눈물의 근본적 원인을 추적해 보면 대부분이 죄 때문이다. 죄로 인해 인간에게 죽음이 찾아오게 되었다. 죄로 인해 사람들이 이기적이게 되면서 다른 사람을 사랑하지 못하고 결국 관계의 고통이 야기된다. 죄로 인해 눈에 보이는 물질만을 믿고 의존하게 되어서 경제적 불안과 고통이 커지게 된다. 죄만 없다면 인간은 영생하며, 서로 사랑하며, 물질을 뛰어넘는 영적 생명으로 만족하며 살 수 있을 것이다. 오늘 본문에서는 하나님이 죄가 없는 새 하늘과 새 땅을 창조하실 것을 약속하신다. 그렇기 때문에 새 하늘과 새 땅에서는 더 이상 눈물을 흘리지 않아도 된다고 말씀하신다. 이 약속은 지금 죄로 말미암아 눈물을 흘리는 모든 사람에게 소망의 이유가 되는 말씀이다.

> **무릎 기도** | 하나님, 새 하늘과 새 땅을 이루실 것을 믿습니다. 지금은 죄로 말미암아 고통받으며 눈물을 흘릴 때가 많지만 새 날이 임할 것을 믿음으로 이겨 내게 하소서.

ESV - Revelation 21

1 Then I saw a new heaven and a new earth, for the first heaven and the first earth had passed away, and the sea was no more.

2 And I saw the holy city, new Jerusalem, coming down out of heaven from God, prepared as a bride adorned for her husband.

3 And I heard a loud voice from the throne saying, "Behold, the dwelling place* of God is with man. He will dwell with them, and they will be his people,* and God himself will be with them as their God.*

4 He will wipe away every tear from their eyes, and death shall be no more, neither shall there be mourning, nor crying, nor pain anymore, for the former things have passed away."

5 And he who was seated on the throne said, "Behold, I am making all things new." Also he said, "Write this down, for these words are trustworthy and true."

6 And he said to me, "It is done! I am the Alpha and the Omega, the beginning and the end. To the thirsty I will give from the spring of the water of life without payment.

7 The one who conquers will have this heritage, and I will be his God and he will be my son.

8 But as for the cowardly, the faithless, the detestable, as for murderers, the sexually immoral, sorcerers, idolaters, and all liars, their portion will be in the lake that burns with fire and sulfur, which is the second death."

*21:3 Or *tabernacle*
*21:3 Some manuscripts *peoples*
*21:3 Some manuscripts omit *as their God*

---

1 pass away 사라지다   2 bride 신부   adorn 꾸미다   3 throne 보좌   behold 보다   dwell 살다   4 wipe 닦다   mourning 슬퍼하는   5 trustworthy 믿을 수 있는   7 conquer 이기다   heritage 유산   8 cowardly 겁 많은   detestable 혐오스러운   murderer 살인자   immoral 부도덕한   sorcerer 마술사   idolater 우상 숭배자   sulfur 유황

56

월 일

거룩한 성 예루살렘

요한계시록 21:9-17 • 새찬송 9장 | 통일 53장

• 말씀묵상 전에 성령님의 인도하심을 구하는 기도를 드리십시오.

> **본문요약 |** 한 천사가 어린 양의 아내를 소개하며 하늘로부터 내려오는 거룩한 성 예루살렘을 보여준다. 그 성은 하나님의 영광으로 보석처럼 빛난다. 크고 높은 성곽이 있고, 열두 문에는 열두 지파의 이름이 쓰여 있다. 성곽에는 열두 기초석이 있는데 열두 사도의 이름이 있다. 성의 크기는 만 이천 스다디온이고, 성곽은 백사십사 규빗이다.

9 일곱 대접을 가지고 마지막 일곱 재앙을 담은 일곱 천사 중 하나가 나아와서 내게 말하여 이르되 이리 오라 내가 신부 곧 어린 양의 아내를 네게 보이리라 하고

10 성령으로 나를 데리고 크고 높은 산으로 올라가 하나님께로부터 하늘에서 내려오는 거룩한 성 예루살렘을 보이니

11 하나님의 영광이 있어 그 성의 빛이 지극히 귀한 보석 같고 벽옥과 수정 같이 맑더라

12 크고 높은 성곽이 있고 열두 문이 있는데 문에 열두 천사가 있고 그 문들 위에 이름을 썼으니 이스라엘 자손 열두 지파의 이름들이라

13 동쪽에 세 문, 북쪽에 세 문, 남쪽에 세 문, 서쪽에 세 문이니

14 그 성의 성곽에는 열두 기초석이 있고 그 위에는 어린 양의 열두 사도의 열두 이름이 있더라

15 내게 말하는 자가 그 성과 그 문들과 성곽을 측량하려고 금 갈대 자를 가졌더라

16 그 성은 네모가 반듯하여 길이와 너비가 같은지라 그 갈대 자로 그 성을 측량하니 만 이천 1)스다디온이요 길이와 너비와 높이가 같더라

17 그 성곽을 측량하매 백사십사 2)규빗이니 사람의 측량 곧 천사의 측량이라

1. 오늘 하나님께서 나에게 주신 깨달음은 무엇입니까?

2. 말씀을 어떻게 내 삶에 구체적으로 적용해야 합니까?

1) 한 스다디온은 약 192미터임
2) 헬, 페기스

9 일곱 천사 중 하나 어린 양의 아내를 소개하는 천사는 앞에서 어린 양의 아내와 대조되는 큰 음녀를 소개했던 천사와 같은 천사이다(17:1).

신부 곧 어린 양의 아내 광야에서 양육받고(12:6), 바벨론의 음행에 참여하지 않으며(18:4), 짐승과 그의 우상에게 절하거나 짐승의 표를 받지 않음(15:2)으로 준비된 교회를 의미한다.

10 거룩한 성 예루살렘을 보이니 9절에서 천사가 소개하고자 한 어린 양의 신부가 거룩한 성 예루살렘이다. 즉 하늘에서 내려온 새 예루살렘을 의미한다.

11 하나님의 영광이 있어 구약성경에서 하나님이 임재하신 성막과 성전에는 항상 하나님의 영광이 함께했다(출 40:34; 왕상 8:11). 하나님의 영광이 이스라엘 백성과 함께하실 것이라는 예언이 성취된 것이다(사 60:1).

12 크고 높은 성곽 예루살렘은 하나님의 보호 안에 안전하며 성 밖에 있는 자들과 구별됨을 의미한다(사 26:1; 슥 2:5).

문에 열두 천사 거룩한 성 예루살렘이 하나님의 천사들에 의해서 보호받는다.

열두 지파의 이름 에스겔의 환상 가운데 등장한 성전 문에 열두 지파의 이름이 새겨져 있던 것과 같은 모습이다(겔 48:31-34). '열두 지파'는 모든 하나님의 백성을 의미한다.

13 하나님의 백성이 동서남북 모든 땅에 존재하게 될 것을 의미한다.

14 열두 사도의 열두 이름 열두 사도의 이름은 예수님의 복음과 사도의 가르침에 기초해 세워진 신약의 교회를 상징한다.

15 금 갈대 자 에스겔이 본 성전 환상에서 빛나는 사람이 성전을 측량한 것과 같은 모습이다(겔 40:3-5). '금 갈대 자'로 측량하는 것은 하나님의 보호의 완전함을 상징한다(11:1).

16 만 이천 스다디온 성의 모양은 길이, 너비, 높이가 똑같은 정육면체로 구약의 지성소와 같은 모양이다. 지성소가 하나님의 임재의 상징이었던 것으로 유추한다면 거룩한 성 예루살렘은 하나님이 임재하시는 교회임을 보여준다. 이곳에서 성도는 제사장이자 왕으로서 하나님과 복된 교제를 갖는다. 만 이천 스다디온(약 2,300km)은 교회를 상징하는 12에 무한을 상징하는 1,000을 곱한 것으로 많은 성도를 의미한다(7:9).

17 백사십사 규빗 백사십사 규빗(약 65m)은 교회를 상징하는 숫자 12의 제곱으로 하나님의 백성을 상징한다.

천사의 측량 영적 의미가 있는 천사의 계산법으로 숫자를 이해해야 한다는 의미이다.

9 마지막 일곱 재앙이 담긴 일곱 대접을 들고 있던 일곱 천사 중 하나가 내게 다가와 말했습니다. "나를 따라오너라. 내가 어린 양의 아내가 될 신부를 보여주겠다."

10 천사는 성령의 도우심으로 나를 매우 크고 높은 산으로 데리고 올라갔습니다. 그는 내게 거룩한 성, 예루살렘이 하나님이 계신 하늘로부터 내려오는 것을 보여주었습니다.

11 그 성은 하나님의 영광의 광채에 둘러싸여, 귀한 보석과 수정과도 같이 맑은 벽옥처럼 밝게 빛나고 있었습니다.

12 그 성에는 열두 대문이 있는 높고 큰 벽이 둘러 서 있었습니다. 각 문에는 열두 천사가 지키고 있었고, 이스라엘 열두 지파의 이름이 하나씩 기록되어 있었습니다.

13 그 문들은 동서남북으로 각각 세 개씩 있었습니다.

14 성벽 열두 주춧돌에는 어린 양의 열두 사도의 이름이 새겨져 있었습니다.

15 내게 얘기하던 천사는 금으로 만들어진 자를 들고 있었는데, 그는 이 자로 성과 성문과 성벽을 재려는 참이었습니다.

16 성은 정사각형이었고, 길이와 폭이 똑같았습니다. 천사가 재어 보니 길이와 폭과 높이가 똑같이 만 이천 스타디온*이었습니다.

17 그리고 성벽 높이는 백사십사 규빗*이었습니다. 천사는 사람들이 쓰는 자로 이 모든 것을 재었습니다.

* 21:16 12,000스타디온은 약 2,220km에 해당된다.
* 21:17 144규빗은 약 64.8m에 해당된다.

저자의 **묵상**

천사가 소개하는 어린 양의 아내는 거룩한 성 예루살렘이며 이것은 교회를 상징한다. 성경이 이렇게 명확하게 예루살렘성은 곧 교회라고 설명하고 있음에도 불구하고 많은 사람들은 성도가 죽어서 갈 천국이라고 믿는다. 그러한 해석은 자기가 믿고 싶은 대로 성경을 곡해한 결과이며 죽은 후에 좋은 곳에 가고 싶다는 막연한 소망이 만들어 낸 왜곡이다.

성경은 우리가 죽은 후에 갈 곳에 대해서는 별로 말하고 있지 않다. 성경이 다양한 상징으로 거듭 설명하는 것은 우리가 천국에서 어떤 존재로 하나님과 함께할 것인가이다. 교회인 우리는 순결한 그리스도의 신부로 신랑과 함께 영원히 살 것이다. 또한 보석처럼 빛나는 거룩한 성 예루살렘이 되어 하나님의 영광을 드러낼 것이다. 천국이 어떤 곳인가는 중요하지 않고 그 천국에서 우리가 어떤 존재가 되는가가 훨씬 중요하다. 아무리 아름다운 곳이라도 죄인들이 가득하다면 그곳은 지옥이나 다름없을 것이기 때문이다.

> **무릎기도** 하나님, 거룩한 성 예루살렘의 아름다움을 드러내는 자로 살아가길 소망합니다. 이 땅에서 합당하고 아름다운 열매를 맺게 하셔서 하나님의 영광을 드러내게 하소서.

ESV - Revelation 21

9 Then came one of the seven angels who had the seven bowls full of the seven last plagues and spoke to me, saying, "Come, I will show you the Bride, the wife of the Lamb."

10 And he carried me away in the Spirit to a great, high mountain, and showed me the holy city Jerusalem coming down out of heaven from God,

11 having the glory of God, its radiance like a most rare jewel, like a jasper, clear as crystal.

12 It had a great, high wall, with twelve gates, and at the gates twelve angels, and on the gates the names of the twelve tribes of the sons of Israel were inscribed—

13 on the east three gates, on the north three gates, on the south three gates, and on the west three gates.

14 And the wall of the city had twelve foundations, and on them were the twelve names of the twelve apostles of the Lamb.

15 And the one who spoke with me had a measuring rod of gold to measure the city and its gates and walls.

16 The city lies foursquare, its length the same as its width. And he measured the city with his rod, 12,000 stadia.* Its length and width and height are equal.

17 He also measured its wall, 144 cubits* by human measurement, which is also an angel's measurement.

* 21:16 About 1,380 miles; a *stadion* was about 607 feet or 185 meters
* 21:17 A *cubit* was about 18 inches or 45 centimeters

9 bowl 그릇 plague 재앙 bride 신부 lamb 어린 양   11 radiance 밝은 빛 rare 귀한 jewel 보석 jasper 벽옥   12 tribe 지파 inscribe 새기다   14 foundation 주춧돌 apostle 사도   15 measure 측정하다   16 foursquare 정사각형의 rod 자 equal 동일한

57
월   일

영광스러운 예루살렘성

요한계시록 21:18-27 • 새찬송 194장

• 말씀묵상 전에 성령님의 인도하심을 구하는 기도를 드리십시오.

본문요약 ┃ 거룩한 성 예루살렘의 성곽은 벽옥으로 쌓였고 기초석은 여러 보석들로 되어 있다. 열두 문은 열두 진주로 되어 있고, 성의 길은 정금이다. 성안에는 성전이 없는데 하나님과 어린 양이 성전이시기 때문이다. 성에는 하나님의 영광으로 밤이 없고 성문은 항상 열려 있다. 그곳에는 속되고 가증하고 거짓말하는 자는 들어가지 못한다.

18 그 성곽은 벽옥으로 쌓였고 그 성은 정금인데 맑은 유리 같더라

19 그 성의 성곽의 기초석은 각색 보석으로 꾸몄는데 첫째 기초석은 벽옥이요 둘째는 남보석이요 셋째는 옥수요 넷째는 녹보석이요

20 다섯째는 홍마노요 여섯째는 홍보석이요 일곱째는 황옥이요 여덟째는 녹옥이요 아홉째는 담황옥이요 열째는 비취옥이요 열한째는 청옥이요 열두째는 자수정이라

21 그 열두 문은 열두 진주니 각 문마다 한 개의 진주로 되어 있고 성의 길은 맑은 유리 같은 정금이더라

22 성 안에서 내가 성전을 보지 못하였으니 이는 주 하나님 곧 전능하신 이와 및 어린 양이 그 성전이심이라

23 그 성은 해나 달의 비침이 쓸 데 없으니 이는 하나님의 영광이 비치고 어린 양이 그 등불이 되심이라

24 만국이 그 빛 가운데로 다니고 땅의 왕들이 자기 영광을 가지고 그리로 들어가리라

25 낮에 성문들을 도무지 닫지 아니하리니 거기에는 밤이 없음이라

26 사람들이 만국의 영광과 존귀를 가지고 그리로 들어가겠고

27 무엇이든지 속된 것이나 가증한 일 또는 거짓말하는 자는 결코 그리로 들어가지 못하되 오직 어린 양의 생명책에 기록된 자들만 들어가리라

1. 오늘 하나님께서 나에게 주신 깨달음은 무엇입니까?

2. 말씀을 어떻게 내 삶에 구체적으로 적용해야 합니까?

18 음녀 바벨론의 치장과 장식(17:4)에 비할 수 없이 영광스럽다. 이러한 새 예루살렘의 모습은 이미 이사야 선지자를 통해 약속된 것이다(사 54:11-12).
벽옥 붉은 빛의 보석(jasper)으로 하나님의 임재로 인한 영광의 빛을 상징한다(4:3).
정금 연단을 받아 죄가 없음을 상징하며(욥 23:10) 흠과 티가 없는 순결함을 의미한다.

19-20 성벽의 기초석을 이루는 열두 가지 보석이 소개된다. 이 보석들은 교회의 아름다움, 영광, 순수함, 소중함, 연단을 통한 변화를 상징한다. 에덴동산에서 발원한 강가의 보석들(창 2:11-12), 대제사장의 흉패에 달린 보석들(출 28:9-12), 회복된 예루살렘을 장식한 보석들(사 54:11-12)을 배경으로 한다.

21 열두 진주 '진주'는 고대에 가장 값진 보석 중의 하나였다. 144규빗(약 65m)에 달하는 성곽에 달린 문 하나가 진주 하나로 이루어져 있다면 그 크기는 엄청날 것이다. 이 진주에 열두 지파의 이름이 새겨진 것은 이것이 교회를 상징함을 의미한다.
맑은 유리 같은 정금 '정금'은 죄가 하나도 없는 상태를 뜻한다. 거룩한 성 예루살렘에는 죄인들이 하나도 없이 오직 구속함을 받은 깨끗한 성도만 있음을 의미한다(사 35:8).

22 성전을 보지 못하였으니 구약 시대에 성전은 하나님의 임재의 상징이었다. 그러나 새 예루살렘에서는 하나님과 예수님이 직접 그의 백성 가운데 임재하시기 때문에 더 이상 가시적인 성전이 필요 없다.

23 해나 달의 비침이 쓸 데 없으니 '해나 달'은 첫 창조의 질서를 상징한다. 그러나 이제 하나님의 영광의 빛이 물리적 빛을 대체하는 새로운 세계가 시작됨을 의미한다(사 60:19).

24 만국 구원받은 온 세상의 백성을 의미한다(7:9). 그리스도의 복음의 축복이 좁은 경계를 넘어 만민에게 미친다(사 60:3,11).
땅의 왕들 하나님의 백성들로 그리스도와 함께 왕 노릇 하는 자들이다(20:6).

25 성문들을 도무지 닫지 아니하리니 고대의 성문은 적의 위협 때문에 밤에는 닫아 두었다. 그러나 하나님의 완전한 통치가 임하는 새로운 세계에서는 모든 위협이 사라지기 때문에 성문을 항상 열어 둔다는 것이다(사 60:11).

27 속된 것 예수님의 보혈로 깨끗함을 받지 못한 더러운 자를 말한다.
가증한 일 우상 숭배자를 의미한다(단 9:27).
거짓말하는 자 성도를 거짓 증언으로 고소하거나(행 25:2) 거짓 교훈을 가르치는 거짓 선지자(요일 4:1)를 말한다.

18 성벽은 벽옥으로 만들어졌고, 성 전체가 유리처럼 맑은 순금으로 지어져 있었습니다.

19 성벽의 주춧돌에는 각종 보석이 박혀 있었는데, 첫째 주춧돌은 벽옥, 둘째는 사파이어, 셋째는 옥수, 넷째는 에메랄드,

20 다섯째는 홍마노, 여섯째는 홍보석, 일곱째는 황옥, 여덟째는 녹옥, 아홉째는 담황옥, 열째는 녹옥수, 열한째는 청옥, 열두째는 자수정으로 꾸며져 있었습니다.

21 열두 대문은 각각 한 개의 커다란 진주로 만들어졌고, 성의 거리는 유리처럼 맑은 순금으로 되어 있었습니다.

22 나는 성안에서 성전을 볼 수 없었습니다. 그 이유는 전능하신 주 하나님과 어린 양이 바로 성전이시기 때문입니다.

23 그 성에는 해와 달도 필요가 없었습니다. 그것은 하나님의 영광의 광채가 빛이 되고, 어린 양이 그 성의 등불이 되시기 때문입니다.

24 세상 모든 민족이 그 빛 아래 걸어 다니며, 온 땅의 왕들도 영광스런 모습 그대로 성으로 들어올 것입니다.

25 밤이 없기 때문에, 성문은 결코 닫히는 법이 없습니다.

26 모든 나라의 영광과 존귀가 다 이 성으로 들어올 것입니다.

27 그러나 깨끗하지 못하고 부끄러운 것이나 거짓말한 자들은 이 성에 들어올 수 없습니다. 오직 그 이름이 어린 양의 생명책에 기록된 자들만이 들어갈 수 있습니다.

새 하늘과 새 땅에서의 교회는 여러 가지 아름다운 보석으로 만들어진 존재로 묘사된다. 교회를 보석처럼 묘사하는 첫 번째 이유는 보석은 정교한 가공을 통해서 다듬어져야만 아름다운 빛을 발하기 때문이다. 성도 또한 연단을 통해 죄악과 욕심이 제거되어야 아름다운 빛을 발하는 존재가 된다. 두 번째 이유는 보석은 스스로 빛을 발할 수 없고 빛을 반사하는 반사체이기 때문이다. 성도 또한 스스로 아름다운 빛을 발할 수 없다. 성도가 빛을 드러내는 것은 하나님의 영광을 받아 그것을 다양한 면과 색을 통해 반사할 때만 가능하다. 세 번째 이유는 보석은 아주 희소하며 귀하기 때문이다. 세상 속에서 성도는 희소하며 귀한 존재임을 의미한다. 따라서 보석과 같은 교회는 연단되어 순결하고, 하나님의 영광을 반사하는 귀한 존재인 것이다. 또한 그렇게 되어야 하고 그렇게 될 것임을 말씀하신다. 성도는 이 세상에서 이런 보석과 같은 아름다운 존재로 준비되어 가길 열망해야 한다.

무릎 기도	하나님, 연단을 통해 모든 죄악과 불순물을 제거하심으로 하나님의 영광을 순수하게 드러내는 귀한 교회로 변화시키소서.

ESV - Revelation 21

18 The wall was built of jasper, while the city was pure gold, like clear glass.

19 The foundations of the wall of the city were adorned with every kind of jewel. The first was jasper, the second sapphire, the third agate, the fourth emerald,

20 the fifth onyx, the sixth carnelian, the seventh chrysolite, the eighth beryl, the ninth topaz, the tenth chrysoprase, the eleventh jacinth, the twelfth amethyst.

21 And the twelve gates were twelve pearls, each of the gates made of a single pearl, and the street of the city was pure gold, like transparent glass.

22 And I saw no temple in the city, for its temple is the Lord God the Almighty and the Lamb.

23 And the city has no need of sun or moon to shine on it, for the glory of God gives it light, and its lamp is the Lamb.

24 By its light will the nations walk, and the kings of the earth will bring their glory into it,

25 and its gates will never be shut by day— and there will be no night there.

26 They will bring into it the glory and the honor of the nations.

27 But nothing unclean will ever enter it, nor anyone who does what is detestable or false, but only those who are written in the Lamb's book of life.

19 foundation 주춧돌 adorn 꾸미다 jewel 보석   21 pearl 진주 transparent 투명한   22 temple 성전 almighty 전능하신 lamb 어린 양   23 have need of …을 필요로 하다 shine 비치다   25 shut 닫다   26 honor 영광   27 detestable 혐오스러운 false 거짓의

58

새 에덴의 모습

요한계시록 22:1-5 • 새찬송 183장 | 통일 172장

• 말씀묵상 전에 성령님의 인도하심을 구하는 기도를 드리십시오.

> **본문요약 ㅣ** 하나님과 어린 양의 보좌로부터 나오는 생명수 강이 길 가운데로 흐르고 강 좌우에 생명나무가 있어 열두 가지 열매를 맺으며 잎사귀는 만국을 치료한다. 다시 저주가 없고, 종들이 하나님을 섬기며, 그의 얼굴을 보며, 그의 이름이 종들의 이마에 있다. 밤이 없고, 성도들이 세세토록 왕 노릇 할 것이 선포된다.

1 또 그가 수정 같이 맑은 생명수의 강을 내게 보이니 하나님과 및 어린 양의 보좌로부터 나와서
2 길 가운데로 흐르더라 강 좌우에 생명나무가 있어 열두 가지 열매를 맺되 달마다 그 열매를 맺고 그 나무 잎사귀들은 만국을 치료하기 위하여 있더라
3 다시 저주가 없으며 하나님과 그 어린 양의 보좌가 그 가운데에 있으리니 그의 종들이 그를 섬기며
4 그의 얼굴을 볼 터이요 그의 이름도 그들의 이마에 있으리라
5 다시 밤이 없겠고 등불과 햇빛이 쓸 데 없으니 이는 주 하나님이 그들에게 비치심이라 그들이 세세토록 왕 노릇 하리로다

1. 오늘 하나님께서 나에게 주신 깨달음은 무엇입니까?

2. 말씀을 어떻게 내 삶에 구체적으로 적용해야 합니까?

1 생명수의 강 새 하늘과 새 땅에서 목마른 자에게 하나님이 주실 생명수 샘물(21:6)이 규모가 확장되어 강이 된다. 이 생명수 강은 에덴동산에서 발원했던 비손, 기혼, 힛데겔, 유브라데강을 모형으로 한다(창 2:10-14). 또한 에스겔의 환상에서 성전에서 흘러나온 물이 사해로 흘러들어 가서 생물들을 살게 만드는 모습을 배경으로 한다(겔 47:1-12).

2 생명나무 새 에덴에는 선악과나무는 없고 생명나무만이 존재한다. '선악을 알게 하는 나무'는 율법으로 인한 정죄를 상징하기 때문에 새 에덴에는 더 이상 존재하지 않는다. 생명나무가 강 좌우에 있는 것은 하나님이 주시는 영적 생명의 풍성함을 상징한다.

열두 가지 열매를 맺되 에덴에서 발원하였던 네 개의 강 중에 유브라데는 '열매가 풍성함'이라는 뜻이다(창 2:14). 에스겔의 환상에서 성소에서 나온 물이 흘러가는 강가에 각종 과실 나무가 자라는 장면과 같다(겔 47:12). '열두 가지 열매'는 영적 생명의 풍성함을 의미한다.

나무 잎사귀들 치료의 능력이 있는 나무 잎사귀 또한 에스겔의 환상에 나오는 것과 같다(겔 47:12). 생명나무를 먹게 되면 그리스도로 말미암아 사망의 고통으로부터 완전히 자유하게 됨을 의미한다.

3 저주가 없으며 '저주'는 에덴동산에서 아담과 하와가 선악과를 따 먹음으로 하나님의 생명에서 단절되며 시작되었다(창 3:6). 그러나 예수님이 인간을 대신하여 십자가의 저주를 받으셨기에 예수님을 믿는 자는 저주에서 벗어나 하나님의 복을 누리게 되었다(갈 3:13). 이제 하나님의 생명이 풍성한 새 에덴에서는 더 이상 저주와 그 결과인 죽음이 존재하지 않는다.

그의 종들이 그를 섬기며 '섬기다'는 '예배하다'의 뜻도 가지고 있다. 이것은 성도가 하늘에서 제사장으로서 하나님을 영원히 예배하는 자임을 의미한다.

4 그의 얼굴을 볼 터이요 구약 시대에 하나님의 얼굴을 보는 것은 죽음을 의미했다(출 33:20). 신약 시대에는 성육신하신 예수님을 통해 하나님의 영광을 간접적으로 볼 수 있었다(요 1:14). 이제 새 예루살렘에서는 죄가 없는 인간이 하나님의 얼굴을 직접 볼 수 있는 특권을 누리게 된다.

그의 이름도 그들의 이마에 있으리라 성도가 하나님의 영원한 소유가 되었고, 하나님과 긴밀한 관계를 맺고 있음을 의미한다(14:1).

5 왕 노릇 하리로다 아담이 에덴에서 만물을 다스리라고 부여받은 왕 노릇(창 1:28)이 이제 완전하게 성취됨을 의미한다.

---

1 그 천사는 또 내게 생명수가 흐르는 강을 보여주었습니다. 수정같이 맑은 그 강은 하나님과 어린 양의 보좌로부터 흘러나와

2 그 성의 넓은 거리 한가운데로 흐르고 있었습니다. 강 양쪽에는 생명나무가 있어서 일 년에 열두 번, 달마다 새로운 열매를 맺고 있었습니다. 또 그 잎은 모든 사람들을 치료하는 데 사용되었습니다.

3 하나님께서 죄 있다고 심판하실 것이 그 성에는 없었습니다. 하나님과 어린 양의 보좌가 그곳에 있고, 그분의 종들은 다 그분을 섬길 것입니다.

4 그들은 하나님의 얼굴을 볼 것이며, 그들의 이마에는 하나님의 이름이 기록될 것입니다.

5 그곳에는 밤도 없고 등불이나 햇빛이 필요 없을 것입니다. 주 하나님께서 그들의 빛이 되시고, 그들은 거기서 영원히 왕처럼 살 것입니다.

죄를 짓기 전의 아담과 하와는 하나님의 생명의 풍성함으로 기쁨과 만족 가운데 살았을 것이다. 그러나 죄로 인해 하나님의 생명의 풍성함이 사라지자 영적 목마름과 욕망이 인간을 지배하게 되었다. 욕망을 채우려고 몸부림칠수록 영적 갈증은 증가하게 된다. 욕망으로 인한 갈증을 채워 주시고자 예수님이 오셨다. 수가성 여인은 그 깊은 갈망과 갈증을 남자의 사랑으로 채우려 했으나 남자 여섯 명으로도 영적 갈증을 해갈할 수 없었다. 예수님은 그에게 영원히 목마르지 않게 해 줄 샘물을 주겠다고 약속하셨다(요 4:14). 그리고 이제는 그 약속대로 예수님을 믿는 자들에게 성령의 샘물을 주셔서 맛보게 하신다. 새 하늘과 새 땅에서는 생명수가 샘물과 비교할 수 없이 풍성한 강처럼 흐른다고 약속하신다. 그곳에는 더 이상 슬픔이나 불만족이 없을 것이다. 풍성한 생명수 강에서 생수를 마시는 자마다 항상 기쁨과 만족을 누리게 될 것이다. 영적 갈망이 큰 성도라면 그날이 임하길 간절히 소망해야 한다.

> **무릎 기도** 하나님, 영적 갈망을 세상의 것으로 채우려고 했던 것을 회개합니다. 성령으로 채우셔서 하나님의 생명에서 오는 만족과 기쁨을 이 땅에서도 누리게 하소서.

ESV - Revelation 22

1 Then the angel* showed me the river of the water of life, bright as crystal, flowing from the throne of God and of the Lamb

2 through the middle of the street of the city; also, on either side of the river, the tree of life* with its twelve kinds of fruit, yielding its fruit each month. The leaves of the tree were for the healing of the nations.

3 No longer will there be anything accursed, but the throne of God and of the Lamb will be in it, and his servants will worship him.

4 They will see his face, and his name will be on their foreheads.

5 And night will be no more. They will need no light of lamp or sun, for the Lord God will be their light, and they will reign forever and ever.

* 22:1 Greek *he*
* 22:2 Or *the Lamb. In the midst of the street of the city, and on either side of the river, was the tree of life*

1 flow from …에서 나오다 throne 보좌 lamb 어린 양   2 on either side 양편에 yield 산출하다 heal 치료하다   3 no longer 더이상 …이 아닌 accursed 저주받은 servant 종   4 forehead 이마   5 no more 이미 존재하지 않다 reign 통치하다

59

월　　일

속히 오실 예수님의 말씀

요한계시록 22:6-15 · 새찬송 86장 | 통일 86장

• 말씀묵상 전에 성령님의 인도하심을 구하는 기도를 드리십시오.

> **본문요약 ┃** 예수님은 천사를 통해 그가 속히 오실 것이며 예언의 말씀을 인봉하지 말라고 명령하신다. 불의한 자는 계속 불의한 행동을 하고 의로운 자는 계속 의로운 행동을 하도록 두라고 하신다. 예수님이 오시면 행한 대로 갚아 주겠다고 약속하신다. 자기 옷을 빨아 거룩해진 자는 생명나무에 나아갈 권세를 얻게 된다.

6 또 그가 내게 말하기를 이 말은 신실하고 참된지라 주 곧 선지자들의 영의 하나님이 그의 종들에게 반드시 속히 되어질 일을 보이시려고 그의 천사를 보내셨도다

7 보라 내가 속히 오리니 이 두루마리의 예언의 말씀을 지키는 자는 복이 있으리라 하더라

8 이것들을 보고 들은 자는 나 요한이니 내가 듣고 볼 때에 이 일을 내게 보이던 천사의 발 앞에 경배하려고 엎드렸더니

9 그가 내게 말하기를 나는 너와 네 형제 선지자들과 또 이 두루마리의 말을 지키는 자들과 함께 된 종이니 그리하지 말고 하나님께 경배하라 하더라

10 또 내게 말하되 이 두루마리의 예언의 말씀을 인봉하지 말라 때가 가까우니라

11 불의를 행하는 자는 그대로 불의를 행하고 더러운 자는 그대로 더럽고 의로운 자는 그대로 의를 행하고 거룩한 자는 그대로 거룩하게 하라

12 보라 내가 속히 오리니 내가 줄 1)상이 내게 있어 각 사람에게 그가 행한 대로 갚아 주리라

13 나는 알파와 오메가요 처음과 마지막이요 시작과 마침이라

14 자기 두루마기를 빠는 자들은 복이 있으니 이는 그들이 생명나무에 나아가며 문들을 통하여 성에 들어갈 권세를 받으려 함이로다

15 개들과 점술가들과 음행하는 자들과 살인자들과 우상 숭배자들과 및 거짓말을 좋아하며 지어내는 자는 다 성 밖에 있으리라

1. 오늘 하나님께서 나에게 주신 깨달음은 무엇입니까?

2. 말씀을 어떻게 내 삶에 구체적으로 적용해야 합니까?

1) 헬. 내 삯

절별 해설

6 이 말은 신실하고 참된지라 본서 전체의 말씀이 확실하게 성취될 진실한 하나님의 말씀임을 의미한다(19:9).
선지자들의 영의 하나님 '선지자들의 영'은 선지자들이 영감으로 성경을 기록했음을 의미한다. 즉 요한에게 주신 말씀도 반드시 될 일을 천사를 통해 전달하셨다는 의미이다(19:10).

7 예언의 말씀을 지키는 자 선택을 받은 성도가 새 하늘과 새 땅이 임하기까지 종말론적 소망을 가지고 우상 숭배를 거부하며 신실하게 하나님과 예수님만을 의지하는 것을 의미한다.

8 천사의 발 앞에 경배하려고 요한은 앞에서와 같은 모습으로 천사에게 경배하려 한다(19:10). 천사가 예수님의 말씀을 대언했기 때문에 예수님에 대해 경외하는 태도를 보인 것이다.

9 함께 된 종이니 천사가 예수님의 말씀을 대언하더라도 성도와 같은 종이므로 천사에게 경배할 필요가 없다.

10 인봉하지 말라 예수님의 재림이 가까우니 하나님이 요한에게 주신 이 말씀을 더 많은 사람이 듣고 구원의 길에 참여할 수 있도록 감추지 말고 드러내라는 의미이다.

11 불의를 행하는 자, 더러운 자 '불의'와 '더러움'은 마귀와 바벨론과 우상 숭배자의 특징이다. 선택받지 못한 불신자들은 무서운 심판의 말씀이 선포되어도 여전히 회개하지 않고 강퍅한 반응을 하게 될 것을 의미한다.
의로운 자, 거룩한 자 '의'와 '거룩'은 예수님을 통해 받게 된 하나님의 성품이다(롬 3:24; 고전 1:2). 따라서 의롭고 거룩한 자는 하나님으로부터 선택을 받아 예수님으로 인해 의와 거룩을 얻은 성도를 말한다. 이미 성도인 자들은 이 말씀에 반응하여 의와 거룩의 열매를 더 많이 맺게 되어 있다(마 7:16).

12 행한 대로 갚아 주리라 예수님으로부터 받은 의와 거룩을 가진 자는 의롭고 거룩한 행위를 하기에 구원을 상급으로 받는다. 그러나 인간이 본래 가지고 있는 불의와 더러움을 가진 자들은 그 결국인 심판을 받게 되어 있다.

13 알파와 오메가 예수님이 역사의 시작이자 주관자이심을 의미한다(1:8; 21:6).

14 자기 두루마기를 빠는 자들 '옷을 깨끗하게 빠는 것'은 예수님의 보혈로 죄를 씻고 거룩하게 되는 것을 의미하며(7:14) 본서에 나오는 일곱 가지 복 중 마지막 복이다.

15 거룩한 성에 들어갈 수 없는 목록은 유황 못에 들어갈 자들과 유사하다(21:8). 이 목록들을 비교하면 '개들'은 '두려워하고, 믿지 않고, 흉악한 자들'을 비유적으로 표현한 것이다(시 22:16; 빌 3:2).

---

6 그 천사는 또 나에게 이렇게 말하였습니다. "이것은 참되고 진실한 말씀이다. 주님은 예언자들의 영의 하나님이시다. 이제 그분께서 이렇게 천사를 보내어 앞으로 속히 일어날 일들을 알리신 것이다."

7 "보아라! 내가 속히 가겠다! 이 책에 기록된 예언의 말씀을 지키는 자들에게는 복이 있을 것이다."

8 나 요한은 이 모든 것을 보고 들었습니다. 내가 이 모든 것을 보고 들은 후에 이것을 보여준 천사의 발 앞에 엎드려 경배하려고 하자,

9 천사는 내게 이렇게 말하였습니다. "내게 절하지 마라! 나 역시 너와 네 형제인 예언자들과 이 책에 기록된 말씀을 지키는 자들과 똑같은 하나님의 종일 뿐이다. 그러니 하나님만을 경배하여라!"

10 그리고 천사는 내게 지시하였습니다. "이 책에 기록된 예언의 말씀을 비밀로 하지 마라. 이 모든 일이 일어날 때가 멀지 않았다.

11 악한 일을 행하는 자는 계속 악한 일을 하도록 내버려 두고, 더러운 자는 더러운 그대로 놔두어라. 의로운 사람은 계속 의롭게 살도록 하며, 거룩한 사람들은 계속 거룩하도록 하여라."

12 "보아라! 내가 속히 가겠다! 내가 상을 가지고 가서, 너희가 행한 대로 갚아 주며 상을 베풀 것이다.

13 나는 알파와 오메가이며, 처음과 마지막이요, 시작과 끝이다.

14 자기 옷을 빠는 자는 복 있는 자들이다. 그들은 생명나무의 열매를 먹을 것이며, 성문을 통해 성으로 들어가게 될 것이다.

15 악하고, 마술을 행하며, 음란하고, 살인하고, 우상을 숭배하며, 거짓말을 즐겨하던 자들은 성 밖에서 성안으로 들어오지 못할 것이다.

하나님이 성도에게 원하시는 행동을 종교적인 행위나 선행으로 오해하는 사람들이 많다. 그러나 이런 행동이 다른 사람에게 인정을 받고 자신을 높이고자 하는 결과로 나온 것이라면 오히려 하나님 앞에서 악을 행하는 것과 같다.

하나님이 성도에게 원하시는 행위는 의로움과 거룩함이다. 의와 거룩은 예수님의 의와 거룩을 받지 않고는 인간이 만들어 낼 수 없는 속성이다. 성도가 예수님의 의롭고 거룩한 속성을 성령을 통해 받으면 자연스럽게 의롭고 거룩한 행동으로 나타나게 된다. 따라서 하나님이 기뻐하시는 것은 우리 안에서 드러나는 예수님의 모습이지 인간의 추한 욕망과 어설픈 노력이 만들어 내는 불의하고 더러운 결과물이 아니다. 성도가 하나님을 기쁘시게 하기 위해서는 예수님을 더 깊이 의존해야 한다. 이렇게 성도가 의롭고 거룩한 행동을 한다면 오직 하나님께만 영광을 돌리게 될 것이다.

> **무릎 기도** | 하나님, 사람에게 인정을 받고자 하는 가식적인 행위를 하지 않게 하소서. 하나님을 기쁘시게 하기 위해 예수님의 의와 거룩을 채우소서.

ESV - Revelation 22

6 And he said to me, "These words are trustworthy and true. And the Lord, the God of the spirits of the prophets, has sent his angel to show his servants what must soon take place."

7 "And behold, I am coming soon. Blessed is the one who keeps the words of the prophecy of this book."

8 I, John, am the one who heard and saw these things. And when I heard and saw them, I fell down to worship at the feet of the angel who showed them to me,

9 but he said to me, "You must not do that! I am a fellow servant with you and your brothers the prophets, and with those who keep the words of this book. Worship God."

10 And he said to me, "Do not seal up the words of the prophecy of this book, for the time is near.

11 Let the evildoer still do evil, and the filthy still be filthy, and the righteous still do right, and the holy still be holy."

12 "Behold, I am coming soon, bringing my recompense with me, to repay each one for what he has done.

13 I am the Alpha and the Omega, the first and the last, the beginning and the end."

14 Blessed are those who wash their robes,* so that they may have the right to the tree of life and that they may enter the city by the gates.

15 Outside are the dogs and sorcerers and the sexually immoral and murderers and idolaters, and everyone who loves and practices falsehood.

* 22:14 Some manuscripts *do his commandments*

---

6 trustworthy 신뢰할 수 있는 prophet 선지자 servant 종 take place 발생하다   7 behold 보다 prophecy 예언   10 seal up 봉하다   11 evildoer 악인 filthy 더러운 righteous 의로운   12 recompense 보상 repay 갚다   14 robe 옷   15 sorcerer 마술사 immoral 부도덕한 murderer 살인자 idolater 우상 숭배자 falsehood 거짓말

60

월   일

다시 오실 예수님의 마지막 당부

요한계시록 22:16-21 • 새찬송 85장 | 통일 85장

• 말씀묵상 전에 성령님의 인도하심을 구하는 기도를 드리십시오.

> **본문요약** ㅣ 다윗의 뿌리며 광명한 새벽별이신 예수님은 천사를 보내 이 말씀을 주신 것을 말씀하신다. 성령과 교회는 와서 값없이 생명수를 받으라고 외친다. 예수님은 이 말씀에 더하거나 빼는 자에게 엄히 경고를 하신다. 예수님은 속히 오실 것이라 말씀하시고, 요한은 주 예수님이 오시길 기대하며 초대한다.

16 나 예수는 교회들을 위하여 내 사자를 보내어 이것들을 너희에게 증언하게 하였노라 나는 다윗의 뿌리요 자손이니 곧 광명한 새벽 별이라 하시더라

17 성령과 신부가 말씀하시기를 오라 하시는도다 듣는 자도 오라 할 것이요 목마른 자도 올 것이요 또 원하는 자는 값없이 생명수를 받으라 하시더라

18 내가 이 두루마리의 예언의 말씀을 듣는 모든 사람에게 증언하노니 만일 누구든지 이것들 외에 더하면 하나님이 이 두루마리에 기록된 재앙들을 그에게 더하실 것이요

19 만일 누구든지 이 두루마리의 예언의 말씀에서 제하여 버리면 하나님이 이 두루마리에 기록된 생명나무와 및 거룩한 성에 참여함을 제하여 버리시리라

20 이것들을 증언하신 이가 이르시되 내가 진실로 속히 오리라 하시거늘 아멘 주 예수여 오시옵소서

21 주 예수의 은혜가 ¹⁾모든 자들에게 있을지어다 아멘

1. 오늘 하나님께서 나에게 주신 깨달음은 무엇입니까?

2. 말씀을 어떻게 내 삶에 구체적으로 적용해야 합니까?

1) 어떤 사본에, 성도들에게

절별 해설

16 나 예수는 예수님은 자신이 직접 천사를 보내어 본서의 말씀을 주셨다고 말씀하신다. 이것은 요한이 받은 말씀이 신적 권위를 가진 확실한 것임을 증명한다.

다윗의 뿌리 예수님이 구약의 예언대로 다윗의 후손으로 죄인들을 구하기 위해 세상에 오신 메시아이심을 의미한다(사 11:1,10).

광명한 새벽 별 발람의 예언에 등장하는 '야곱에게서 나온 한 별'이 지칭하는 메시아가 예수님이심을 말한다(민 24:17). 예수님이 마귀와 죄로 어두운 세상에 메시아적 통치를 베푸심으로 빛을 가져오실 것을 의미한다.

17 성령과 신부가 말씀하시기를 성령이 신부인 교회를 통해 앞으로 교회로 들어오게 될 자들을 초대하는 모습을 연출한다. 성령은 교회가 예수님의 복음을 증거할 수 있게 하시고 사람들의 마음에 역사하셔서 구원을 이루실 것이다.

오라 본절에는 네 번의 초청이 나온다. 이 초청의 대상은 '듣는 자, 목마른 자, 원하는 자'로 영적 갈망이 있어 말씀을 듣고 영적 생명을 얻고자 하는 자들이다. 예수님은 이들에게 생명수를 풍성하게 베푸셔서 갈증을 해갈시켜 주실 것을 약속하신다(사 55:1).

18 이것들 외에 더하면 교회 내의 거짓 선지자들에게 하나님이 주신 말씀을 더하지 말 것을 엄히 명령하신다.

19 제하여 버리면 심판에 관한 말씀이 가득한 본서의 내용은 평안을 외치길 좋아하는 거짓 선지자들(렘 28:9)에게는 불편한 말씀이다. 그렇기 때문에 이 말씀을 제하여 버리는 자들에게 엄한 경고를 하고 있다.

생명나무와 및 거룩한 성에 참여함을 제하여 구원을 받아 영생을 누리는 자리에 참여하지 못하게 되는 것을 말한다. 말씀을 더하거나 빼는 것 자체가 이미 하나님의 말씀을 경외하지 않는 불신자의 태도임이 드러난다.

20 이것들을 증언하신 이 예수님이 하신 말씀임을 반복해서 강조하는 이유는 이 말씀이 하나님의 뜻에 따라 확실하게 성취될 신적 권위를 가진 말씀이기 때문이다.

내가 진실로 속히 오리라 본절은 속히 오리라는 그리스도의 선포로 시작해서 주의 재림에 대한 교회의 기다림을 담은 요한의 응답으로 끝난다. 본장에서 예수님은 자신이 속히 오실 것임을 세 번이나 반복해서 말씀하신다(22:7,12).

주 예수여 오시옵소서 이 구절을 아람어로 읽으면 '마라나타'이다(고전 16:22).

16 나 예수는 온 교회에 이 모든 것을 증언하기 위해 천사를 보냈다. 나는 다윗의 뿌리이자 자손이며 빛나는 새벽별이다."

17 성령과 신부가 "오소서!" 하고 말씀하십니다. 이 말을 들은 사람들도 모두 "오소서!" 하고 외칩시다. 누구든지 목마른 자는 와서 생명수를 마음껏 마시십시오.

18 이 책에 기록된 예언의 말씀을 듣는 모든 이들에게 경고합니다. 만일 누구든지 이 말씀에 다른 것을 덧붙이는 사람이 있으면 하나님께서 이 책에 기록된 재앙을 그에게 내리실 것입니다.

19 또 만일 누구든지 이 예언의 말씀에서 어느 하나라도 빼는 자는 하나님께서 이 책에 기록된 생명나무와 거룩한 성에 참여할 특권을 빼앗아 버리실 것입니다.

20 이 모든 것을 증언하신 분, 예수님께서 말씀하십니다. "그렇다, 내가 속히 가겠다." 아멘. 주 예수여, 어서 오소서!

21 주 예수님의 은혜가 여러분 모두에게 함께하시기를 기도합니다. 아멘.

예수님은 속히 오시겠다고 여러 차례 말씀하셨지만 그 말씀을 하신 후 어언 이천여 년이 흘렀다. 그렇기에 예수님의 재림에 대한 극단적인 두 가지 반응이 나타났다. 첫 번째는 예수님이 오실 날짜를 정하고 기다리는 시한부 종말론자들이다. 지난 교회 시대 내내 시한부 종말론자들이 나타나서 성도들을 두렵게 하고 사람들의 일상을 파괴했다. 두 번째는 예수님의 재림을 전혀 생각하지 않는 재림 신앙이 사라진 성도들이다. 이들은 재림에 대한 기대나 소망이 없기 때문에 현실에 몰두하고 결국 신앙은 세속화된다. 예수님의 재림에 대한 이런 극단적인 태도는 잘못된 것이다.

예수님의 재림에 대한 약속은 반드시 성취될 것을 믿어야 한다. 이것을 믿는 자만이 세상의 악이 심판을 받고 하나님의 나라가 완성될 것을 소망 가운데 기다릴 수 있다. 이 믿음과 소망을 가진 자만이 지금도 세상 가운데 구원과 심판을 행하시는 예수님의 임재와 역사를 강력하게 누릴 수 있다.

> **무릎기도** 하나님, 예수님의 재림에 대한 소망을 포기하지 않게 하소서. 세상의 악에 낙심하거나 유혹에 넘어가지 않도록 재림 신앙을 더욱 견고하게 가지게 하소서.

ESV - Revelation 22

16 "I, Jesus, have sent my angel to testify to you about these things for the churches. I am the root and the descendant of David, the bright morning star."

17 The Spirit and the Bride say, "Come." And let the one who hears say, "Come." And let the one who is thirsty come; let the one who desires take the water of life without price.

18 I warn everyone who hears the words of the prophecy of this book: if anyone adds to them, God will add to him the plagues described in this book,

19 and if anyone takes away from the words of the book of this prophecy, God will take away his share in the tree of life and in the holy city, which are described in this book.

20 He who testifies to these things says, "Surely I am coming soon." Amen. Come, Lord Jesus!

21 The grace of the Lord Jesus be with all.* Amen.

* 22:21 Some manuscripts *all the saints*

16 testify 증언하다　descendant 자손　17 bride 신부　desire 원하다　price 값　18 prophecy 예언　add to …에 더하다　plague 재앙　describe 기술하다　19 take away 제거하다　share 몫

권별 주삶 아가페 주삶 GBS

* GBS 해설서는 뒷면에 있습니다

주간 그룹성경공부 • GBS

1주차
(1회~7회)

반드시 그리고 속히 이루어집니다

요한계시록 1:1-8 | 새찬송 208장 • 통일 246장

주간 말씀묵상 나눔

지난 한 주간 말씀을 묵상한 것이나 삶에 적용한 것이 있으면 돌아가며 간단히 나누어 봅시다.

• 오늘의 성경공부 목표

마지막 날이 가까이 왔음을 깨닫고 그때 성도는 무엇을 해야 하는지 배워 봅시다.

1 예수 그리스도의 계시라 이는 하나님이 그에게 주사 반드시 속히 일어날 일들을 그 종들에게 보이시려고 그의 천사를 그 종 요한에게 보내어 알게 하신 것이라

2 요한은 하나님의 말씀과 예수 그리스도의 증거 곧 자기가 본 것을 다 증언하였느니라

3 이 예언의 말씀을 읽는 자와 듣는 자와 그 가운데에 기록한 것을 지키는 자는 복이 있나니 때가 가까움이라

4 요한은 아시아에 있는 일곱 교회에 편지하노니 이제도 계시고 전에도 계셨고 장차 오실 이와 그의 보좌 앞에 있는 일곱 영과

5 또 충성된 증인으로 죽은 자들 가운데에서 먼저 나시고 땅의 임금들의 머리가 되신 예수 그리스도로 말미암아 은혜와 평강이 너희에게 있기를 원하노라 우리를 사랑하사 그의 피로 우리 죄에서 우리를 해방하시고

6 그의 아버지 하나님을 위하여 우리를 나라와 제사장으로 삼으신 그에게 영광과 능력이 세세토록 있기를 원하노라 아멘

7 볼지어다 그가 구름을 타고 오시리라 각 사람의 눈이 그를 보겠고 그를 찌른 자들도 볼 것이요 땅에 있는 모든 족속이 그로 말미암아 애곡하리니 그러하리라 아멘

8 주 하나님이 이르시되 나는 알파와 오메가라 이제도 있고 전에도 있었고 장차 올 자요 전능한 자라 하시더라

• 함께 읽어보기

온 세상의 멸망은 영화의 주요한 소재 중 하나입니다. 그리고 많은 종교와 기독교 이단들도 세계의 멸망과 말세를 포교의 주요한 주제로 사용해 왔습니다. 성경도 마지막 날을 자주 언급합니다. 구약에서 마지막 날은 중요한 주제였고 신약도 그러하며 요한계시록은 특별히 이 주제를 많이 다룹니다. 바른 교리가 이단과 다른 점은 말세라는 주제를 성도를 협박하기 위한 수단으로 사용하지 않는다는 것입니다. 이 세상에서 분리되어 도망가도록 하는 것이 아니라 믿음을 가지고 신실하게 살아가도록 성도들을 격려합니다. 기독교 이단들은 사람들을 우왕좌왕하게 만들지만 성경은 성도의 초점을 한곳으로 집중하게 만듭니다. 바로 예수 그리스도입니다. 그리스도를 아는 것이야 말로 말세를 살아가는 유일한 방법입니다.

도입 질문

1 다른 사람에게 어떤 사실을 믿도록 설득할 때 가장 효과적인 방법은 무엇이라고 생각합니까?

함께 나누기

2 계시의 마지막 수신자는 누구입니까? 1절

3 요한은 무엇을 증언합니까? 2절

4 무엇을 하는 자가 복이 있다고 말합니까? 3절

5 최근에 읽거나 들었던 말씀 중에서 구체적으로 실천할 수 있는 것들을 적어 보고 삶에서
적용해 봅시다.

6 요한은 누구에게 편지합니까? 4절

7 예수 그리스도는 우리를 죄에서 해방시킨 후 궁극적으로 무엇이 되게 하십니까? 6절

8 '증거', '증언', '증인'은 이 땅에서의 그리스도의 삶이자 그리스도인의 정체성이기도 합니
다. 우리는 어떻게 증인의 삶을 살아가고 있습니까?

9 오늘 성경공부를 통해서 나누고 싶거나 깨달은 것이 있으면 서로 이야기해 봅시다.

주간 그룹성경공부 · GBS

2주차
(8회~14회)

라오디게아 교회를 위한 편지

요한계시록 3:14-22 | 새찬송 253장

주간 말씀묵상 나눔

지난 한 주간 말씀을 묵상한 것이나 삶에 적용한 것이 있으면 돌아가며 간단히 나누어 봅시다.

• 오늘의 성경공부 목표

영적인 맹인에서 벗어나 믿음의 눈으로 보는 것이 무엇인지 알아보고 참된 회개를 해 봅시다.

14 라오디게아 교회의 사자에게 편지하라 아멘이시요 충성되고 참된 증인이시요 하나님의 창조의 근본이신 이가 이르시되

15 내가 네 행위를 아노니 네가 차지도 아니하고 뜨겁지도 아니하도다 네가 차든지 뜨겁든지 하기를 원하노라

16 네가 이같이 미지근하여 뜨겁지도 아니하고 차지도 아니하니 내 입에서 너를 토하여 버리리라

17 네가 말하기를 나는 부자라 부요하여 부족한 것이 없다 하나 네 곤고한 것과 가련한 것과 가난한 것과 눈 먼 것과 벌거벗은 것을 알지 못하는도다

18 내가 너를 권하노니 내게서 불로 연단한 금을 사서 부요하게 하고 흰 옷을 사서 입어 벌거벗은 수치를 보이지 않게 하고 안약을 사서 눈에 발라 보게 하라

19 무릇 내가 사랑하는 자를 책망하여 징계하노니 그러므로 네가 열심을 내라 회개하라

20 볼지어다 내가 문 밖에 서서 두드리노니 누구든지 내 음성을 듣고 문을 열면 내가 그에게로 들어가 그와 더불어 먹고 그는 나와 더불어 먹으리라

21 이기는 그에게는 내가 내 보좌에 함께 앉게 하여 주기를 내가 이기고 아버지 보좌에 함께 앉은 것과 같이 하리라

22 귀 있는 자는 성령이 교회들에게 하시는 말씀을 들을지어다

도입 질문

1 부모님이나 다른 사람에게 행동에 대해 지적을 받아 본 적이 있다면 당시 나의 반응이 어땠는지 생각해 봅시다.

함께 나누기

2 라오디게아 교회에 말씀하시는 이는 누구입니까? 14절

3 라오디게아 교인들의 행위는 어떠합니까? 15절

4 라오디게아 교인들은 자신들의 상태를 어떻게 말하고 있습니까? 17절

5 내가 추구하는 것은 세상의 부요함입니까, 영적인 부요함입니까? 나의 영적인 부요함을 가리고 있는 것이 있다면 찾아봅시다.

6 예수님은 사랑하는 자에게 때로는 어떻게 대하십니까? 19절

7 이기는 자에게 주어지는 상은 무엇입니까? 21절

8 오늘 말씀을 듣고 열심을 내야 하는 일과 회개할 일이 무엇인지 생각해 보고 실천해 봅시다.

9 오늘 성경공부를 통해서 나누고 싶거나 깨달은 것이 있으면 서로 이야기해 봅시다.

주간 그룹성경공부 · GBS

3주차
(15회~21회)

승리한 하나님의 백성

요한계시록 7:9–14 │ 새찬송 346장 · 통일 398장

주간 말씀묵상 나눔

지난 한 주간 말씀을 묵상한 것이나 삶에 적용한 것이 있으면 돌아가며 간단히 나누어 봅시다.

• 오늘의 성경공부 목표

환난을 이긴 하나님의 백성이 얻는 승리의 영광이 무엇인지 배워 봅시다.

9 이 일 후에 내가 보니 각 나라와 족속과 백성과 방언에서 아무도 능히 셀 수 없는 큰 무리가 나와 흰 옷을 입고 손에 종려 가지를 들고 보좌 앞과 어린 양 앞에 서서

10 큰 소리로 외쳐 이르되
　구원하심이 보좌에 앉으신 우리 하나님과 어린 양에게 있도다
하니

11 모든 천사가 보좌와 장로들과 네 생물의 주위에 서 있다가 보좌 앞에 엎드려 얼굴을 대고 하나님께 경배하여

12 이르되
　아멘 찬송과 영광과 지혜와 감사와 존귀와 권능과 힘이 우리 하나님께 세세토록 있을지어다 아멘
하더라

13 장로 중 하나가 응답하여 나에게 이르되 이 흰 옷 입은 자들이 누구며 또 어디서 왔느냐

14 내가 말하기를 내 주여 당신이 아시나이다 하니 그가 나에게 이르되 이는 큰 환난에서 나오는 자들인데 어린 양의 피에 그 옷을 씻어 희게 하였느니라

도입 질문

1 살아가면서 겪었던 고난과 그것을 어떻게 극복했는지 이야기해 봅시다.

함께 나누기

2 큰 무리가 어디에서 나오고 있습니까? 9절

3 무리는 누구를 찬양하고 있습니까? 10절

4 무리와 함께 하나님을 찬양하는 또 하나의 무리는 누구입니까? 11절

5 기독교인으로서 바르게 살아가는 것이 버거운 이때 하나님을 찬양하는 셀 수 없는 큰 무리는 나에게 어떤 위로를 가져다줍니까?

6 천사들이 찬양하며 하나님을 높여 드리는 단어들을 나열해 봅시다. 12절

7 흰 옷 입은 자들은 누구입니까? 14절

8 그리스도인으로 믿음을 가지고 살아가는 것이 버겁게 느껴질 때 오늘 말씀에서 얻을 수 있는 위로가 있다면 나눠 봅시다.

9 오늘 성경공부를 통해서 나누고 싶거나 깨달은 것이 있으면 서로 이야기해 봅시다.

주간 그룹성경공부 • GBS

4주차
(22회~28회)

마지막 심판을 향한 경고의 나팔

요한계시록 8:6-13 | 새찬송 267장 • 통일 201장

주간 말씀묵상 나눔

지난 한 주간 말씀을 묵상한 것이나 삶에 적용한 것이 있으면 돌아가며 간단히 나누어 봅시다.

• 오늘의 성경공부 목표

하나님의 말씀을 듣지 않고 살아가는 불순종의 결과가 무엇인지 알아봅시다.

6 일곱 나팔을 가진 일곱 천사가 나팔 불기를 준비하더라
7 첫째 천사가 나팔을 부니 피 섞인 우박과 불이 나와서 땅에 쏟아지매 땅의 삼분의 일이 타 버리고 수목의 삼분의 일도 타 버리고 각종 푸른 풀도 타 버렸더라
8 둘째 천사가 나팔을 부니 불 붙는 큰 산과 같은 것이 바다에 던져지매 바다의 삼분의 일이 피가 되고
9 바다 가운데 생명 가진 피조물들의 삼분의 일이 죽고 배들의 삼분의 일이 깨지더라
10 셋째 천사가 나팔을 부니 횃불 같이 타는 큰 별이 하늘에서 떨어져 강들의 삼분의 일과 여러 물샘에 떨어지니
11 이 별 이름은 쓴 쑥이라 물의 삼분의 일이 쓴 쑥이 되매 그 물이 쓴 물이 되므로 많은 사람이 죽더라
12 넷째 천사가 나팔을 부니 해 삼분의 일과 달 삼분의 일과 별들의 삼분의 일이 타격을 받아 그 삼분의 일이 어두워지니 낮 삼분의 일은 비추임이 없고 밤도 그러하더라
13 내가 또 보고 들으니 공중에 날아가는 독수리가 큰 소리로 이르되 땅에 사는 자들에게 화, 화, 화가 있으리니 이는 세 천사들이 불어야 할 나팔 소리가 남아 있음이로다 하더라

도입 질문

1 살면서 겪은 가장 큰 고통이 무엇이었는지 그리고 그 고통이 어떻게 끝났는지 나눠 봅시다.

함께 나누기

2 일곱 천사가 무엇을 하려고 준비합니까? 6절

3 첫째 천사가 나팔을 불어 우박과 불이 나와서 땅에 쏟아지자 어떤 일이 일어납니까? 7절

4 둘째 천사가 나팔을 불자 무엇이 바다에 던져집니까? 8절

5 우리는 여러 자연재해나 참사를 어떻게 바라보아야 합니까?

6 셋째 천사가 나팔을 불 때 하늘에서 무엇이 떨어집니까? 10, 11절

7 넷째 천사가 나팔을 불 때 이 세상이 어떻게 됩니까? 12절

8 공중에 날아가는 독수리는 누구에게 경고합니까? 13절

9 오늘 성경공부를 통해 나누고 싶거나 깨달은 것이 있으면 이야기해 봅시다.

주간 그룹성경공부 · GBS

5주차
(29회~35회)

한 여자와 붉은 용

요한계시록 12:1-6 | 새찬송 210장 · 통일 245장

주간 말씀묵상 나눔

지난 한 주간 말씀을 묵상한 것이나 삶에 적용한 것이 있으면 돌아가며 간단히 나누어 봅시다.

• 오늘의 성경공부 목표

하나님의 백성과 사탄의 오랜 대립의 역사를 이해하도록 합시다.

1 하늘에 큰 이적이 보이니 해를 옷 입은 한 여자가 있는데 그 발 아래에는 달이 있고 그 머리에는 열두 별의 관을 썼더라

2 이 여자가 아이를 배어 해산하게 되매 아파서 애를 쓰며 부르짖더라

3 하늘에 또 다른 이적이 보이니 보라 한 큰 붉은 용이 있어 머리가 일곱이요 뿔이 열이라 그 여러 머리에 일곱 왕관이 있는데

4 그 꼬리가 하늘의 별 삼분의 일을 끌어다가 땅에 던지더라 용이 해산하려는 여자 앞에서 그가 해산하면 그 아이를 삼키고자 하더니

5 여자가 아들을 낳으니 이는 장차 철장으로 만국을 다스릴 남자라 그 아이를 하나님 앞과 그 보좌 앞으로 올려가더라

6 그 여자가 광야로 도망하매 거기서 천이백육십 일 동안 그를 양육하기 위하여 하나님께서 예비하신 곳이 있더라

• 함께 읽어보기

아담과 하와가 사탄의 유혹에 빠져 죄가 창조 세계에 들어왔고, 모든 인간은 죄로 인한 사망의 저주 아래 살게 되었습니다. 그 이후로 하나님의 백성은 신실하게 하나님의 계명을 지키며 하나님이 약속하신 메시아, 즉 사탄의 권세를 무너뜨리고 세상을 구원할 구원자를 기다리며 살아갑니다. 오늘 본문의 내용은 하나님의 백성과 사탄의 오랜 대립의 역사를 끝낼 메시아의 탄생을 둘러싼 일련의 역사적 사건을 중심 소재로 합니다. 그러나 오늘날과 같은 객관적 진술의 형태로 기록된 것이 아니라 요한 사도가 살던 당시 사람들에게 익숙한 신화적(mythological) 상징을 통해 묘사됩니다. 그렇기 때문에 각각의 상징이 의미하는 바가 무엇이고, 혹은 누구를 가리키는지를 이해하는 것이 매우 중요합니다. 함께 말씀을 살펴봅시다.

도입 질문

1 비둘기를 가리켜 "평화의 상징"이라고 부르는 것처럼 사람들은 종종 어떤 동물이나 사물에 상징적 의미를 부여합니다. 비둘기 외에 어떤 다른 예가 있을까요?

함께 나누기

2 하늘에서 무엇이 보입니까? 1a절

3 이적 가운데 보인 한 여자는 어떤 모습을 하고 있습니까? 1b절

4 여자가 아파서 애를 쓰며 부르짖는 이유는 무엇입니까? 2절

5 큰 붉은 용은 어떤 모습을 하고 있습니까? 3절

6 여자가 낳은 아들은 앞으로 어떤 일을 하게 될 것입니까? 5절

7 여자는 어디로 도망합니까? 여자가 도망한 곳에 무엇이 있습니까? 6절

8 큰 붉은 "용"은 오래전에 인간을 유혹하여 죄에 빠지게 했던 옛 뱀이자, 초대 교회 당시 예수 그리스도와 교회를 핍박했고, 오늘날까지도 성도를 미혹하고 복음 전파를 방해하는 존재, 즉 사탄입니다. 사탄의 끈질긴 공격은 마지막 때가 다가올수록 더욱 거세질 것입니다. 이러한 상황에서 그리스도인은 어떠한 신앙으로 무장해야 할까요?

9 오늘 성경공부를 통해서 나누고 싶거나 깨달은 것이 있으면 서로 이야기해 봅시다.

주간 그룹성경공부·GBS

6주차
(36회~42회)

거짓 선지자들

요한계시록 13:11-18 | 새찬송 348장·통일 388장

주간 말씀묵상 나눔

지난 한 주간 말씀을 묵상한 것이나 삶에 적용한 것이 있으면 돌아가며 간단히 나누어 봅시다.

• 오늘의 성경공부 목표

거짓 선지자를 분별하고 그들이 어떻게 성도를 유혹하고 협박하는지 알고 대응하는 방법을 배워 봅시다.

11 내가 보매 또 다른 짐승이 땅에서 올라오니 어린 양 같이 두 뿔이 있고 용처럼 말을 하더라

12 그가 먼저 나온 짐승의 모든 권세를 그 앞에서 행하고 땅과 땅에 사는 자들을 처음 짐승에게 경배하게 하니 곧 죽게 되었던 상처가 나은 자니라

13 큰 이적을 행하되 심지어 사람들 앞에서 불이 하늘로부터 땅에 내려오게 하고

14 짐승 앞에서 받은 바 이적을 행함으로 땅에 거하는 자들을 미혹하며 땅에 거하는 자들에게 이르기를 칼에 상하였다가 살아난 짐승을 위하여 우상을 만들라 하더라

15 그가 권세를 받아 그 짐승의 우상에게 생기를 주어 그 짐승의 우상으로 말하게 하고 또 짐승의 우상에게 경배하지 아니하는 자는 몇이든지 다 죽이게 하더라

16 그가 모든 자 곧 작은 자나 큰 자나 부자나 가난한 자나 자유인이나 종들에게 그 오른손에나 이마에 표를 받게 하고

17 누구든지 이 표를 가진 자 외에는 매매를 못하게 하니 이 표는 곧 짐승의 이름이나 그 이름의 수라

18 지혜가 여기 있으니 총명한 자는 그 짐승의 수를 세어 보라 그것은 사람의 수니 그의 수는 육백육십육이니라

도입 질문

1 신앙생활을 하면서 사회의 가치와 달라 갈등을 겪었던 일이 있다면 같이 나눠 봅시다.

함께 나누기

2 또 다른 짐승은 무엇과 비슷하게 생겼습니까? 11절

3 또 다른 짐승이 땅에 사는 자들로 하여금 무엇을 하도록 합니까? 12절

4 그 짐승은 사람들 앞에서 어떤 이적을 보입니까? 13절

5 이 시대에도 가끔 놀라운 기적을 보여준다고 하는 사람들이 있습니다. 우리는 그런 이야기를 어떻게 듣고 반응해야 합니까?

6 짐승의 우상에게 경배하지 않았을 때 그 짐승은 사람들을 어떻게 합니까? 15절

7 사람들이 매매를 하기 위해서는 짐승에게 무엇을 받아야 합니까? 16, 17절

8 이 사회에서 우리는 어떻게 신앙을 지켜야 하는지 고민해 봅시다.

9 오늘 성경공부를 통해 나누고 싶거나 깨달은 것이 있으면 이야기해 봅시다.

주간 그룹성경공부 • GBS

7주차
(43회~49회)

큰 음녀

요한계시록 17:1-6 | 새찬송 490장 • 통일 542장

주간 말씀묵상 나눔

지난 한 주간 말씀을 묵상한 것이나 삶에 적용한 것이 있으면 돌아가며 간단히 나누어 봅시다.

• 오늘의 성경공부 목표

본문에 기록된 "음녀"에 관한 묘사가 의미하는 바가 무엇인지 배우도록 합시다.

1 또 일곱 대접을 가진 일곱 천사 중 하나가 와서 내게 말하여 이르되 이리로 오라 많은 물 위에 앉은 큰 음녀가 받을 심판을 네게 보이리라
2 땅의 임금들도 그와 더불어 음행하였고 땅에 사는 자들도 그 음행의 포도주에 취하였다 하고
3 곧 성령으로 나를 데리고 광야로 가니라 내가 보니 여자가 붉은 빛 짐승을 탔는데 그 짐승의 몸에 하나님을 모독하는 이름들이 가득하고 일곱 머리와 열 뿔이 있으며

4 그 여자는 자주 빛과 붉은 빛 옷을 입고 금과 보석과 진주로 꾸미고 손에 금 잔을 가졌는데 가증한 물건과 그의 음행의 더러운 것들이 가득하더라
5 그의 이마에 이름이 기록되었으니 비밀이라, 큰 바벨론이라, 땅의 음녀들과 가증한 것들의 어미라 하였더라
6 또 내가 보매 이 여자가 성도들의 피와 예수의 증인들의 피에 취한지라 내가 그 여자를 보고 놀랍게 여기고 크게 놀랍게 여기니

• 함께 읽어보기

오늘 본문에 소개된 "큰 음녀"는 온 세상에 침투해 있는 악한 세력을 상징합니다. 매력적인 외모에, 돈과 권력까지 손에 쥔 그녀는 세상 모든 사람을 유혹하여 하나님에게서 멀어지게 하고 부도덕과 음행, 우상 숭배의 길로 이끕니다. 그뿐 아니라 그녀는 성도를 박해하는 자들의 배후이기도 합니다. 인류의 역사 속에서 "음녀"는 다양한 모습으로 항상 존재해 왔고 지금도 여전히 그리스도인의 삶의 자리 곳곳에서 똬리를 틀고 있을 것입니다. 힘께 말씀을 살펴보며 "음녀"의 정체에 대해서 알아보고, 그리스도인으로서 음녀의 미혹에 빠지지 않기 위해 어떤 주의를 기울여야 할지 생각해 보는 시간을 갖도록 합시다.

도입 질문

1 우상 숭배를 "영적인 음행"으로 규정할 수 있는 이유는 무엇일까요?

함께 나누기

2 큰 음녀가 앉아 있는 곳은 어디입니까? 1절

3 큰 음녀와 함께 음행한 자들은 누구입니까? 2절

4 여자(음녀)가 탄 붉은 빛 짐승은 어떤 모습을 하고 있습니까? 3절

5 여자(음녀)는 어떤 모습을 하고 있습니까? 4절

6 여자(음녀)의 이마에는 어떤 말이 기록되어 있습니까? 5절

7 여자(음녀)는 무엇에 취해 있습니까? 6절

8 본문에 묘사된 음녀의 모습은 그녀가 큰 "부"와 "권세"를 가지고 말세에 세상을 미혹할 것을 암시합니다. 그러나 그녀가 가진 물질적 화려함의 이면에는 우상 숭배와 음행과 같은 죄악이 가득 차 있습니다. 음녀의 이중적 모습이 말세를 사는 그리스도인에게 주는 경고는 무엇입니까?

9 오늘 성경공부를 통해서 나누고 싶거나 깨달은 것이 있으면 서로 이야기해 봅시다.

주간 그룹성경공부 · GBS

8주차
(50회~56회)

백마를 탄 자

요한계시록 19:11-16 | 새찬송 349장 · 통일 387장

주간 말씀묵상 나눔

지난 한 주간 말씀을 묵상한 것이나 삶에 적용한 것이 있으면 돌아가며 간단히 나누어 봅시다.

• 오늘의 성경공부 목표

예수 그리스도가 장차 어떤 모습으로 세상을 심판하러 오실지에 관한 성경의 진술을 살펴봅시다.

11 또 내가 하늘이 열린 것을 보니 보라 백마와 그것을 탄 자가 있으니 그 이름은 충신과 진실이라 그가 공의로 심판하며 싸우더라

12 그 눈은 불꽃 같고 그 머리에는 많은 관들이 있고 또 이름 쓴 것 하나가 있으니 자기밖에 아는 자가 없고

13 또 그가 피 뿌린 옷을 입었는데 그 이름은 하나님의 말씀이라 칭하더라

14 하늘에 있는 군대들이 희고 깨끗한 세마포 옷을 입고 백마를 타고 그를 따르더라

15 그의 입에서 예리한 검이 나오니 그것으로 만국을 치겠고 친히 그들을 철장으로 다스리며 또 친히 하나님 곧 전능하신 이의 맹렬한 진노의 포도주 틀을 밟겠고

16 그 옷과 그 다리에 이름을 쓴 것이 있으니 만왕의 왕이요 만주의 주라 하였더라

영화나 드라마에서 악당을 해치우고 곤경에 빠진 여주인공을 가뿐히 구해 내는 남자 주인공을 볼 때 우리는 "백마 탄 왕자님" 같다는 말을 하기도 합니다. 보통 백마를 탄 왕자는 미남형에, 훤칠하며, 타고난 의협심에 재력까지 겸비한 경우가 많고, 심지어 똑똑하기까지 합니다. 그런데 오늘 본문에도 백마 탄 남자 한 명이 등장합니다. 이분으로 말할 것 같으면 하나님의 백성을 미혹하고 핍박하는 사탄의 세력을 심판하고 세상을 구할 만왕의 왕(King of kings)이요 만주의 주(Lord of lords)이신 예수님입니다. 오늘 본문은 예수님을 하늘의 군대를 거느리는 전능하고 강한 용사의 모습으로 그려 냅니다. 함께 말씀을 살펴보며 장차 세상을 구원하러 오실 "백마 탄 남자", 우리 예수님을 만나 봅시다.

도입 질문

1 성경이 말하는 예수님은 어떤 분이십니까?

함께 나누기

2 하늘이 열리고 요한 사도는 환상 중에 무엇을 봅니까? 11절

3 백마를 탄 자의 이름은 무엇입니까? 그는 무엇으로 심판하십니까? 11절

4 백마를 탄 자는 어떤 모습을 하고 있습니까? 12-13절

5 누가 백마를 탄 자를 따릅니까? 14절

6 백마를 탄 자의 입에서 무엇이 나옵니까? 15절

7 백마를 탄 자의 옷과 다리에 쓰여 있는 이름은 무엇입니까? 16절

8 본문에서는 "심판", "검", "철장", "진노의 포도주 틀"과 같이 심판과 관련된 단어들이 예수님을 묘사하기 위해 사용됩니다. 마지막 날에 예수님은 심판자로 세상에 다시 오실 것입니다. 이 사실을 늘 잊지 않는 것이 우리의 신앙생활에 주는 유익은 무엇일까요?

9 오늘 성경공부를 통해서 나누고 싶거나 깨달은 것이 있으면 서로 이야기해 봅시다.

거룩한 성 예루살렘

요한계시록 21:18-27 | 새찬송 483장 · 통일 532장

주간 말씀묵상 나눔

지난 한 주간 말씀을 묵상한 것이나 삶에 적용한 것이 있으면 돌아가며 간단히 나누어 봅시다.

● 오늘의 성경공부 목표

사랑이 다른 은사나 가치와 다른 점은 무엇이며 왜 다른 어떤 것보다 위에 있는지 알아봅시다.

18 그 성곽은 벽옥으로 쌓였고 그 성은 정금인데 맑은 유리 같더라

19 그 성의 성곽의 기초석은 각색 보석으로 꾸몄는데 첫째 기초석은 벽옥이요 둘째는 남보석이요 셋째는 옥수요 넷째는 녹보석이요

20 다섯째는 홍마노요 여섯째는 홍보석이요 일곱째는 황옥이요 여덟째는 녹옥이요 아홉째는 담황옥이요 열째는 비취옥이요 열한째는 청옥이요 열두째는 자수정이라

21 그 열두 문은 열두 진주니 각 문마다 한 개의 진주로 되어 있고 성의 길은 맑은 유리 같은 정금이더라

22 성 안에서 내가 성전을 보지 못하였으니 이는 주 하나님 곧 전능하신 이와 및 어린 양이 그 성전이심이라

23 그 성은 해나 달의 비침이 쓸 데 없으니 이는 하나님의 영광이 비치고 어린 양이 그 등불이 되심이라

24 만국이 그 빛 가운데로 다니고 땅의 왕들이 자기 영광을 가지고 그리로 들어가리라

25 낮에 성문들을 도무지 닫지 아니하리니 거기에는 밤이 없음이라

26 사람들이 만국의 영광과 존귀를 가지고 그리로 들어가겠고

27 무엇이든지 속된 것이나 가증한 일 또는 거짓말하는 자는 결코 그리로 들어가지 못하되 오직 어린 양의 생명책에 기록된 자들만 들어가리라

도입 질문

1 천국은 어떤 곳인지 상상해 본 적이 있습니까? 내가 그려 보았던 천국에 대해서 나눠 봅시다.

함께 나누기

2 그 성은 무엇으로 만들어졌습니까? 18절

3 성곽의 기초석은 무엇으로 꾸몄습니까? 19절

4 성곽의 기초석과 진주로 된 문은 각각 몇 개입니까? 20, 21절

5 하늘에 있는 새 예루살렘의 모습을 볼 때 우리는 어떤 소망을 가질 수 있습니까?

6 요한이 발견한 새로운 성 안의 성전은 무엇입니까? 22절

7 어떤 사람들이 그 성에 들어갈 수 있습니까? 27절

8 나에게 속되고 가증하며 거짓된 모습이 있다면 돌이키고 거룩한 성도의 모습으로 사는 것이 무엇인지 고민해 봅시다.

9 오늘 성경공부를 통해 나누고 싶거나 깨달은 것이 있으면 이야기해 봅시다.

1 가이드》 우리는 누군가를 설득할 때 그 분야의 권위와 지식을 가지고 있는 사람들의 말이나 전문적인 책을 인용하여 설명합니다. 하지만 그것보다 더 확실한 방법은 본인이 직접 보거나 경험한 것을 이야기하는 것입니다. 그럴 때 가장 확신을 가지고 이야기할 수 있습니다.

2 답》 그 종들

　　해설》 1절에서 계시는 여러 단계를 거쳐서 전달됩니다. 하나님을 시작으로 예수께 전달된 계시는 다시 천사에게 전달되고 천사는 요한에게 전달합니다. 요한은 마지막으로 그 종들, 즉 교회의 성도들에게 계시를 전달합니다. 이 계시의 마지막 수신자는 성도들입니다.

3 답》 하나님의 말씀과 예수 그리스도의 증거 곧 자기가 본 것

　　해설》 1절에서는 예수 그리스도의 계시가 전달되는데 2절에서는 이를 더 자세하게 적고 있습니다. '예수 그리스도의'(1,2절)는 예수 그리스도가 계시와 증거의 전달자이면서도 그 내용이라는 것을 말해 줍니다. 계시의 핵심은 예수 그리스도입니다.

4 답》 예언의 말씀을 읽는 자와 듣는 자와 기록한 것을 지키는 자

　　해설》 마지막 때가 다가올 때 해야 하는 일은 미래에 일어날 일에 대해서 아는 것이 아니라 말씀을 읽고 듣고 그것을 지키는 것이며 그러한 자가 복이 있습니다. 특히 말씀으로 우리의 생각을 바꾸는 것을 넘어 그것을 실천하는 것 또한 중요하다는 것을 알아야 합니다.

5 가이드》 마지막 때에 하나님께서 우리에게 기대하시는 것은 말씀을 읽고 듣는 것이며 또한 실천하는 것입니다. 말씀을 듣고도 따르지 않으면 아무런 의미가 없습니다.

6 답》 아시아에 있는 일곱 교회

　　해설》 성경에서 일곱은 온전함 또는 완전함을 상징합니다. 일곱 교회는 실제적으로 역사 속에 존재했던 일곱 교회이기도 하지만 교회 전체를 가리킵니다. 요한은 모든 교회에 편지하고 있는 것입니다. 교회에 편지한다는 것은 성도들이 읽도록 편지를 보낸다는 뜻입니다.

7 답》 나라와 제사장

　　해설》 예수님은 이 땅에 오실 때 왕으로, 그리고 제사장으로 오셨습니다. 그분은 먼저 그 길을 가신 후 이제 우리에게 당신의 길을 가도록 하십니다. 성도는 왕이신 예수 그리스도와 함께 온 세상을 다스리며 또한 제사장이 되어서 이 세상을 하나님 앞에서 거룩하게 할 것입니다.

8 가이드》 증인은 먼저 삶에 확실한 증거가 있어야 합니다. 그래야 사람들도 그 증언을 신뢰하고 믿게 됩니다. 내 안에 하나님과의 만남에 대한 확실한 증거가 있습니까? 말씀을 읽고 들으면서 하나님이 나에게 말씀하시는 증거를 발견해 봅시다.

*서로 기도 제목을 나누면서 뒤에 있는 기도 노트를 활용하십시오(p.232-237).

1 가이드》 누군가 나의 잘못된 행동을 책망할 때 우리는 그 잘못을 성찰하기 전에 먼저 부인하고 싶은 마음이 있습니다. 그러나 본능적인 마음을 내려놓고 잘못된 행동을 돌이켜 본다면 우리의 신앙과 인격에 많은 변화가 생길 것입니다.

2 답》 아멘, 충성되고 참된 증인, 하나님의 창조의 근본이신 이

해설》 예수 그리스도를 수식하는 말들입니다. 아멘은 진리의 하나님을 뜻하며(사 65:16) 그분은 먼저 충성되고 참된 증인이 되셨습니다. 창조의 근본이시라는 말은 창세기 첫 장에서의 창조뿐 아니라 구원으로 인한 새 창조까지 포함합니다.

3 답》 차지도 뜨겁지도 않음

해설》 차가운 물은 마시는 것으로 뜨거운 물은 온천수로 사용합니다. 하지만 차지도 뜨겁지도 않은 물은 온천수로 사용하기에는 미지근하며 마시기에는 뱉어 낼 수밖에 없는(16절) 쓸모없는 물입니다.

4 답》 부자라 부요하여 부족한 것이 없음

해설》 라오디게아 교회는 물질적으로 풍요롭습니다. 하지만 자신들의 곤고한 것, 가련한 것, 가난한 것, 눈 먼 것, 벌거벗은 것은 알지 못합니다. 물질적인 풍요는 종종 영적인 빈곤을 가리고 보지 못하게 만듭니다.

5 가이드》 이 세상의 부요함은 영적인 감각을 둔감하게 만듭니다. 반대로 영적으로 깨어 있다면 이 세상의 부요함을 추구하는 것이 영적으로는 얼마나 해악인지 알게 됩니다. 나는 무엇을 추구하는지 진지하게 살펴봅시다.

6 답》 책망하여 징계하심

해설》 예수님을 우리가 원하는 것을 주시는 분으로만 생각하면 안 됩니다. 우리는 내적으로 문제가 많고 예수님은 그것을 내버려 두지 않으십니다. 우리는 위로와 격려만이 아닌 책망과 징계가 필요하며 이 모든 것은 우리를 향한 그분의 사랑으로 인한 것입니다.

7 답》 예수님의 보좌

해설》 이기는 자에게 주어지는 것은 예수님의 보좌입니다. 즉 예수님과 함께 왕이 되어 온 세상을 다스리는 자가 되는 것입니다. 그리고 그 길은 예수님께서 먼저 걸어가신 길입니다.

8 가이드》 우리에게 매일 필요한 것은 그분의 음성을 듣는 것입니다. 그리고 말씀을 들었을 때 더욱 열심을 내어 회개를 하고 돌이키는 것이 필요합니다. 교회들에게 하시는 말씀에 대한 우리의 마땅한 반응은 회개하고 돌이키는 것입니다.

1 가이드》 극복한 고난만 나눌 필요는 없습니다. 때로는 실패한 고난도 있습니다. 고난을 나누는 것은 서로에 대한 깊은 공감과 이해를 가져다주고 필요를 나누게 합니다. 그리고 서로를 위해 기도할 수 있는 기회를 줍니다. 종종 공동체에서 자신이 겪은 고난을 나눠 봅시다.

2 답》 각 나라와 족속과 백성과 방언

해설》 창세기 10–11장의 각 나라와 족속과 백성과 방언에서 나오는 무리는 하나님을 거역하고 바벨탑을 만드는 데 반해 이제는 온 세상에서 나온 무리가 하나님을 찬양합니다.

3 답》 하나님과 어린 양

해설》 구원을 계획하고 이루신 하나님과 우리의 구원을 위해서 희생양으로 죽으신 예수 그리스도가 찬양의 대상입니다.

4 답》 모든 천사

해설》 모든 피조물을 대변하는 네 생물과 교회의 대표인 장로들과 함께 천사도 하나님의 피조물로서 경배를 드리는 장면입니다. 이 세상의 모든 것은 찬양을 받는 자가 아니라 찬양을 드리는 자입니다. 천사들도 하나님 앞에서 얼굴을 대고 엎드립니다.

5 가이드》 지금 요한이 보는 하늘 아래의 세상은 기독교를 향한 핍박이 가장 거센 때입니다. 그럼에도 불구하고 숫자가 줄어들기는커녕 셀 수 없을 만큼의 무리가 하나님을 찬양하는 모습을 보면서 하나님이 그분의 백성을 가장 어려운 순간에도 보호하고 계시고 결국 승리하게 하신다는 것을 알 수 있습니다.

6 답》 찬송, 영광, 지혜, 감사, 존귀, 권능, 힘

해설》 모든 천사가 일곱 개의 단어로 하나님을 찬양하고 있습니다. 성경에서의 일곱이라는 숫자는 완전함을 상징합니다. 각 단어는 하나님의 뛰어남을 찬양하는 구체적인 표현입니다.

7 답》 큰 환난에서 나오는 자들

해설》 정확하게 이야기하면 큰 환난 속에서도 믿음을 지키며 살아온 성도들을 가리킵니다. 성도는 예수 그리스도의 피로 거룩해지며 환난을 통해서 더욱 순결해집니다.

8 가이드》 하나님은 당신의 백성을 마지막까지 신실하게 지키십니다. 우리가 믿음을 가지고 견뎌 낸다면 환난은 우리를 절망시키는 것이 아니라 더 큰 승리를 가져다줄 것입니다.

*서로 기도 제목을 나누면서 뒤에 있는 기도 노트를 활용하십시오(p.232–237).

1 가이드》 우리는 살면서 크고 작은 고난을 겪습니다. 때로는 견디기 힘든 고통을 수반하기도 하지만 그럼에도 결국 끝납니다. 성도의 삶은 결코 쉽다고 할 수 없습니다. 계시록에서도 성도 역시 고난을 겪는다고 말합니다. 그럼에도 성도는 고난 가운데 하나님의 보호를 받습니다. 하지만 끝까지 불순종하는 자들은 하나님의 영원한 심판을 받게 될 것입니다.

2 답》 나팔 불기를 준비함

　　해설》 일곱 번의 인을 뗀 후에 일곱 번의 나팔을 부는 것은 하나님의 심판이 반드시 임할 것을 보여줍니다. 여호수아와 이스라엘 백성이 여리고성을 돌 때 일곱 명의 제사장이 일곱 나팔을 들고 불었습니다. 여섯 날을 돌고 마지막 날 일곱 번 돌고 나서 최후의 일곱 번째 나팔을 불 때 여리고성은 무너졌습니다.

3 답》 땅과 수목의 삼분의 일이 타고 풀도 타 버림

　　해설》 우박과 불은 하나님의 심판의 상징으로 종종 사용됩니다. 이스라엘이 출애굽 하기 전에 하나님께서 애굽에 내린 일곱 번째 재앙이 우박과 불이었습니다. 그 결과로 땅과 수목 그리고 풀이 타 버리고 농작물에 큰 피해가 나서 기근이 생깁니다. 그러나 하나님은 삼분의 일로 제한하심으로 마지막 심판을 미루시고 인내하십니다.

4 답》 불 붙는 큰 산과 같은 것

　　해설》 구약에서 산은 성이나 왕국을 의미합니다. 구약에 자주 등장하는 시온산은 하나님 나라를 상징합니다. 즉 여기에서의 산은 악한 왕국 바벨론을 의미하며 불이 붙었다는 것은 하나님을 대적하는 나라들이 하나님의 진노로 말미암아 심판받는다는 의미입니다. 그리고 그들의 생계와 번영을 상징하는 것들이 타 버려 큰 피해를 입고 망하게 되었습니다.

5 가이드》 예수님이 이 땅에 오시면서 말세는 시작되었습니다. 말세에 사는 우리가 해야 하는 일은 이단들이 얘기하는 것처럼 어느 한 날을 지정해서 기다리거나 그날 일어날 특별한 재난을 준비하는 것이 아니라 하나님 안에서 깨어 있는 것입니다. 죄에서 돌이키고 하나님을 예배하고 이웃을 사랑하며 살아가는 것입니다.

6 답》 횃불 같이 타는 큰 별

　　해설》 성경에서는 별이 천상의 존재로 비유될 때가 있습니다. 횃불은 하나님의 진노와 심판을 상징합니다. 즉 횃불 같이 타는 큰 별은 하나님을 대적하는 사탄적 존재나 이방신들이 받는 심판을 의미합니다. 그들은 여러 강들과 샘물에 떨어져 물을 오염시킬 것입니다. 하나님이 아닌 우상을 섬기는 이 땅의 사람들은 그들이 섬기는 우상으로 인해 멸망할 것입니다.

7 답》 해와 달과 별의 삼분의 일이 어두워짐

　　해설》 넷째 천사가 나팔을 불어 나타난 재앙은 애굽에 내려진 아홉 번째 재앙을 생각나게 합니다. 애굽이 참빛이신 하나님을 섬기지 아니하고 자신들이 만든 태양신을 섬기자 하나님은 그들에게서 빛을 가져가셨습니다. 빛이 되신 하나님을 떠났을 때 찾아오는 것은 암흑입니다. 하나님을 믿지 않는 자들은 영원히 어둠 속에서 이를 갈 것입니다.

8 답》 땅에 사는 자들

　　해설》 공중의 나는 독수리는 하나님의 메시지를 땅에 사는 자들에게 전달합니다. '땅에 사는 자들'은 하나님 나라에 속하지 않는 불순종하는 자들을 가리킵니다. 불순종하는 자들에게는 네 번의 재앙으로 끝나지 않고 더 큰 화가 남아 있습니다. 하나님의 말씀을 거역하고 성도들을 핍박하는 자들이 겪을 고통은 자비 없이 계속 될 것입니다. 이 모든 것은 고통받는 성도들의 기도에 대한 응답입니다.

1 가이드》 예를 들면 일본의 욱일기는 제국주의를 상징하고, 하트 모양은 사랑을 상징합니다. 각자 생각나는 것을 서로 나누어 봅시다.

2 답》 큰 이적

해설》 "이적"이라고 번역된 헬라어 '세메이온'은 문맥에 따라 다양한 의미로 해석될 수 있는데, 여기서는 "중요한 의미가 담긴 징조(혹은 전조)"라는 의미로 이해할 수 있습니다(눅 21:11; 행 2:19 참고).

3 답》 해를 옷 입고, 열두 별의 관을 쓰고 있으며, 발아래에는 달이 있음

해설》 "한 여자"는 예수 그리스도를 통해 구원받고 하나님의 백성이 된 자들의 공동체를 상징하는데, 여기에는 구약 시대의 언약 백성은 물론이고 신약 시대의 성도들이 모두 포함됩니다. "해를 옷 입은"이라는 표현은 시편의 묘사를 참고할 때 하나님의 영광이 "여자"와 함께하신다는 것을 상징한다고 볼 수 있습니다(시 104:2). "열두 별의 관", "그 발 아래에는 달이 있고"라는 표현은 "여자"의 존귀한 지위와 통치를 상징합니다.

4 답》 아이를 배어 해산할 때가 되었기 때문에

해설》 성경에서 "여자가 낳은 아들"이 종종 예수 그리스도와 연결된다는 것을 근거로 하여(창 3:15; 갈 4:4) 몇몇 학자들은 2절에 언급된 "아이"가 예수 그리스도를 상징한다고 주장합니다. 그런 맥락에서 볼 때 '해산의 고통으로 부르짖는 여자'의 은유는 하나님의 백성이 예수 그리스도를 위해 고난에 참여하는 모습을 묘사합니다.

5 답》 일곱 개의 머리에 열 뿔이 달려 있으며, 각각의 머리에 일곱 왕관이 있음

해설》 요한은 "큰 붉은 용"을 "옛 뱀 곧 마귀라고도 하고 사탄이라고도 하며 온 천하를 꾀는 자"(12:9)라고 설명합니다. 일곱 머리를 가진 뱀은 세상에 대한 사탄의 영향력과 지배력을 상징합니다. 본서는 예수님을 머리에 (왕)관을 쓰고 계신 분으로 묘사하는데(19:12), 사탄 역시 "일곱 왕관"을 쓰고 있다고 묘사합니다(3절). 이것은 사탄이 예수님을 모방하여 세상에서 "짝퉁" 메시아 행세를 함을 의미합니다.

6 답》 철장으로 만국을 다스릴 것

해설》 시편에 기록된 메시아에 관한 예언인 "네가 철장으로 그들을 깨뜨림이여"(시 2:9)라는 구절의 인용입니다. 여자가 낳은 아들, 즉 예수 그리스도가 세상 만국을 다스릴 왕권의 소유자라는 것을 의미합니다. "철장"은 강하고 견고한 왕권을 상징합니다. 여자가 낳은 아이는 하나님의 보좌 앞으로 올려지는데 이것은 예수님의 승천과 관련이 있습니다.

7 답》 광야, 천이백육십 일 동안 양육하기 위하여 하나님께서 예비하신 곳

해설》 "천이백육십 일"은 사탄의 핍박을 받는 기간을, 광야는 그 핍박 가운데 여자(하나님의 백성, 혹은 교회)를 보호하고 훈련하기 위해 하나님이 예비하신 피난처를 각각 상징합니다. 구약성경에서 광야는 환난을 피하기 위한 장소로 묘사되었고(왕상 19:4), 초기 기독교인들 또한 박해를 피해 광야에 거하기도 했습니다.

8 가이드》 전쟁에 임하는 군사는 자신에게 소중한 것(국가, 가족, 신념)을 지키기 위해 목숨을 걸고 싸웁니다. 흥미로운 것은 초대 교회 시절의 사도들은 종종 그리스도인의 신앙생활을 마귀와의 영적 전투에 비유했다는 것입니다(엡 6:11-17; 벧전 5:8-9). 전쟁터에 나가는 군사와 같은 비장한 각오가 없이는 사탄의 공격을 감당하지 못한다는 것을 잘 알고 있었기 때문일 것입니다.

*서로 기도 제목을 나누면서 뒤에 있는 기도 노트를 활용하십시오(p.232-237).

1 가이드》 성경은 이 세상이 성도를 그냥 내버려 두지 않는다고 여러 곳에서 말합니다. 기독교적인 가치는 세상의 가치와 확연하게 달라서 결국에는 부딪치기 때문입니다. 각자의 경험을 나눠 봅시다. 다른 사람의 이야기를 듣다 보면 위축되었던 마음이 위로가 되고 더 큰 용기를 얻을 수도 있을 것입니다.

2 답》 어린 양

해설》 요한계시록은 진짜와 가짜를 확연하게 구분합니다. 가짜는 진짜와 비슷하게 보이려고 애씁니다. 지금 나오는 또 다른 짐승도 겉모습은 어린 양과 비슷하게 보입니다. 하지만 뿔의 개수가 일곱이 아닌 두 개이고 본질은 용과 같습니다. 이것은 마치 거짓 선지자들과 같아서 경건해 보이나 능력은 없으며 하나님의 말씀에 순종하지 않습니다.

3 답》 처음 짐승에게 경배하게 함

해설》 하나님을 대적하는 세력의 궁극적인 목적은 사람들이 하나님으로부터 멀어지고 우상에 경배하게 하는 것입니다. 새롭게 나타난 짐승도 사람들이 먼저 나온 짐승을 경배하도록 애씁니다. 그러면서도 하나님이 보여 주신 이적을 흉내 내어 보이려고 합니다. 하지만 그들은 결코 공의나 사랑과 같은 하나님의 본질을 보여주지 못합니다.

4 답》 불이 하늘로부터 땅에 내려오게 함

해설》 이 장면은 하늘에서 불을 내려 심판한 엘리야의 이적을 생각나게 합니다. 불은 하나님의 심판을 상징하는데 마치 하나님이 하시는 심판을 자기도 할 수 있는 것처럼 흉내 냅니다. 예수님께서는 이미 말세에 이런 거짓 그리스도와 거짓 선지자들이 큰 표적과 기사를 보여 성도를 미혹할 것이라고 경고하셨습니다(마 24:24).

5 가이드》 하나님은 이 시대에도 여전히 기적을 베푸실 수 있습니다. 하지만 하나님이 보여주시는 기적과 거짓 선지자들의 기적의 차이는 결국 사람들을 어디로 이끌어 가느냐에 있습니다. 사람들을 하나님의 말씀으로 데려간다면 선한 것이지만 기적 자체에 의미를 두고 하나님의 말씀과 반대로 이끌어 간다면 그것은 거짓 선지자입니다.

6 답》 다 죽임

해설》 거짓 선지자들은 처음에는 사람들을 설득하지만 짐승의 우상에게 경배하지 않을 때는 온갖 협박을 하고 결국 서슴없이 죽입니다. 이는 당시 로마와 비슷하며 그리스도인들이 겪는 정치적인 핍박과도 같습니다. 또한 훨씬 이전에 다니엘과 그의 친구들이 겪었던 핍박과도 비슷합니다. 시대를 막론하고 하나님을 제대로 섬기려고 할 때 세상은 핍박합니다.

7 답》 오른손에나 이마에 표

해설》 666이라는 숫자의 표는 그동안 많은 논란이 있어 왔습니다. 네로의 이름의 숫자적인 해석이라는 설과 7이라는 완전한 숫자에서 하나 모자란 불완전한 반복이라는 주장 등이 있습니다. 하지만 그것이 무엇이든 본질은 우리의 중심을 하나님의 말씀이 아닌 이 세상에서 생존하는 것으로 채운다면 불신앙이라는 것입니다.

8 가이드》 지금 사회에서는 기독교 신앙을 가진다고 눈에 보이는 핍박을 받지는 않습니다. 하지만 교회 안과 밖에서 수많은 반기독교적인 가치와 정서들이 꿈틀대고 있습니다. 그중 가장 큰 것은 세속적인 가치관으로 이 세상에서 성공하기 위해 하나님을 이용하는 것입니다. 나의 성공을 위해서 하나님이 도우시는 것이 아니라 하나님의 나라를 위해 우리가 힘써야 합니다.

*서로 기도 제목을 나누면서 뒤에 있는 기도 노트를 활용하십시오(p.232–237).

1 가이드》 성경은 종종 우상 숭배를 음행에 비유합니다(호 2:2). 하나님을 향한 사랑과 신앙의 정절을 지키지 못하고 다른 우상을 사랑하고 섬기는 행동이 인간 사이에서의 음행에 비유될 수 있기 때문일 것입니다.

2 답》 많은 물

해설》 구약성경은 하나님을 버리고 우상을 택한 이스라엘 백성을 "음녀"에 비유하기도 하지만(겔 16:35; 호 3:1), 1절에 언급된 음녀는 "바벨론"(17:5), 혹은 "땅의 왕들을 다스리는 큰 성"(17:18)을 가리킵니다. 요한 사도는 "많은 물"이 "백성과 무리와 열국과 방언들"(17:15)을 가리킨다고 말합니다. 다시 말해 음녀가 많은 물 위에 앉아 있다는 것은 온 세상 사람들 위에 군림하며 악한 영향력을 행사함을 암시합니다.

3 답》 땅의 임금들, 땅에 사는 자들

해설》 "땅의 임금"은 세상을 다스리는 자들을, "땅에 사는 자"는 그 이름이 생명책에 기록되지 못한 자(17:8)를 가리킵니다. 요한은 "음행의 포도주에 취하였다"라는 표현을 통해 음녀의 음행에 참여한 온 열방의 지도자들과 백성들이 그녀의 영향력에 사로잡혀 있음을 보여줍니다.

4 답》 몸에 하나님을 모독하는 이름들이 가득하고 일곱 머리와 열 뿔이 있음

해설》 "붉은 빛 짐승"은 사탄이 붉은 용으로 묘사되었다는 것을 고려할 때(12:3), 사탄과 관련된 존재라는 것을 알 수 있습니다. 짐승의 몸에는 "하나님을 모독하는 이름들"이 가득했는데 이것은 하나님을 모욕하고 하나님의 권위에 도전하는 세상의 모든 통치자를 상징합니다. 요한 사도는 "일곱 머리와 열 뿔"의 정체에 대해 언급하는데(17:9–13), 짐승과 동맹한 왕권을 가리킵니다.

5 답》 붉은 빛 옷을 입고 금과 보석과 진주로 꾸미고, 가증한 물건과 음행이 가득 담긴 금잔을 가짐

해설》 "붉은 빛 옷"은 비싼 자줏빛의 옷감으로 만든 왕의 옷을 가리키며 음녀의 높은 지위를 상징합니다. "가증한 물건", "음행" 등의 단어는 우상 숭배와 관련이 있으며 음녀가 우상 숭배를 통해 세상의 임금들과 백성들을 미혹하는 존재임을 암시합니다.

6 답》 비밀이라, 큰 바벨론이라, 땅의 음녀들과 가증한 것들의 어미라

해설》 음녀의 이름이 "비밀"이라고 볼 수도 있겠지만 음녀의 행위가 비밀스러워서 사람들이 쉽게 분별하기 어렵다는 표현으로 보는 것이 더 자연스럽습니다. "큰 바벨론"은 바벨론이나 로마와 같이 역사의 특정 시대에 존재했던 악한 지배 세력으로 볼 수도 있지만, 교회 시대 전체에 걸쳐 존재하는 부도덕하고 악한 세상, 혹은 악한 체제에 대한 상징으로 보는 것이 자연스럽습니다.

7 답》 성도들의 피와 예수의 증인들의 피

해설》 음녀는 사람들을 미혹하여 음행을 행하고 우상을 숭배하도록 할 뿐 아니라 성도들을 살해할 수 있는 권세를 가지고 있습니다. "피에 취한지라"는 표현은 그녀가 수많은 성도를 죽이는 일에 심취해 있음을 암시합니다. "놀랍게 여기고 크게 놀랍게 여기니"라는 구절은 요한 사도가 본 광경이 너무 끔찍해서 놀랐다는 것이 아니라, 그 광경이 너무 기이해서 어떤 의미가 담겨 있는지를 잘 이해하지 못했음을 의미합니다.

8 가이드》 세상에 발을 딛고 살아가는 한 그리스도인이라고 해서 물질적 풍요로움이나 명예와 단절된 삶을 살 수는 없습니다. 그러나 그리스도인이 더 많은 물질과 명예에 대한 욕심을 적절히 다스리지 못한다면 결국엔 그것에 사로잡혀 하나님이 아닌 음녀를 섬기고 따르는 삶을 살게 될 것입니다. 하나님보다 더 섬기고 따르는 것이 바로 우상이라는 것을 기억하며 늘 깨어 음녀의 유혹을 단호히 뿌리치는 하나님의 백성이 되어야 할 것입니다.

1 가이드》 성경을 읽다 보면 우리는 예수님에 관한 다양한 진술을 발견할 수 있습니다. 세상 죄를 지고 죽임당한 어린 양, 하나님의 아들, 선한 목자 등이 그 예가 될 것입니다. 각자가 알고 있는 내용을 이야기해 보는 시간을 갖도록 합시다.

2 답》 백마와 그것을 탄 자

해설》 유대의 묵시 문학에서 흰색은 핍박 가운데서 믿음을 지킨 자들의 신앙, 정결함, 거룩함 등의 다양한 상징적 의미를 내포합니다. '하늘에서 말을 타고 내려오는 구원자'의 개념은 당시 그리스-로마의 세계관에서 종종 발견되기도 합니다. 그와 비슷하게 11절에 언급된 백마를 탄 하늘의 존재는 다시 오실 승리의 구원자 예수 그리스도를 상징합니다.

3 답》 충신과 진실, 공의로 심판함

해설》 "충신(신실함)과 진실"은 라오디게아 교회에 보내는 편지에 언급된 "충성되고 참된 증인"(3:14)과 같은 의미를 담고 있을 것으로 생각됩니다. 예수님은 라오디게아 교회를 책망하며 회개를 촉구하셨는데, 그와 마찬가지로 "충신과 진실"의 심판자로서 세상을 책망하실 것입니다. 성경은 하나님을 의로운 심판자로 묘사하는데(시 7:11; 롬 2:5) 예수 그리스도 역시 마지막 때에 공의로운 심판을 하실 것입니다.

4 답》 눈은 불꽃 같고, 머리에는 많은 관들이 있고, 자기밖에 아는 자가 없는 이름이 쓰여 있으며, 하나님의 말씀이라 칭하는 피 뿌린 옷을 입고 있음

해설》 불꽃같은 눈은 신적인 존재를 묘사할 때 사용되며(단 10:6) 예수님의 신성을 강조합니다. 머리의 면류관은 왕권 혹은 세상을 다스리는 통치권을 상징하며, 자기밖에 아는 자가 없는 이름이 쓰여 있다는 것은 예수님의 신성과 신비로움에 대한 표현입니다. 피 뿌린 옷은 십자가 위에서 죄의 권세와 싸워 이기신 그리스도의 승리에 대한 상징으로 볼 수 있습니다. 피 뿌린 옷의 또 다른 이름은 "하나님의 말씀"인데 초기 기독교인들은 하나님의 말씀이 사람의 내면을 감찰하고 판단하신다고 생각했습니다(히 4:12).

5 답》 하늘에 있는 군대들

해설》 하늘에 있는 군대는 희고 깨끗한 세마포 옷을 입고 있습니다. 본서에서 세마포 옷은 "성도들의 옳은 행실"을 의미한다는 것을 고려했을 때(19:8) 하늘의 군대는 예수 그리스도를 따르는 성도를 상징한다고 볼 수 있습니다.

6 답》 예리한 검

해설》 요한 사도는 "입에서 좌우에 날선 검이 나오고"(1:16), "좌우에 날선 검을 가지신 이"(2:12) 등의 표현을 사용하여 교회를 책망하시는 예수님을 묘사하기도 합니다. 같은 맥락에서 볼 때 백마를 탄 자의 입에서 예리한 검이 나왔다는 것은 세상을 향한 예수님의 책망과 심판이 시작되었음을 의미합니다.

7 답》 만왕의 왕, 만주의 주

해설》 구약성경에서 하나님은 "신 가운데 신", "주 가운데 주"(신 10:17), 혹은 "모든 신들의 신", "모든 왕의 주재"(단 2:47)로 묘사됩니다. 백마를 탄 자 역시 같은 이름을 가지고 있다는 것은 예수 그리스도께서 하나님의 주권으로 세상을 심판하심을 의미합니다.

8 가이드》 예수님은 마지막 날에 사람의 행위대로 판단하시고 상과 벌을 주실 것입니다(마 16:27; 벧전 1:17). 이 심판은 그리스도인에게도 해당합니다. 우리는 늘 넘어지고 실수합니다. 하지만 그때마다 장차 다시 오셔서 행위대로 나를 판단하실 예수님을 기억할 수 있다면, 일어서서 회개하고 최선을 다하여 믿음의 삶을 살 수 있을 것입니다.

1 가이드》 천국에 대한 생각은 각자 다를 수 있습니다. 그러나 천국은 우리의 욕망을 만족시키는 곳이 아니며 우리는 성경을 통해 천국에 대해 알 수 있습니다. 요한계시록에서 묘사하는 천국을 문자 그대로 보기보다는 비유와 상징을 통해서 가리키는 본질이 무엇인지를 이해해야 합니다.

2 답》 정금

> **해설》** 정금은 불순물이 섞이지 않은 순수한 상태의 금으로 하나님의 영광을 의미합니다. 에덴 주위에 있는 하월라 땅에도 순금이 있었다고 하는데(창 2:11-12) 죄를 짓기 이전의 에덴은 하늘에 있는 예루살렘성의 모형으로 볼 수 있습니다. 하나님의 나라의 가장 큰 특징은 하나님의 영광이 가득한 것입니다.

3 답》 각색 보석

> **해설》** 성곽은 벽옥으로 쌓였고 성곽의 기초석은 열두 보석으로 꾸며졌습니다. 이 보석들의 기원은 출애굽 당시에 기록되었던 대제사장의 흉패에 있는 열두 보석입니다. 이는 열두 지파로 대표되는 이스라엘 백성을 가리키며 열두 사도로 대표되는 교회를 의미하기도 합니다. 즉 예루살렘성의 기초는 하나님과 예수님을 믿는 성도들로 이루어졌습니다.

4 답》 열두 개

> **해설》** 예루살렘성을 드나드는 문은 전부 열두 개인데 이것 역시 구원받은 성도들을 상징한다고 볼 수 있습니다. 각 문은 진주 하나로 만들어졌으며 이어지는 성의 길은 정금으로 이루어졌는데 이는 한때 하나님의 두 증인이 순교하여 피를 흘렸던 길이었습니다. 이제는 모든 피가 씻기고 하나님의 영광으로 영원히 빛날 것입니다.

5 가이드》 성경이 묘사하는 천국을 세속적인 관점에서 바라보지 말아야 합니다. 여기에서 금이나 보석은 많은 부를 가졌다는 상대적인 우월감을 드러내는 수단이 아닙니다. 하나님 나라의 가장 큰 특징은 부와 힘과 가치가 아닌 하나님의 영광이 온전히 가득하다는 것입니다. 그리고 하나님을 사랑하는 성도가 그곳에 들어가게 됩니다.

6 답》 주 하나님과 어린 양

> **해설》** 원래 성전은 하나님과 그의 어린 양 예수셨습니다. 하지만 인간이 죄를 지은 이후 죄를 해결해야만 하나님을 만날 수 있음을 보여준 것이 성막이고 성전이었습니다. 이제는 성전 안의 모든 기구와 장막들이 다 걷히고 성도가 온전히 하나님과 예수님을 만날 수 있게 된 것입니다.

7 답》 어린 양의 생명책에 기록된 자들

> **해설》** 어린 양의 생명책에 기록된 자들은 예수님을 믿음으로 의로워진 자들입니다. 속된 것이나 가증한 일을 하는 자들은 우상을 섬기는 자들을, 거짓말 하는 자들은 신앙을 가진 것처럼 보이면서 삶에서는 순종하지 않는 위선적인 자들을 의미합니다. 자신이 죄인임을 깨닫고 참된 회개 속에서 삶을 드리는 자들만 어린 양의 생명책에 기록되어 새 예루살렘성으로 들어갈 수 있습니다.

8 가이드》 우상의 본질은 하나님 대신 다른 것이 삶의 중심과 목표가 되는 것입니다. 마지막에 받을 하나님의 나라보다 이 땅에서 누리는 것을 더 사랑하는 것입니다. 또한 믿기만 하면 된다는 생각으로 열매가 없는 삶은 거짓된 삶입니다. 이러한 것에서 벗어나 완전한 거룩에 대한 소망을 가지고 살아가는 사람이 성도입니다.

*서로 기도 제목을 나누면서 뒤에 있는 기도 노트를 활용하십시오(p.232-237).

● 하나님께서 기도에 응답하셨으면 'Yes', 거절하셨으면 'No', 보류 중이시면 'Wait'에 체크해 보세요.
시간이 흐른 뒤 하나님의 세심한 인도하심을 느낄 수 있습니다.

날짜 Date	기도 대상 Who	기도 제목 Title	응답 여부		
			Yes	No	Wait

Prayer Note

날짜 Date	기도 대상 Who	기도 제목 Title	응답 여부		
			Yes	No	Wait
날짜 Date	기도 대상 Who	기도 제목 Title	응답 여부		
			Yes	No	Wait

Prayer Note

날짜 Date	기도 대상 Who	기도 제목 Title	응답 여부		
			Yes	No	Wait

날짜 Date	기도 대상 Who	기도 제목 Title	응답 여부		
			Yes	No	Wait

날짜 Date	기도 대상 Who	기도 제목 Title	응답 여부		
			Yes	No	Wait
날짜 Date	기도 대상 Who	기도 제목 Title	응답 여부 Yes	No	Wait

Prayer Note

날짜 Date	기도 대상 Who	기도 제목 Title	응답 여부		
			Yes	No	Wait
날짜 Date	기도 대상 Who	기도 제목 Title	응답 여부		
			Yes	No	Wait

Prayer Note

날짜 Date	기도 대상 Who	기도 제목 Title	응답 여부		
			Yes	No	Wait
날짜 Date	기도 대상 Who	기도 제목 Title	응답 여부 Yes	No	Wait

권별주삶

아가페

주삶20

요한계시록

초판 1쇄 발행 2024년 7월 31일

지은이 김일승

펴낸이 곽성종
기획편집 홍주미, 이가람
디자인 김찬양, 정육남

펴낸곳 ㈜아가페출판사
등록 제21-754호(1995년 4월 12일)
주소 (08806) 서울시 관악구 남부순환로 2082-33 성광빌딩 6층
전화 584-4835(본사)
팩스 586-3078(본사)
홈페이지 www.agape25.com
판권 ⓒ (주)아가페출판사

ISBN 978-89-537-1950-7 (03230)

아가페 출판사

아가페 필사&쓰기 전용펜

필사&쓰기성경®에 왜 전용펜을 사용해야 할까요?

1. 잉크의 뭉침이 없는 깨끗한 필기감
2. 쓸수록 종이가 부푸는 현상 방지
3. 종이끼리 붙지 않아 오랫동안 보관 가능
4. 물기로 인한 글자 훼손 방지

일반 필사&쓰기성경 전용펜 A5 (검정/빨강) — 값 900원

일반 필사&쓰기성경 전용펜 A5 (검정/빨강-1박스/12자루) — 값 10,800원

필사&쓰기 전용펜 (고급) (블랙/투명) — 값 1,600원

필사&쓰기 전용펜 (고급) (블랙/투명-1박스/12자루) — 값 19,200원

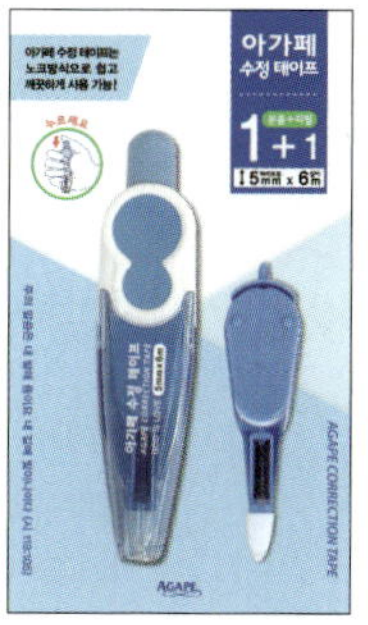

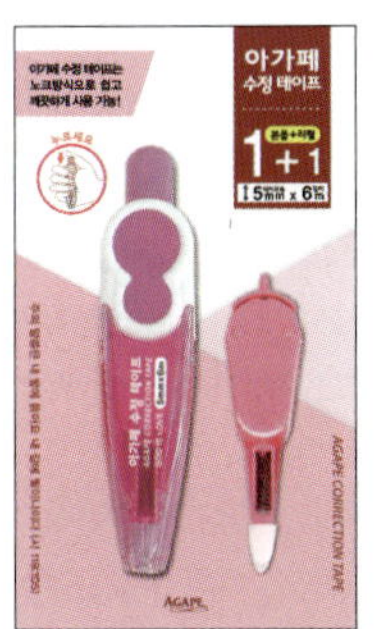

쓰기성경을 쓰다가
잘못 쓴 글씨는
수정테이프를 사용하세요.

아가페 수정 테이프 (본품+리필) (블루/핑크) — 값 3,500원

본문이 있는 채움 쓰기성경®

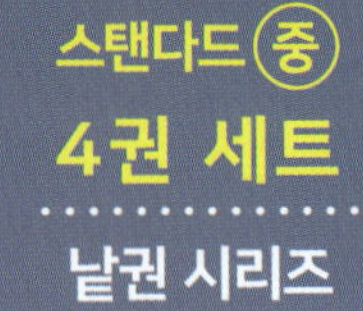

성경 본문의 **가독성이** 뛰어나고 **1:1**로 맞추어 필사할 수 있는 쓰기성경!

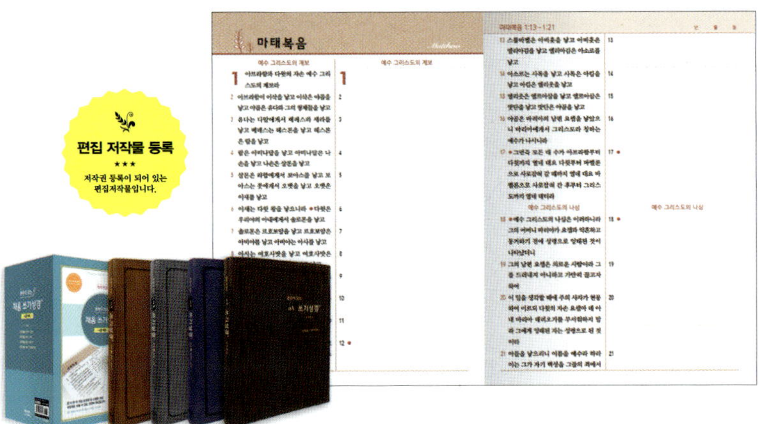

스탠다드 중 4권 세트	〈개역개정〉 세트 정가 : 116,000원 → 112,000원		
	낱권 정가	구약 ❶, ❷, ❸권	각 권 29,000원
		신약	

개역개정 낱권 시리즈	모세오경	창 세 기	정가 8,000원
		출애굽기	정가 7,000원
		레 위 기	정가 7,000원
		민 수 기	정가 7,000원
		신 명 기	정가 7,000원
		세트 (할인가)	정가 32,000원
	역사서	여호수아·사사기·룻기	정가 9,000원
		사무엘상·하	정가 9,500원
		열왕기상·하	정가 9,500원
		역대상·하	정가 10,000원
		에스라·느헤미야·에스더	정가 7,000원
		세트 (할인가)	정가 40,000원
	시가서	욥 기	정가 8,000원
		시 편	정가 12,000원
		잠언·전도서·아가	정가 8,000원
		세트 (할인가)	정가 25,000원

예언서	이사야	정가 9,000원
	예레미야·예레미야애가	정가 10,000원
	에스겔·다니엘	정가 10,000원
	호세아~말라기	정가 8,000원
	세트 (할인가)	정가 33,000원

사복음서	마태복음	정가 8,500원
	마가복음	정가 8,000원
	누가복음	정가 8,500원
	요한복음	정가 8,500원
	세트 (할인가)	정가 28,500원

사도행전 ~ 요한계시록	사도행전	정가 8,500원
	로마서·고린도전후서	정가 9,000원
	갈라디아서~히브리서	정가 9,000원
	야고보서~요한계시록	정가 8,500원
	세트 (할인가)	정가 30,000원

밑글씨가 있어 성경책 대조 없이 간편하게 쓸 수 있는 쓰기성경!

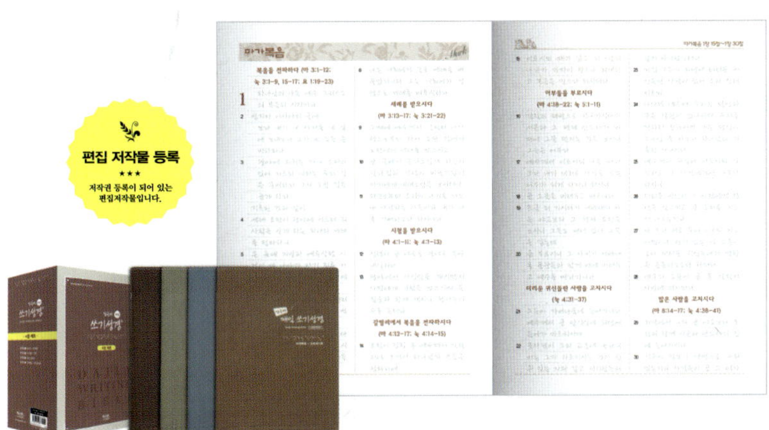

4권 세트	
〈개역개정〉	〈새번역〉
세트 정가 : 116,000원 ▶ 112,000원	세트 정가 : 100,000원 ▶ 95,000원
구약 ❶, ❷, ❸권 신약 — 각 권 29,000원	구약 ❶, ❷, ❸권 신약 — 각 권 25,000원

낱권 시리즈	구약	❶ 창세기 – 레위기	정가 12,000원
		❷ 민수기 – 룻기	정가 13,000원
		❸ 사무엘상·하	정가 10,000원
		❹ 열왕기상·하	정가 10,000원
		❺ 역대상·하	정가 10,000원
		❻ 에스라 – 욥기	정가 10,000원
		❼ 시편·잠언·전도서·아가	정가 12,000원
		❽ 이사야 – 예레미야애가	정가 12,000원
		❾ 에스겔 – 말라기	정가 12,000원
	신약	❶ 사복음서 : 마태복음 – 요한복음	정가 14,000원
		❷ 사도행전 – 고린도후서	정가 10,000원
		❸ 갈라디아서 – 요한계시록	정가 10,000원

www.agape25.com 02)584-4669 (주)아가페출판사

DREAM 감사&기도

감사와 기도를 드림(DREAM)으로 드리다. 한 권에 감사와 기도 모두 담으세요!

로즈핑크, 민트 | 크기 120*171 | 192면 | 각권 10,800원

담다 · 설교노트

말씀을 담다, 말씀을 살아내다. 삶의 지표가 되는 귀한 말씀, 소중히 담아보세요!

대 설교 100편 기록

인디고블루, 인디핑크 | 크기 120*171 | 224면 | 각권 10,800원

소 설교 70편 기록

네이비, 모카베이지 | 크기 100*165 | 144면 | 각권 9,500원

*** 50부 이상 주문 시 교회명을 무료로 찍어드립니다.**